西方传统 经典与解释
Classici et commentarii
HERMES

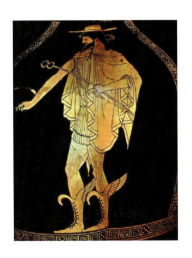

HERMES

在古希腊神话中,赫耳墨斯是宙斯和迈亚的儿子,奥林波斯神们的信使,道路与边界之神,睡眠与梦想之神,亡灵的引导者,演说者、商人、小偷、旅者和牧人的保护神……

西方传统 经典与解释
Classici et commentarii
HERMES
沃格林集
刘小枫●主编

政治观念史稿·卷二
中世纪（至阿奎那）（修订版）

History of Political Ideas (Volume II)
The Middle Ages to Aquinas

[美] 沃格林（Eric Voegelin）●著
叶 颖●译

华东师范大学出版社

华东师范大学出版社六点分社　策划

古典教育基金·"传德"资助项目

"沃格林集"出版说明

沃格林(1901-1985)出生于德国古城科隆,小学时随家迁居奥地利,后来就读维也纳大学。虽然博士期间攻读的是政治学,沃格林喜欢的却是哲学和法学,真正师从的老师是自由主义法学大师凯尔森,心目中的偶像则是当时的学界思想泰斗韦伯。不过,沃格林虽荣幸做过凯尔森的助教,后来却成了自由主义最为深刻的批判者之一。

念博士时,沃格林就显得才华横溢,博士毕业即获洛克菲勒奖学金访学美国,回国后写下处女作《论美国精神的形式》(*On the Form of the American Mind*)。纳粹吞并奥地利之后,沃格林流亡美国(1938年),数年后在美国巴吞鲁日市(Baton Rouge)的路易斯安那州立大学(Louisiana State University)谋得教职(1942年)。

此前沃格林曾与一家出版公司签约,要为大学生撰写一部《西方政治思想史》简明教科书。但出版社和沃格林本人都没想到:本来约好写两百来页"简史",沃格林却下笔千页。即便如此,他仍觉得没把西方政治思想史的要事说清楚。这个写作计划由于外在和内在原因最终废置,变成一堆"政治观念史稿"。

废置"史稿"的外在原因并不仅仅是"卷帙过大",还因为沃格林的写法不合"学术规范"。当时(现在同样如此)的"学术规范"是:凡学问要讲究学科划分,哲学史、文学史、宗教史、史学史、政治思想史、经济思想史,得分门别类地写。沃格林的"史稿"打破这种现代式学术藩篱,仅就这一点来说,这部"史稿"不仅对西方学界意义重大,对我们来说同样如此。依笔者陋见,在林林总总的各色西方政治思想史中,经后人整理的沃格林《政治观念史稿》(八卷)最为宏富、最富启发性,剖析我们关切的问题,迄今无出其右者。

沃格林觉得,即便写大学生教科书,也应该带着自己的问题意识来写。《政治观念史》的问题意识是:已经显露出种种凶相的现代性究竟怎么回事情,又是怎么来的?废置"史稿"的内在原因就在于,沃格林以政治思想史方式展开对现代性问题的探究时,思想发生了转变,因此他决心推倒已经成形的"观念史",从头来过。

起初,沃格林力图搞清楚西方各历史阶段的主导性观念与生活实在之间的关系,但在写作过程中他发现,"符号"而非"观念"与生活实在的关系更为根本。于是他另起炉灶,大量运用"史稿"已有材料,撰成后来成为其标志性著作的多卷本《秩序与历史》(*Order and History*)以及其他重要文集。我们会感到奇怪,如今的《政治观念史稿》何以从"希腊化时期"开始,其实,此前的材料大多被用来撰写《秩序与历史》的前三卷了。

沃格林启发我们:除非中国学人已经打算在西方现代性思想中安家,并与某个现代或后现代"大师"联姻生育后代,否则我们必须随时准备从头开始认识西方传统。而沃格林的《政治观念史稿》,正是我们可能会有的无数次从头开始的契机之一。毕竟,这部被废置的近两千页"史稿"本身,就是沃格林亲身从头开始的见证。

1951年，沃格林应邀在芝加哥大学做讲座，次年，讲稿以"新政治科学"为题出版，成为沃格林思想成熟的标志。随后，沃格林全力撰写多卷本《秩序与历史》，时有其他专题文集问世。1958年，沃格林返回德国，执教慕尼黑大学哲学系，并创建慕尼黑大学"政治学研究所"。然而在战后的德语学界，沃格林的学问几乎没有留下影响痕迹，这着实令人费解。退休以后，沃格林再度赴美，继续撰写因各种事务而搁置的《秩序与历史》后两卷。

　　在思考世界文明的历史性危机方面，施特劳斯和沃格林无疑是20世纪最为重要的思想家。在笔者看来，二人精深的哲思和广袤的视野，西方学界迄今无人能与比肩。

　　沃格林去世后，他的美国弟子着手编辑《沃格林集》，成34卷。除五卷本《秩序与历史》和八卷本《政治观念史稿》外，还有六卷《已刊文集》（*Published Essays*），以及其他自编文集和未刊文稿。沃格林学述将艰深的现象学思辨与广博的史学视野融为一炉，汉译殊为不易，译者极难寻觅。我们只能耐心等待胜任的译者，陆续择要迻译。

刘小枫
古典文明研究工作坊
西方典籍编译部乙组
2016年3月

目 录

中译本前言(叶颖) / 1

英文版编者导言 / 1

第三部分　神 圣 帝 国

第一章　导言 / 25
　　一　中世纪的总体结构 / 25
　　二　移民 / 26
　　三　西方的孤立 / 31
　　四　精神政治 / 34
　　五　观念呈现的结果 / 36

一　帝国的兴起

第二章　移民时代的日耳曼部族 / 41

一　日耳曼神话的总体结构 / 41

二　法兰克神话 / 42

三　东哥特神话 / 44

四　勃艮第神话：失败神话 / 46

五　此后日耳曼观念史中的失败神话 / 48

六　王权与民族生存 / 49

七　后世法国观念史中的王权理论 / 52

第三章　新帝国 / 55

一　帝国的转移 / 55

二　格拉西乌斯：精神权力与世俗权力的分立 / 55

三　西方对君士坦丁堡政策的反应 / 57

四　拜占庭权力在西方的瓦解 / 58

五　罗马帝国在移民时代的法制建设 / 59

六　教廷与法兰克王权的亲善 / 61

七　查理大帝的加冕 / 62

八　君士坦丁捐赠 / 64

九　领地教会：公元802年的法典 / 66

十　西方与拜占庭在帝国动力上的差异 / 67

十一　王权人士融入神秘体 / 68

十二　修道院：圣本笃守则 / 70

第四章　第一次改革 / 72

一　一种召唤的成长 / 72

二　修道院改革的浪潮 / 76
　　三　属灵战士 / 80
　　四　主教叙任权之争 / 91
　　五　洪贝特枢机主教 / 104
　　六　《约克论集》/ 108

二　时代的结构

第五章　导论 / 121
　　一　新势力 / 121
　　二　新兴时代 / 123
　　三　世俗秩序问题 / 126
　　四　主要问题 / 128

第六章　萨利斯伯瑞的约翰 / 130
　　一　新性格学 / 130
　　二　封建主义 / 136
　　三　国家 / 140
　　四　诛杀暴君 / 142

第七章　约阿希姆 / 146
　　一　基督教历史的结构 / 146
　　二　三个王国 / 149
　　三　新政治思辨中的经常性因素 / 151
　　四　自主人的兄弟情谊 / 154

第八章　圣方济各 / 157

一　《美德颂》/ 157

二　清贫生活 / 160

三　顺服于教会 / 161

四　俗人教会 / 162

五　与基督—自然保持一致 / 164

六　此世基督 / 165

第九章　弗里德里希二世 / 167

一　帝国的突变 / 167

二　《梅尔菲宪章》/ 174

三　凯撒式基督教 / 183

第十章　法 / 187

一　西方法与罗马法 / 188

二　罗马法神话 / 190

三　博洛尼亚复兴 / 197

四　复兴的效果 / 200

五　英诺森三世的《教宗慎思》/ 204

第十一章　德布拉邦 / 209

一　亚里士多德主义 / 209

二　哲学 / 215

三　知识分子 / 220

四　清贫 / 236

五　结论：政治复兴的基础 / 243

三　高　潮

第十二章　阿奎那 / 247

　　一　历史 / 247

　　二　政治 / 257

　　三　法 / 266

　　四　结论 / 276

索引 / 278

中译本前言

叶 颖

"寻求秩序"是沃格林在其学术成熟期孜孜以求的思想主题。诊断现代社会的无序,回溯与分析各个文明在不同时期有关秩序的符号化表达,从而为在人心、社会和历史的维度上重建秩序提供启迪,这是沃格林在以《秩序与历史》为代表的"后《政治观念史稿》"写作中致力达成的目标。

在《政治观念史稿》中,沃格林并未明言他的写作意图,但我们依然可以通过书中俯拾皆是的有关秩序的讨论体会到他在此时即已关注秩序问题。就本卷而言,我们完全可以把沃格林对中世纪政治观念的梳理和分析,视为他围绕着中世纪的秩序变迁而描绘出的一幅思想画卷。因此,结合沃格林在其"后《政治观念史稿》"写作中有关秩序问题更为详尽的表述,能使我们更好地体会他在《政治观念史稿》中即已捕捉到的西方思想古今之变背后的律动。

在本卷《政治观念史稿》中,沃格林在"神圣帝国"的标题下讨论了中世纪的政治观念,所涉内容始于5世纪的日耳曼移民潮和西罗马帝国的衰亡,终于13世纪的托马斯·阿奎那在诸多思想领域做出的集大成式贡献。

沃格林所说的"神圣帝国"并不是或者说不只是"神圣罗马帝国"——史学界通常视公元962年为其开端,而本卷内容则涵盖了在神圣罗马帝国建立之前、所谓帝国转移时期的政治观念。在此期间,罗马帝国的西方部分自5世纪后期开始转变为法兰克王国,并在公元800年查理曼加冕为罗马皇帝之时转变为法兰克帝国。

这个神圣帝国(也被沃格林称为"中世纪帝国"、"西方帝国"或"基督教帝国")"从未实现内部的统一,也从未成为堪与巴比伦、波斯、雅典、斯巴达或者罗马相提并论的有效权力组织"(第29页)。① 在它内部,法兰克王国－帝国、神圣罗马帝国、拜占庭帝国,以及由各个移民部族建立起来的政治体,例如伦巴第王国,均在不同时期对这个帝国的不同地区行使着程度不等的控制权。使神圣帝国具备某种一致性、在其内部形成某种连接纽带的,并非统一的政权或法制,而是基督教会。可以说,是基督教会在政治观念与政治组织上的内在一致性,使中世纪在政治层面的碎片化表象下,依然保有帝国的实质。

我们在阅读沃格林的《政治观念史稿》时,可以从秩序变迁的视角来体会他在书中遵循的思想脉络。就本卷而言,格拉西乌斯原则在中世纪的命运,或许是对本卷内容最简洁的概括。该原则旨在规定精神权力和世俗权力在各类政治事务上的影响力,因而通常被人们称为"教会与国家的关系问题"。不过,正如沃格林在谈到主教叙任权之争时指出的,直到12世纪,包括该争论在内的各种"两权之争"所关注的,"不是'教会'与'国家'的关系(这两个范畴属于较晚的时期),而是神圣帝国这一单元内

---

① [注]此为本书英文版页码,即中译本随文方括号编码。

部各强权间的秩序"(第91页)。

格拉西乌斯原则是由教宗费利克斯三世(483—492)和格拉西乌斯一世(492—496)在精神管辖权问题上提出的,确立了中世纪社会秩序的基本形态,并反映出当时的基督教会在秩序问题上对保罗与奥古斯丁观点的传承。这两位教宗的观点"最终体现在格拉西乌斯一世的《论集四》和《信札十二》中,这相当于中世纪教会为自由而订立的大宪章"(第53页)。当时的政治背景是,"皇帝已经放弃了大祭司的称号,但关于神圣王权的异教观念并未消亡,对精神事务的干涉权力也依然存在"(第53页)。对此,格拉西乌斯一世明确了精神权力与世俗权力的分立原则,在教宗的神圣权威与王权之间进行了区分。

格拉西乌斯原则在法兰克帝国那里得到了体现。查理曼加冕为罗马皇帝,标志着法兰克王国通过对意大利的征服而从原来单一民族性的王国演变为多民族帝国(第59页)。这一模式在政治上一直持续到19世纪,但是,在政治上和理论上对格拉西乌斯原则的挑战随后不久就出现了。

在政治上,"教廷与法兰克君主制的发展方向似乎跟格拉西乌斯所宣布的权力分立背道而驰"(第59页),前者朝教宗-凯撒制演变,后者朝凯撒牧首制演变,双方都试图扩大自己的权力范围,介入曾被认为不属自身管辖的事务。这成为此后的主教叙任权之争最重要的根源,"该争议的主题就是如何从法律上清晰划分严重交织在一起的各项权力"(第61页)。

在理论上的挑战同样出现在9世纪。首先,出现了将法兰克帝国这一"新兴精神-世俗共同体"(第62页)解释为基督身体、神秘体的观念。

这种观念在表面上似乎并无挑战格拉西乌斯原则之处,但其值得注意之处在于,政治权力进入了神秘体,而在保罗那里它被排除在神秘体之外。这一点在随后的政治观念中得到了进一步显明:政治权力进入神秘体,这意味着,它非但不是罪恶,而且还获得了在此后进一步提升自身荣耀的机会。

对格拉西乌斯原则的进一步挑战出现在11世纪的主教叙任权之争中。这场争论的出现有其历史背景:

> 卡洛林王朝所面临的危急局面和随后数百年的移民潮纷扰造成精神中心的萎缩;因此,开始于克卢尼改革、旨在将教廷重建为一个精神强权的进程必然带来与各世俗强权的冲突,后者对于交出其在动荡时期获得的主导权极为反感。(第81页)

在政治层面上,主教叙任权之争最终通过1122年的沃尔姆斯协定而达成妥协,但在沃格林的秩序视角看来,"无论是这个问题还是其答案本身都不重要"(第68页),"由于它为明智与妥协的精神所主导,因此它并未成为一种深入到理智的危险深处、可能摧毁帝国脆弱建构的冒险活动"(第92页)。相反,在那些持有更加激进观点、在这场争论中属于边缘人物的"激进知识分子"(第92页)那里,我们能看到由新的情感[①]带来的对既有秩序的挑战。"在这些激进派别中,教士一方的典型代表是洪贝特枢机主教,王权一方则是《约克论集》的匿名作者。"(第92页)

洪贝特枢机主教在主教叙任权问题上的观点是:

[①] 本卷的英文版编者西韦尔斯(Peter Von Sivers)在其"编者导言"中说明了沃格林在《政治观念史稿》中十分倚重的"情感"概念的含义。它指的是"一个人对于某种特定安排或情境之正义或不义性质的认可或拒斥,以及与之相应的用于表达这种认可或拒斥的词汇"。(第5页)

教士的尊严与对教会财产的管理密不可分,这种财产与教会的精神结构同样神圣,因此,不应允许世俗权力先于精神权力任命主教。……于是,物质财富领域被融入精神王国;上帝国不仅仅是由人组成的国,而且还包含了尘世间的物质维度。洪贝特运用有机体符号将僧侣修会描绘为身体的眼睛,将世俗权力描绘为担任防卫的躯干和武器,将人民描绘为四肢,将教俗财产描绘为头发与指甲。这几乎是一种泛神论,它揭示出,自罗马—基督教时代以来,"世界"在基督教情感中所获得的分量。世界以其全部历史—政治实在,连同其物质配备,成为基督教思想秩序中非常牢固的一部分,以至于在不属尘世的上帝国与尘世本身之间存在的早期终末论张力实际上消失了。如果我们从洪贝特的理论中除去圣灵神秘体与邪灵神秘体之间的冲突,我们就会将尘世的现实结构等同于如神意所愿的秩序,这种等同在中世纪中期的异端思想中具有重要地位。(第94页)

较之洪贝特枢机主教,《约克论集》的匿名作者更加激进地表达了将要在数百年后取代中世纪的新时代所特有的情感。就此而言,《约克论集》对神圣帝国所代表秩序的挑战也更加强有力。它论证了王权对教权的优先性:

　　作为王的基督与上帝平等,而作为教士的基督则是上帝的属下。王反映出基督的神性,教士则反映出他的人性。(第98页)

它重新编排了保罗和奥古斯丁式神定历史的时代结构:在

将要到来的第三个也是最后一个时代,所有信徒沐浴在基督的荣耀之中,与基督一起作为王而统治。而这就带来一个问题:既然所有信徒都将会通过基督而成为神秘体的参与者,并获得教士地位,那么,在当下的时代,一个特殊的教士阶层具有何种功能?"答案简单而又天真:罗马教会的功能是一种篡权,缘起于基督教早期的紧急状况。"(第99页)由此带来了《约克论集》最具革命性的因素——这位匿名作者的"新教经文主义":

> 令《论集》的读者在书中每一页都感到震惊的是对《圣经》自由、独立的解读,无视罗马教会的传统和制度。在这位匿名作者看来,基督徒普遍作为教士,这并非一个纯粹理论性的命题,而是鲜活的实在。他直截了当地否认罗马教会具备任何教化基督教民族的功能;……我们可以感觉到那些将要撕裂神圣帝国宗教部分的力量,就像民族势力将要在宗教改革的动荡局势中撕裂这个帝国不稳定的世俗部分那样。(第101页)

沃格林认为,"我们能够再准确不过地说,《约克论集》的'奇特之处'是由其所表达情感的现代特性导致的,这种现代特性不得不采用基督教古代末期的那些符号来表达"(第97页)。

进入12世纪,新式情感的出现更加明显,"关于正在等待终结的衰落时代的奥古斯丁式情感被抛诸脑后,关于新兴时代的情感则获得了动力"(第106页)。萨利斯伯瑞的约翰、菲奥雷的约阿希姆、圣方济各先后以不同方式呈现了将要开启新时代的新情感,我们可以从中感受到建立在格拉西乌斯原则基础上的中世纪秩序在不同方向上受到的冲击。

萨利斯伯瑞的约翰撰写的《论政府原理》是中世纪第一部系统性的政治论著,在它的字里行间"回响着一种学说归类所无法捕捉到的新音调。令读者感到惊奇的是该文本的新鲜气息"(第114页)。在这种新音调中,对自由的重视是特别引人关注的,因为它与基督教对顺服的强调形成了鲜明对比。根据沃格林的分析,约翰对自由的强调是通过其对僭主性格的分析而呈现出来的。约翰提出:

> 尽管王侯的权力并非所有人都能获得,但完全不受僭政引诱的人却为数极少,甚至根本不存在。根据通常的说法,僭主指的是通过基于暴力的统治而压迫一整个民族的人;然而,一个人能扮演僭主的角色,并不在于他凌驾于作为一个整体的民族之上;相反,如果他愿意,他甚至能在最平凡的地位上这样做。这是因为,如果不凌驾于整个民族之上,每个人仍然会在其权力所及之处作威作福。(第116页)

对此,沃格林的评论是:

> 如果统治权来自野心,并且以野心的性格学特征来界定何为僭主,那么,必定无法再依据正义行为与不义行为的差异而区分这两种类型。每个王都是僭主,因为每个尚未"净化其心灵",从而甘于绝对臣服的人都是僭主。(页116)

善恶之别暂时被弃置一旁,占据主导地位的是马基雅维利

式对"遵从必然性"的强调。于是,约翰承认:

> 每个人都从自由中获得快乐,也都想拥有可用以保存自由的实力……因为奴役有如死亡的映像,而自由是确定无疑的生命。(第116页)

沃格林的结论是,在约翰看来,"臣服是奴役,自由是快乐。毫无疑问的是,一曲新和弦开始奏起,这将在马基雅维利的美德观念中得到充分回响"(第117页)。

此外,《论政府原理》反映的新情感,还体现在它有关诛杀暴君的理论中。较之那些理论细节,更值得我们首先关注的是,该理论赋予个人以评判统治者的权利与责任,从而彰显出显著的个人主义色彩。它表明,个人是新型世俗情感的源头。就此而言,将《论政府原理》视为现代性的先声并不为过。

在约阿希姆那里,这种新情感达到了沃格林称为"反思型意识"(本书第126页)的阶段,对时代结构的建构成为他关注的主题。他将世界历史表达为三个王国的前后相继——从亚当到基督的圣父王国,由世俗人士的生活主导;从基督到1200年的圣子王国,由教士的行动-沉思生活主导;从1200年到审判日的圣灵王国,由僧侣的完美沉思生活主导。于是,此世的历史被建构为一场精神发展的进步过程。奥古斯丁在谈到此世历史时呈现出的悲观主义被克服了,人在审判日到来之前便能在此世过上完美的生活,而这有赖于完美的修道修会的出现。生活在修道修会之中的人们具有自主、自由的精神人格,是拥有成熟精神能力的人,能形成兄弟般团结的共同体。因此,沃格林指出:

《约克论集》的理智新教主义、萨利斯伯瑞的约翰的诛杀暴君个人主义,与约阿希姆关于人从一个垂死时代的教、俗社会形式中解放出来的观念之间,存在着联系。(第 134 页)

"圣方济各的学说是一套关于兄弟般友爱、清贫、服从和顺服的原则。"(第 135 页)从它强调顺服来看,似乎与萨利斯伯瑞的约翰对自由的重视恰成对照,而与新时代的情感无关,但沃格林依然从他的学说中看到了革命性的因素,以至于沃格林有这样的论断:"圣方济各的人格和他所建立的宗教显然是与帝国及其格拉西乌斯原则相对立的世俗力量。"(第 140 页)

首先,圣方济各主张为教士和贵族之外的人们寻求与这两大集团的平等地位。

圣方济各的行为是革命性的;它出自一种自信、坚毅、充满支配欲的意志,为质朴的俗人,即没有封建或教会品阶的无知者创造出一种生存方式,使其与具有精神权威和世俗权威的两大集团并列。在这一时代的唤启行为中有一项共同因素,即人力的冲动,目的是在一个已为既有的权势者所主导的基督教世界中寻求自身的地位。(第 135 页)

这对原有的社会结构带来了极大冲击,但是教会借助圣方济各的人格吸收了这一运动,并将其纳入教会组织,从而大大延长了中世纪制度的生命力,"直到自下而上的民众运动最终在宗教改革时期扰乱了中世纪制度为止"(第 139 页)。

其次,较之以往的基督教观念,圣方济各的学说表现出对尘世、自然的更多关注。这种关注在洪贝特枢机主教和《约克论集》那里就已出现，到了圣方济各这里则可称得上是全面展开。沃格林指出，推动着圣方济各的情感并不排斥尘世。

> 相反，它给尘世增加了一个此前一直被基督教诫命所剥夺的维度。由身为造物而生存所获取的快乐，以及他的灵魂在兄弟般的友爱中，快乐地扩展到世界上那个通过身为造物的卑微而见证上帝荣耀的部分，正是这样一种因新近发现自己是上帝创世的伙伴而获得的快乐，使圣方济各成为伟大的圣徒。（第141页）

第三，圣方济各倡导一种与受难基督保持一致的生活方式。沃格林提醒我们注意，圣方济各所倡导的生活是与基督的苦难，而不是与享有荣耀的为王基督保持一致；换言之，基督作为教权—王权祭司长的功能在圣方济各那里被忽略了。由此造成的结果是：

> 这位圣方济各基督是穷人的尘世基督；他不再是人类的整个神秘体的领袖。与世界的妥协所取得的伟大唤启成就，尤其是西方帝国时期的成就，在于将人的自然分化以及精神的和世俗的等级体系理解为该神秘体的功能。由于圣方济各偏好穷人的基督，忽视等级体系中的基督，这种伟大的文明成果在原则上被否定了。（第142页）

由对穷人的基督的这种偏好带来的局限性，在托马斯·阿奎那那里得到了克服，方式是通过适当地承认君主的新功能。

到了13世纪,格拉西乌斯原则开始走向衰落,因为它所依托的神圣帝国在政治舞台上日渐落后于那些崛起于"边缘"地区的政治单元,例如西西里、英格兰、丹麦、波兰等地。受此原则主导的中世纪神权政治逐渐被现代意义上的权力政治取代。在此意义上,腓特烈二世被视为最后一位中世纪皇帝,同时也是第一个现代国家的建立者。他和托马斯·阿奎那在各自的事业领域内,均体现了强大的综合能力,能将新旧时代交汇处的种种张力融合在政治行动或思想观念中。沃格林对腓特烈二世给予了很高评价,称赞他的伟大之处在于"拥有一颗有力、宽广、能与该时代种种张力相匹敌的灵魂"(第150页)。

沃格林考察了1231年颁布的《梅尔菲宪章》"序言"中包含的一些有代表性的理论,它们能够很好地说明新时代的情感结构:通过基督教范畴与罗马帝国范畴的融合,以便将基督教人定法转变为世俗国家的实定法;关于皇权立法功能的理论;以及在后世的政治思辨中日渐重要起来的阿威洛伊主义。沃格林指出,腓特烈二世的观念代表了与圣方济各"与受难基督保持一致"相反的尝试,"即创造一种与作为宇宙创造者的基督、与享有荣耀的救世主保持一致的统治者形象"(第157页)。

同腓特烈二世一样,托马斯·阿奎那也面对着各种新兴力量与情感在神圣帝国内部涌现这一时代特点,也处在新旧时代的分界线上。沃格林指出,阿奎那通过出色的构建和谐的能力,创建了一种基督教精神体系,吸纳了新旧时代所有方面的内容:"革命热情高涨的人民,自然产生的君主,以及独立的知识人。"(第231页)阿奎那所创建的这个体系兼具中世纪和现代的特性:

作为对基督教唯灵论、连同其普遍有效性主张的展现，他的体系是中世纪的。该体系同时又是现代的，因为它表达了将要决定直至今日的西方政治史的那些力量：以宪政方式组织起来的人民，资产阶级商业社会，宗教改革所坚持的唯灵论，以及科学理智主义。（第231页）

沃格林对阿奎那的高度赞赏溢于言表：

通过掌控这些力量并出色地使之保持和谐，圣托马斯成为独一无二的人物；他能用现代西方的语言表达中世纪帝国式基督教的感情。在他之后，再没有人能以同样宏伟的风格代表在精神和理智上成熟的西方人。（第232页）

沃格林将《政治观念史稿》有关中世纪的内容分为四个部分：帝国的兴起、时代的结构、高潮、教会与诸民族。除了"高潮"这个部分，其余部分各自都有若干章，唯独"高潮"只有一章"阿奎那"。阿奎那的思想，代表了中世纪的人们在探索秩序的道路上所获洞见的巅峰，也代表了秩序视角下的古典时代的结束。巅峰过后，盛宴徐徐散去。通往现代社会的新力量在神圣帝国自身机体内生长，但在沃格林看来，体认秩序的心灵并未同时成长，业已获得的洞见反而多有遗失。如何在"混乱"、"无序"乃至于"危机"成为关键词的时代，让个人的与社会的生存重获秩序？重温那个古典时代里那些伟大心灵的洞见是必不可少的。但也要小心，避免将洞见畸变为教条，而要防止这一点，要旨就在于穿透那些"概念"、符号的表层，尽力去体验那些伟大心灵曾经体验到的经验。

英文版编者导言

[1]我们通常所说的"中世纪"是西欧人跻身世界文明主流的时代。他们原本是局外人,历经挫折,但总的来说,他们跻身主流的过程相当迅速。古代人耗费千年时光,至古代晚期建成以中国、印度、波斯和地中海为代表的普世文明。相比之下,在前人成就的基础上开始建设的中世纪西欧人,只用了几个世纪便迎头赶上。这一追赶过程的理智层面是这一卷的主题。

一 "中世纪早期"与当前的中世纪研究状况

沃格林于1944年完成该卷手稿。当时,欧洲人和美国人在很大程度上,仍然通过19、20世纪的意识形态——民族主义、进步论和欧洲中心主义——所形成的有色眼镜来看待中世纪。中世纪被认定为西欧从希腊和罗马文明陷入野蛮状态的时期。幸好,在人类势不可挡的进步征程上,这一陷落被克服已久。布赖斯(James Bryce)声名狼藉的论断——中世纪在本质上是"非政治的",中世纪人"无法理解"古代关于政治的观念——在当时仍很有市场,以至于促使沃格林作出语带讥讽的评论:[2]从中世纪的视角看来,现代政治问题可能"并不像我们认为的那样重要"。①

在本世纪末,随着那些意识形态及其所支持政治的垮台,上述这些看法已不再喧嚣,即使意识形态残余仍然存在。中世纪研究者不再囿于民族主义,但仍然有人未经反思地固执于这样一种进步观念:从"中世纪的整体视角"发展到现代启蒙立宪论与个人权利。② 例如,最新的中世纪政治思想手册开篇就说,"'中世纪政治思想'的特征是很成疑问的",尽管它在后面又承认,可以通过不同方式"建立'中世纪政治思想'真正政治的特征"。相比之下,最新的中世纪历史教科书则开始于批评性地综述这门学科的发展,从 19 世纪早期的浪漫派—民族主义和忏悔性起源,到二战后"民族历史模式的瓦解",以及 20 世纪下半叶跨学科方法的采用。③ 后一部书的作者支持结构分析,致力于讨论中世纪西欧人的经济、社会和心智,经常涉及人类学和比较

---

① James Bryce, *The Holy Roman Empire*, 4th ed. (New York: Macmillan, 1904; rpt. New York: Schocken, 1961), 91;沃格林的评论见本书第 36 页([译按]指原文页码,下同)。

② 参见 Walter Ullmann, *A History of Political Thought: The Middle Ages* (Harmondsworth: Pelikan, 1965);我所引用的来自修订版,*Medieval Political Thought* (Harmondsworth: Penguin, 1979), 16。乌尔曼(Walter Ullamnn)将中世纪视为一个从"自上而下"地看待权威演变为"自下而上"地看待权威的过程——后者最终使中世纪的整体性瓦解,并开启现代的"原子化"和"部门分化"。这个观点没有考虑到现代的整体性视角,例如民族主义、法西斯主义和纳粹主义,这些肯定不代表进步。乌尔曼似乎预见到这种反驳,因而谈到极权主义的中世纪与现代形式——但却没有澄清二者的区别。

③ John H. Burns, ed., *The Cambridge History of Medieval Political Thought, c. 350-c. 1450* (Cambridge: Cambridge University Press, 1988), 1, 3; Arnold Angenendt, *Das Frühmittelalter: Die abendländische Christenheit von 400-900* (Stuttgart: Kohlhammer, 1990), 22-52。

宗教,并因此提供了令人耳目一新的非意识形态化历史概述。

但是,即使在跨学科研究著作中,欧洲中心主义的痕迹也依然可见。的确,研究者们必须关注伊斯兰作家,[3]以及在12和13世纪译成拉丁文的文本。① 但是,由霍奇斯(Richard Hodges)和怀特豪斯(David Whitehouse)对所谓皮朗论题②所作的重要修正——卡洛林王朝并未与东地中海地区相隔绝,而是通过古代斯堪的纳维亚人,在伏尔加河上与穆斯林进行活跃的贸易——除了在书评中得到认可之外,还有待于学术界的广泛接受。③

与此类似,迄今为止,只有研究世界史的史学家才开始意识到一个范围更广的欧亚区域。他们认为,大约在公元500年至1500年间,这个区域中的中国、印度、拜占庭、穆斯林以及西方基督教文明展现出共同特征,使它们清晰地区分于此前的古代文明。④ 一项例证是宗教与政府的分化,东、西方基督教以及伊斯兰教都在不同程度上分享这一特点。大约在公元650年左右,随

---

① D. E. Luscombe and G. R. Evans, "The Twelfth-Century Renaissance," in *Cambridge History of Medieval Political Thought*, 329—334.
② [译按]所谓"皮朗论题"指比利时史学家皮朗(Henri Pirenne,1862—1935)提出的一项旨在解释欧洲城市形成过程的观点。他认为,公元9世纪时,欧洲与东方的远途贸易处在最低谷,当时的绝大部分欧洲居民是农业人口,城镇仅限于少数与封建统治紧密相关的宗教、军事和行政中心;随着远途贸易在10世纪末开始复兴,大量商人、手工业者来到现有城镇,在其周边形成郊区,逐渐发展出摆脱封建义务、不受封建统治的工商业者阶级。
③ Richard Hodge and David Whitehouse, *Mohammed, Charlemagne and the Origins of Europe: Archeology and the Pirenne Thesis* (London: Duckworth, 1993).
④ 尤其是 William H. McNeill, *A History of the Human Community: Prehistory to the Present*, 5th ed. (Englewood Cliffs, N.J.: Prentice Hall, 1996), and Leften S. Stavrianos, *A Global History: From Prehistory to the Present*, 6th ed. (Englewood Cliffs, N.J.: Prentice Hall, 1995).

着以自治寺庙为核心的印度教大众信仰的出现,这种分化也出现在印度。在中国,这种分化出现在公元950年左右的宋朝;当时的新儒家对个人自我修身的强调与对履行社会义务的强调同时兴起。① 但是,尽管经历了恰当的去意识形态化,学者们在很大程度上仍未将西欧文明与它在中国、印度和伊斯兰的相似物联系在一起加以考察。

在关于中世纪早期政治观念的本卷中,以及在作为一个整体的《政治观念史》中,沃格林明确拒绝民族主义—进步主义的意识形态,并由此率先采用此后的史纂将要采用的方向。相比之下,他只在一些相对次要的方面脱离学术界在半个世纪前的欧洲中心论惯常论调。但是,我们应当立刻补充道,沃格林的优点在于,在20世纪60年代早期,他对史前史和非欧洲文明产生了极大的兴趣,[4]从而摒弃他之前提出的许多欧洲中心论观点,早于世界史学科在当代的出现。②

总体上讲,本卷中的资料很好地经受住了时间考验。它所采用的彻底的修正主义方法使它仍具有高度吸引力,超越所有常见的陈词滥调和泛泛之论,寻求确立具备典型中世纪特征的经验基础。的确,有许多史实细节需要根据更为晚近的学术成果加以修正,而且有一些或许值得探讨的思想家被遗漏在外,但总的来说,该手稿在迁延许久之后的出版是完全值得的。

---

① 关于最近对前三种文明的相似之处的讨论,参见 Garth Fowden, *Empire to Commonwealth: Consequences of Monotheism in Late Antiquity* (Princeton: Princeton University Press, 1993), 20. 我不曾了解到有任何文献将这些相似之处扩展到印度和中国。关于这五种文明之间可能存在的同时性,参见下文第15页。

② 例如,这一变化反映在 *Order and History*, vol. IV, *The Ecumenic Age* (Baton Rouge: Louisiana State University Press, 1974).

二 理论框架概述

沃格林在本卷中的核心思想是他的如下"信念":

> 人在原则上是以其人格之整体参与到政治召唤之中的,而且,一个共同体的所有文明创造物都必定带有整全整体的印记。然而,小宇宙这个"整体"却极少作为一个紧凑的静态单元;相反,它处在整合与分裂的变动中,并无一种简洁的模式能在任何特定的政治制度与当时另一领域内的文明现象之间建立起联系。①

正像我们能从上述引文推论出的那样,沃格林的信念产生一种综合性的整体理论;相应地,他研究了作为"小宇宙"——亦即"宇宙结晶"或者宇宙的小规模版本——的有组织共同体,它们意在成为整全性的,但在其历史中则是有限的、"流变的"。②

让我们更详细地考察一下这个整体理论。根据沃格林,我们的基本"态度"或者"情感"寓于"政治领域"中,最宽泛意义上的文明"召唤"正是在其中塑造的。他用"政治领域"指的是我们从孩童时期起便成长于斯的环境,我们在其中从事日常活动,并规划作为一个整体的人生;同时,如果我们未使其保持良好秩

---

① 参见下文第 107—108 页。
② 沃格林从维也纳大学的一位哲学家施特尔(Adolf Stöhr)那里借用了"小宇宙" cosmion 这个术语。舒茨(Alfred Schütz)又从沃格林那里借用了这个术语;参见 Ilja Srubar, Kosmion: *Die Genese der pragmatischen Lebensweltheorie von Alfred Schütz und ihr anthropologischer Hintergrund* (Frankfurt: Suhrkamp, 1988)。

序,它便会摧毁我们。因此,正是在这一氛围中,[5]我们获得对正确与错误的敏感意识,并相应地受到激励以从事或抵制变革。

在我作为沃格林的学生、助手(1960—1967)和助教(1967—1968)参加的讲授课与讨论班上,我经常听他谈到,需要发展对不义的正当愤慨这一美德,以之作为成熟人格思维与行动的起源。为了正确理解他在第107页的论断,即"政治领域是情感和态度得以在其中出现根本性变化的最初领域,新的力量从政治领域开始扩散,进入人类活动的其他领域——亦即进入哲学、艺术和文学领域",必须将他对这种美德的重视考虑在内。换句话说,搅扰人们的思维、行动与创造性的,是对不义所带来的糟糕后果的敏锐意识。与此类似,根据具体情况的不同,使一个人反对或者支持特定社会中的政治过程的,也正是这一美德。

我们可以相对简化地说,沃格林在本卷之中多次谈到的"情感"即决定着"召唤"所采用之表述方式,指一个人对于某种特定安排或情境之正义或不义性质的认可或拒斥,以及与之相应的用于表达这种认可或拒斥的词汇。

根据沃格林,"情感"和"召唤"必须相互对应,以便在既定的情境中发挥有意义的作用。然而,尽管具体情境中的"情感"会在若干年或者若干世纪后减弱或消失,但业已产生的"召唤"则会持续存在,尤其是当它们被记录于文本之中时。在这种情况下,"召唤"会变得令人无法理解,或者引发虚假的、在新情境中毫无意义的情感。沃格林将混杂了虚假情感的"召唤"称为"观念"。于是,他强调,从早先的文本中收集到的这些字面上的"观念"可能会在之后的情境中取代关于正义或不义的真实"情感",并带来虚假的解决方案。反过来说,如果将现代的各种"召唤"同与之相对应的"情感"分隔开,并运用于中世纪,那它们就会变成"观念",表达原本从未存在过的中世纪"情感"。简而言之,

"召唤"是鲜活的"观念",而"观念"则是僵死的"召唤";因此,应当仔细区分这二者。

接下来,沃格林的理论继续阐述道,"召唤"是关于整体的表述。他的整体概念不易理解,其中部分原因在于它仍然处于康德主义的框架内;对本世纪上半叶欧洲大陆上的思想家来说,该框架的力量势不可挡。① 直到晚年,[6]他才实现突破,发展出自己独立的整体理论,下文对此有简要讨论。

此处只须指出,整体或小宇宙均具有复合与单一的层面:中世纪早期的王国是一个由农民、封臣和国王构成的复合体,也是一个以王位作为其符号象征的单一单元。② 通过运用分析法与综合法,作为复合体的整体得到探究,正如现代社会科学与物理科学所做的那样。据说,对作为单元的整体则只能进行思辨,因而是想象中的神秘虚构或形而上学虚构,正如这些科学中的现代化约主义者们(reductionists)坚持认为的那样。

然而,详加审察之下,我们会发现,化约主义者沉溺于他们自己的思辨中。粒子、基因、天体、自然和宇宙正如同王国、部落、心灵和上帝一样,都是单一的。与之相应,他们关于物种演化、大爆炸或者多世界宇宙的理论,就如同神创论、启示论或者终末论一样,都是思辨的,尽管前者看上去与我们的"科学时代"

---

① 参见 Voegelin, *Autobiographical Reflections*, ed. Ellis Sandoz (Baton Rouge: Louisiana State University Press, 1989), 96。
② 以王国为例是我提出的,但关于"整体"之"复合"与"单一"层面的想法则来自沃格林。他并未在本卷中展开论述这些想法,但它们却清晰地蕴涵其中,其形式是他在先前一部名为"种族与国家"(*Rasse und Staat*, Tübingen: Mohr [Paul Siebeck], 1933)、批评种族主义意识形态的书中发展出来的(见该书第18—19页)。English edition: *The Collected Works of Eric Voegelin*, vol.2, *Race and State*, trans. Ruth Hein, ed. Klus Vondung (Baton Rouge: Louisiana State University Press, 1997)。

更加合拍。① 思辨、神话或者形而上学终究还是无法消除,无论它们是来自一般性的思考,还是更加具体地来自那些"硬"科学。

由于对作为单元、而不仅仅是作为复合体的整体进行探究具有正当性,与之相应的符号化解释法也正如同分析法与综合法那样有价值。沃格林在探究中世纪政治思想时运用的就是这种方法;通过考察中世纪早期三个最主要的、具有整体性的符号——神圣罗马帝国、教会神秘体和基督王国,这一点可以得到最好的说明。

尤瑟比乌斯主教(Bishop Eusebius,死于 339 年)是一位使异教罗马帝国皈依基督教,进而使其神圣化的早期思想家,他与首位基督教宗帝君士坦丁(Constantine,306—307)同时代。他扩展了异教帝国的普世含义,其方式是将传教包括在内:

> [7]罗马帝国……为了使全人类融为一体(enosis)、和睦共处,业已统一大多数民族,并且注定将获得所有那些尚未统一的民族,直至天下(oikumene)的尽头。②

此后的一位作家,印迪科普雷斯特斯(Cosmas Indicopleustes,

---

① 关于最近对化约主义者的幼稚思辨的指责,参见 Joe Rosen, *The Capricious Cosmos: Universe beyond Law* (New York: Macmillan, 1991)。
② Eusebius, *Triakontaeterikos*, in *Über das Leben Constantins, Constantins Rede an die heilige Versammlung, Tricennatsrede an Constantin*, ed. Ivar A. Heikel, Die griechischen christlichen Schriftsteller der ersten Jahrhunderte, vol. 1 (1902; rpt. Berlin: Akademie-Verlag, 1975), XVI. 6. English edition: *In Praise of Constantine: A History Study and New Translation of Eusebius' Tricennial Orations*, trans. Harold Drake (Berkeley and Los Angeles: University of California Press, 1975), 120. 我使用的是 Drake 的译文,除了增加两个句子之外。

鼎盛期在 16 世纪中叶),取消了"无尽帝国"(imperium sine fine)这一异教观念,取而代之的是帝国通过启示与随后向基督的永恒王国的终末转变而得以完满的观念。① 因此,神圣帝国既是一个复合的整体(用优西比乌斯的话来说就是:世界上的大多数民族被以帝国的方式统一起来,此外另有一些民族还有待于被纳入帝国),又是一个单一的整体(人类)。然而,后一种整体被相对化(神圣帝国将被转变为基督王国),帝国——作为兼具复合与单一特性的整体——这一符号于是就被从属于基督王国这一纯粹单一的整体。

为了全面起见,需要加上另一个相对化的符号,即民族王国。该王国的符号化表达来自日耳曼移民时期的王权机制和部落神话,因而它不是从普遍人类入手,而是从独特的民族认同入手,来界定整体。沃格林在第二章探讨了日耳曼移民和兴起的民族王国这个主题,但在后面才讨论到它们作为帝国的替代物而日渐增长的吸引力。

"神圣帝国"这个术语严格来说只出现在弗里德里希一世巴巴罗萨(Frederick I Barbarossa,1152—1190)在位期间。查理大帝在 800 年将其自身视为罗马帝国的统治者,称号为"最尊贵的奥古斯都,由上帝钦封,伟大、温和的皇帝,统治着罗马帝国"。在随后数百年间,该帝国通常被称作"罗马的"或"基督教的"。"神圣罗马帝国"和"日耳曼民族的神圣罗马帝国"这些词分别出现在霍亨斯陶芬王朝末期(1254 年)和哈布斯堡王朝时期(弗里德里希三世,1452—1493)。②

---

① 关于罗马帝国在基督王国那里实现的终末完满,参见 Cosmas Indicopleustes, *Topographie chrétienne*, ed. Wanda Wolska-Canus, Sources chrétiennes, vols.141,159,197 (Paris: Editions du Cerf, 1968—1973), 2:74—75; English edition: *The Christian Topography of Cosmas, an Egyptian Monk*, trans. John W. McCrindle, Hakluyt Society, series 1, no.98 (1897; rpt. New York: Franklin, 1979), 70—71。
② 参见 Harold J. Berman, *Law and Revolution: The Formation of the Western Legal Tradition* (Cambridge: Harvard University Press, 1983), 603。

"作为基督神秘体的教会",这个符号源自圣保罗的思想(罗12:3—8,林前12:12—31,弗4:15—16)。[8]在《哥林多前书》中,这得到最充分的阐述。在其中,教会(字面上是 ecclesia,或者说共同体)被描述为由不完美的人——基督教徒在其有生之年正是这样的人——构成,按照一种有机的等级秩序来加以安排的基督身体。他们均发挥各自的天份,相互合作,其等级由高到低依次为使徒、先知、教师、行异能的、医病的、帮助人的、治理事的、说方言的。

诚然,保罗将异教统治者排除在外(但他在《罗马书》13章1—7节中将他们视为由上帝任命的、做恶者的誓约执行人),也将主教和教士排除在外(在初创时期的教会,他们尚未出现)。八个世纪之后,卡洛林帝国的法律恰如其分地将统治者、主教和教士纳入教会,其中教士和主教的权威(auctoritas)高于皇帝和国王的权力(potestas),因为后者的救赎是由前者施行的。

另一方面,统治者不再只是由上帝任命、旨在实施惩罚的权威,而是高贵的人物,具备与充盈基督王国的荣耀相同的荣耀。作为一个将处在教士和主教权威之下的各个地方教团统括合一的团体,教会是一个复合的整体。作为一个与帝国同一的团体,它也是一个单一的整体;它代表着普世性。于是,就符号化意义而言,它比帝国的地位更高,因为它是通过精神权威、而非野蛮的权力联结起来的。然而,正如帝国一样,教会的单一整体也被相对化,取而代之的是在"基督王国"这一符号之上的真正统一。

基督王国这个符号,就其含义而言即是非复合、完全单一的。它是基督教与琐罗亚斯德教、晚期犹太教和伊斯兰教,即古代世界的四种启示宗教,共同具有的终末论要素。就此而言,它是末日的符号,用比喻的语言描述了我们的生存特征,这种生存有别于介乎出生与死亡之间生活的生存。它首先反映出一种井然有序的生存，生活中的不公正在其中荡然无存。在终末论中，生存具备符号性的制度（例如，基督为王），这些制度因其井然有序的平衡性而成为衡量生活中所有制度的尺度，并将后者贬低到具有较低符号化意义的层次上。现实生活中的制度，由于它们必定既是复合的又是单一的，因而其完善程度无法达到由这种终末论符号化表达所代表的整体层次。

[9]在思想史中出现了关于纯粹单一整体的符号之后，就像在古代晚期发生的那样，政治帝国就必须永远做出妥协，而且，甚至连符号意义上更为强有力的教会统一性也不可能长期保持。在历史进程中，由于终末论意义上的整体楔入了政治进程，古代文明和中世纪文明被清晰地彼此分隔开。诚然，在古代与中世纪都有许多反叛与起义，但是，只有在中世纪之后，才有可能使代表着帝国政治与宗教组织的各种符号之间的争论正当化，理由是这些符号与上述终末论标准不相容。

沃格林提出，中世纪开始于这三种符号之间的大致均衡，类似于上面所提到的状况，他称之为"与世界的妥协"。他的主要论题是，在从卡洛林王朝建立神圣帝国（公元 800 年）到阿奎那去世（1274 年）之间的五个世纪里，"基督王国"这个终末论符号逐渐失去其吸引力。虽然早期基督教徒对基督王国之即将建立所抱有的向往不无道理，但是，一旦帝国被加以神圣化，这种向往便没什么理由了。

关于早期基督教和中世纪错误地认为末世仅仅是一个未来事件，沃格林并未就其内在缺点发表评论。作为纯粹单一整体的一种比喻化解释，终末论不能仅仅局限在未来，而是应当包括过去和现在。它是充分的时间，存在于任何时刻，并且能为人原样感获。在此意义上，正是由创世、王国以及所有正义的当下标准这些符号构成了一个单一的整体。

然而,无论是帝国还是教会,尽管从短期来看得到些好处,但均未能从中获益:它们过于依赖终末论标准,以至于无法树立自身的标准。实际出现的是对新型复合—单一整体的追寻,而在这些整体中,要么对单一型符号的需求受到贬低,要么与此相对地,这些符号的作用被夸大,远远超出帝国或教会在终末论的制约下所能容纳的程度。在沃格林看来,只有一位思想家,即阿奎那,能够或者愿意建立一种新的平衡,即在他当时的新型复合—单一符号与自历史中复兴、已得到更新的"基督王国"这一符号之间建立平衡。

[10]沃格林将旨在维持神圣帝国、教会和终末论目标这三种符号之间平衡的"情感"称为"宗教灵性"。与之相反的、旨在贬低或夸大对复合型政治共同体的单一型符号化表达的情感,则是"世俗的"、"此世的"或者"内在的"思想。从一种"情感"向另一种的关键性转变为新"召唤"准备了条件。该转变出现在11世纪下半叶,当时,主教叙任权之争(1075—1122)引出了政治—宗教正义中的基本问题。

沃格林按照基督教对此世与彼世的传统区分,或者是上文提到的更加技术化的康德主义语言所说的"超验"与"内在",来表述上述这对情感。有时,出现在12世纪以降的中世纪世界的"内在的"政治思想也被称作"现代的",以便表明现代性在中世纪的谱系。从精神性的政治符号到世俗的政治符号再到现代的政治符号,该演变在沃格林看来是一种衰退:这是一个包含两个层次的过程,即在符号上贫瘠化为世俗主义和暴富化为思辨。在他看来,中世纪是一场介乎中间的"妥协",逐渐瓦解为两种现代面貌,即贫瘠的世俗主义和暴富的意识形态思辨。

三 内容提要

根据沃格林,中世纪的一个标志性特征是"准备阶段的巨大时间跨度",这是神圣帝国的"集中召唤"所需要的,哪怕仅仅是为了发展出它在亨利六世皇帝(1190—1197)治下达到巅峰时所最终具备的虚弱制度现实。他将这种缓慢的成长时期归因于延续了将近六百年(约400—950)的历次日耳曼和亚细亚移民潮。这些移民潮撕裂、孤立了西罗马文明。该文明在城市化、学术和贸易水平上无不低于东方。

日耳曼移民潮形成了大型群体,并具有他们自己的王和立国神话,声称自己是特洛伊人的后代(法兰克人),或者纪念尼伯龙根人的悲剧事件(勃艮第人)。[11]在适当的时候,王权和神话相结合,创造出"民族王国"的"召唤",作为整体的符号化表达而成为神圣帝国在中世纪晚期的竞争对手。

查理大帝(768—814)创建神圣帝国,这导致有必要建构新型的、有别于此前罗马和拜占庭的符号化表达。沃格林讨论了该建构过程的各个步骤,例如教宗格拉西乌斯一世(492—496)关于帝国中的(较高)精神权力与(较低)世俗权力分立的理论,各位教宗对日耳曼领导人的帝国官衔的任命,查理大帝加冕为皇帝(800),传说中君士坦丁大帝将罗马土地捐赠给教宗,以及统治者被纳入基督的神秘体。这一过程的结果是,帝国由两位领袖治理,即皇帝和教宗,二者在其本身的地理区域内均为神权统治者,而且由于彼此相距遥远,均无须直面他们相互重叠的对于整体的统治主张。

与早期神圣帝国的神权统治建构并不十分吻合的一项制度

是修道院,亦即更为严格视角下的基督之体,它将那些发誓献身于严格的清贫、贞洁和顺从生活的人凝聚一起。就乡村居民的基督教化而言,修道院是至关重要的,而且,如果这项使命要想不被消融于卡洛林神权统治的松散功能之中,那么修道院就必须在组织上保持自主。相应地,沃格林讨论了自主的修道修会的兴起(克吕尼、西笃会、方济各修会),居民、尤其是骑士阶层的基督教化(这反映在十字军东征和武装修会的建立),以及教廷的改革。

在改革过程中,教廷成功废除了阿尔卑斯山以北的神权统治。在主教叙任权之争期间,教廷从统治者手中夺取了选择自己的候选人出任教会官职的权利。这项改革在进行过程中出现了一个棘手问题:那些因没有依教会法就职而"卑劣"的主教们(按照中世纪的说法,即那些犯下"神职买卖"罪行的主教们),是否能施行圣礼(根据保罗的著作,这是使徒及其继承者们所专有的)。

沃格林讨论了三种回答,分别由达米安(Peter Damian,死于 1072 年)、席尔瓦坎迪达的洪贝特(Humbert,1062 年卒)①和诺曼无名氏(Norman Anonymous,盛名于约 1100 年)所表述。达米安引入了对崇高职位与卑劣任职者的区分,[12]而洪贝特担忧于神职买卖腐败行为的普遍存在,希望教会的改革行动能彻底清除政治中的腐败。诺曼无名氏则采取了相反的路线:基督采用人形的教士以拯救人类,但他在将要到来的王国中的真正功能则是为王——因此教士的地位低于统治者。

正如上文所述,在主教叙任权之争的过程中日渐清晰的是,在一个神圣帝国与普世教会中,终末论目标并非急迫的关切所

---

① [译按]即枢机主教洪贝特。

在。除了参与争论、寻求不同于帝国和教会的新型复合—单一整体之外,思想家们也会因这一过程中的论证而被疏离。在12世纪,出现了许多推动沃格林所说新型、"内在"类型的制度发展的思想家。

沃格林以对三位思想家的讨论来开启他对这一过程的考察。萨利斯伯瑞的约翰(1180年卒)提出了共和国(res publica)这一符号,它既不是帝国也不是某个特定的王国。而且,这个共和国不再以统一在教会之中的全部保罗式人物类型为基础。他唯独专注于政治人,即那种认为自身是自由的、犹如上帝的,因而"在其权力所及之处作威作福"的人。因此,每个统治者身上都有僭主的身影,而将其除去就成为正义之事。

约阿希姆(1202年卒)设想了一个第三王国,它使人从自然法与摩西—福音律法到完全的精神律法的进步得以完成,而精神、思辨和自由则是该王国生活的典型特征。约阿希姆将其自身视为某个尚不知名领袖的先驱者,该领袖将于1260年在人世间开创这个最终王国。圣方济各(1226年卒)与约翰一样,也将保罗的人物系列缩减到一种类型,即业已彻底摒弃人世间所有罪恶的普通俗人。这种人之所以使自身纯洁,不是出于对即将到来之王国的期盼,而是与他们所认定的此世的基本状况保持一致,而作为人的基督正是屈身降临此世,以求让我们得救。

除了思想家之外还有实践者。沃格林研究了西西里的《宪章》。《宪章》由霍亨斯陶芬家族的弗里德里希二世皇帝(1220—1250)制定,为帝国之内首个非封建的中央集权王国提供了法律基础。在《宪章》中,弗里德里希以"不可分割的信仰统一"卫士的面貌出现,有权镇压异端。[13]对神选工具的批评是冒渎神威;不存在向教宗的求助。

大约一个世纪之前，在博洛尼亚大学，伊尔内留斯（约1130年卒）已开始讲授查士丁尼罗马法法典。沃格林强调，对罗马法要素的运用在伦巴第不曾间断，由伊尔内留斯进行的所谓复兴实际上是对到中世纪时已变得不可更易、"至为神圣"的罗马法全体法条的回归。在伊尔内留斯之后，根据法律实务的要求，对罗马法进行了注释，而到了阿克库尔修斯（1263年卒）的时代，注释变得比查士丁尼法典本身更重要。沃格林认为，注释反过来又为按照一种精于讼辩、理性化、系统化——简而言之，"此世的"——风格来进行的立法铺平了道路。他研究的典型案例是弗里德里希二世的《宪章》和教宗在《格拉提安法令集》中的教会法立法。

大约与此同时（约1160—约1260），西方基督教徒得到了他们当时尚不知晓的亚里士多德著作全集，先是从阿拉伯文转译的译本，后又有直接从希腊文原文翻译的译本。在一些穆斯林、尤其是阿威罗伊（1198年卒）看来，亚里士多德是完美的人，是一种知识分子宗教的创立者，这种宗教相当于，甚至优越于《古兰经》中包含的、被视为普通人的偶像宗教的宗教。德布拉邦（1286年卒）是阿威罗伊观点在基督教徒中的继承者，沃格林在其研究中将他视为一位提供了有关"内在"世界结构的思想，并且否认个人之不朽、世界之神创以及上帝对自然之直接介入的思想家。

与此相比，沃格林将阿奎那（1274年卒）描述为一位"基督教知识分子"，上帝的真理在其看来同时显明在创世、道成肉身和关于存在的原则这三种形式之中。哲学值得追求，但普通人的宗教也绝不可鄙。基督教仍然需要扩展到人间所有民族，但宗教的统一已不再要求帝国的唯一性：它兼容于以"内在方式"构建起来的多元化政治单元。阿奎那接受亚里士多德的城邦观念，将城邦视为带来幸福的完美共同体，但也毫无疑问地表明,无论政治共同体是城市、王国还是省份,其居民都只在基督王国中实现全面的至福。城邦显然已不再是一种鲜活的"召唤",而已成为一项僵死的观念,[14]而新的政治共同体则尚未成为具备符号象征力量的整体。

沃格林认为阿奎那的法学理论比他的政治理论更加具体。上帝创世所包含的规则(ratio)是永恒法,它作为自然法铭刻在心灵上,而自然法只能近似地反映在实定法中。此外,上帝在《旧约》和《新约》中启示了他的神圣法,以便指导人超越其自然成就,达到终末至福。自然法仅以一般原则的形式存在。

沃格林列举了其中的"自我保全,通过生育和教育来保全种类,通过关于上帝的知识和……文明的共同体生活来……保全",从而揭示了从中颁布详细的实定法的困难。阿奎那关于以永恒法作为自然法根源的观念是别出心裁的,因为它克服了一种自我包含的自然法所设下的陷阱,这种自然法局限于那些内在原则,诸如——按照沃格林的表述——"本能、欲望、需求、世俗理性、权力意志、适者生存,等等"。①

沃格林在结论处提出,阿奎那是唯一一位能吸纳"主教叙任权之争以降的世俗力量的爆发",并使这些力量同中世纪在其开端之时曾具有的原初精神遗产保持平衡的思想家。在他之后,这种平衡被再次打破,而这次是永久性的。

四 "中世纪早期"与沃格林的后续著作

沃格林在其"史"中,追求的是一种从历史早期直至当下的宏大叙事。在 20 世纪 50 年代出版的《秩序与历史》前三卷中,

---

① 参见下文第 226 页。

他以更加庞大的形式继续这一做法。然而,在计划写作六卷本的《秩序与历史》于1974年出版的第四卷中,沃格林放弃了这种叙事。他给出了两项主要原因:第一,新材料的数量(其中有一部分是在他将非西方文明纳入研究范围后发现的)将会使手稿膨胀到"难以掌握"的程度;第二,

> 根本不可能将[秩序与符号化表达]的各种经验性类型按照任何时间顺序加以线性排列,该顺序能使实际发现的那些结构自一种被设想为一个"进程"的历史中出现。

[15]换句话说,即使那些繁多资料也许能得到掌握,但是,在西欧发生的事件——世俗的符号化表达与思辨的符号化表达在中世纪开始出现日渐尖锐的分化——也不可能以欧洲中心论的方式扩展到世界其他地方。于是,他认为,取而代之的应当是,必须恰当地考虑到"历史上重要的、不沿时间线索行进的意义线索"。与此相应,他摒弃了时代顺序的叙事,代之以随着历史事例"前后左右"地游刃穿插的文章。①

然而,甚至是在这些反对"被设想为一个'进程'的历史"的论证将要发表之时,沃格林也无法拒绝在他1973年发表的《自传体反思录》中勾勒这种宏大历史叙事的诱惑。他在其中叙述了他是如何在20世纪60年代认识到,"出现在古代近东的所有符号几乎都有一部史前史",它由新石器时代回溯至旧石器时代,并且可以区分出史前符号时期与普世宇宙论符号时期。②他表示,与此类似,他开始意识到:

---

① *The Ecumenic Age*, 2, 57.
② *Autobiographical Reflections*, 82.

随着普世帝国与它们的动荡而来的是正统帝国——无论是在儒家中国还是印度教印度,在伊斯兰帝国,在东方希腊正统帝国或西方拉丁正统帝国。这些新型帝国文明[以作为它们的政治神学的各种教义为基础],作为文明社会来说绝不同于普世帝国统治下的那些社会;总体来说,这些帝国文明持续存在到所谓现代时期的新一波动荡与分裂来临之时。①

如果将这种逻辑贯彻到底,历史就将呈现为这样一个进程:大约在1600—1700年间,可以看出,在上一节结尾处指出的现代世俗与思辨符号化表达开始于"西方拉丁正统帝国"的瓦解,随之而来的是,在此后数百年间,在世界其他地方出现与此相似、但渐进发展的瓦解,现代性在 20 世纪取得了世界范围的胜利。

这样一种对于自史前到当下的历史"进程"的勾勒非常类似于由世界史学家们在 20 世纪 60 年代和 70 年代发表的宏大叙事的结构。②[16]如今,这些结构在几乎所有世界史教科书中都很常见。此外,沃格林还将自史前开端到我们当下的现代历史进程概述为,在此进程中可以看到,保持着平衡的符号化表达与极端的教条化表达在各个时代都始终彼此共存。历史上的每个时代都有其"既定的正统",各种符号在这些正统之中被"变形"为"教条"。沃格林在 20 世纪 70 年代认为,以更加"分化"的关于整体的符号这种形式出现在这个世界上的任何"进步",均被这些分化所必然包含的"教条化表达"所抵消。因此,世界历史呈现为一个开放的进程,其中有确定无疑的进步,但又被同样确定无疑的、世俗类型与思辨类型的灾难所抵消。

---

① *Autobiographical Reflections*, 105—106.
② 参见本书第 3 页注释④所引文献。

可以看出，在从写作本卷到《自传体反思录》之间的这段时期，沃格林的思想有着微妙的变化，从强调中世纪时代的"精神"开端转向强调"教条化的"中世纪"正统"。在本卷中被尖锐地称为中世纪"超验"符号之"内在化"的，在《自传体反思录》中则被更为中立地称为"西方对异教古代的重新发现，同时，自然科学的扩展"，二者均开启"人对实在领域的意识，该意识曾经被以帝国方式确立下来的正统学说所遮蔽"。① 简而言之，沃格林的历史视野愈加扩大，他就愈难将历史进程中的内在化运动与超验化运动彼此分离。

事实上，在他的遗著《寻求秩序》中，"内在"与"超验"这对概念甚至不再出现。康德主义所设下的陷阱——经验世界与概念世界这两个彼此隔绝的世界——最终消失，取而代之的是一个单一的"实在"，具有两个层面，分别被称作"它—实在（It-reality）"和"物—实在（thing-reality）"。②

由于本导言并不适合于讨论沃格林晚年所运用符号的微妙之处，所以此处只须指出，[17]毫无疑问，沃格林的单一实在符号可以被认为是由沃格林著作的强大核心，即他关于复合—单一整体的理论，生发出来的又一曲变奏。③ 正是这一理论，而不是他在中年时期著作中陷入的超验—内在化之争，④将会确保

---

① *Autobiographical Reflections*, 106.
② *Order and History*, vol.V, *In Search of Order* (Baton Rouge: Louisiana State University Press, 1987), 16. "超验"这个词被提到一次（第35页），其所在语境被批评为意识形态化的。
③ 难以解释的是，这个"它"层面在《寻求秩序》的第72—73页依然被称为"非经验性的"。在1995年《"非经验性的"塑造秩序力量：关于〈寻求秩序〉中的康德主义累赘的反思》（未发表论文）中，我探讨了可能给出的解释。
④ 尤其是 *The New Science of Politics: An Introduction* (Chicago: University of Chicago Press, 1952). 具有讽刺意味的是，这是他迄今最知名、最常重印的著作。

他在 20 世纪思想史中占有一席显赫之地。

20 世纪 80 年代的科学工作促进了关于整体之单一本性的反思,并终结了康德对实在的两个分离领域——内在的与超验的——的截然区分所占有的主导地位。阿斯佩克特(Alain Aspect)在 1982 年进行的多项实验反驳了对量子力学的最后一些反对,而坎托(Georg Cantor,1918 年卒)用数学符号来描述作为一套多元无限的整体,早已经为量子力学创造了新的概念工具:潜能的真实无限通过在事实的潜在无限中包含的统计学意义上的可能性而体现出来。① 对沃格林关于整体的理论或者对我的归纳感到绝望的读者们大可鼓起勇气:相比于新兴的量子思想——如今对永恒哲学(philosophia perennis)的重建正在其中进行——沃格林的理论无疑是简单的。

[英文版编者按]在这个版本中,我试图在摒弃任何编辑介入与使沃格林的英语充分通顺之间采取一条中间道路。因此,我仅仅重新编排了那些若不改动便无法理解的句子。在别的所有地方,只要含义并非过度模糊,我便原封不动地保持作者的遣词造句。[18]那些熟悉沃格林的人将会看出他语言风格与用法的特色。在有些地方,我对在手稿中超过整整一页的段落进行了分段。沃格林的脚注大都短小精干,仅标明他使用的第一手

---

① 我采用的这一表述来自 Carl Friedrich von Weizsäcker, *Aufbau der Physik* (Munich: Hanser, 1985), 375, 584—585。关于坎托论无限的著作,参见他的 "Beiträge zur Begründung der transfiniten Mengenlehre," *Mathematische Annalen* 46(1895): 481—512 and 49 (1897): 206—246; English edition: *Contributions to the Founding of the Theory of Transfinite Numbers*, trans. Philip E. B. Jourdain (New York: Dover, 1955)。对多元真实无限这一新概念在哲学上的影响进行了大范围讨论的是 Jean E. Charon, *Les lumières de l'invisible* (Paris: Albin Michel, 1985)。

资料，一般不讨论二手文献。因此，只有在我认为适合向读者指出作者所引用资料的重印本或新版本之处，我才增补脚注。全面的书目细节只在首次引用时给出。沃格林的结论已经被新研究所取代，或者由于20世纪40年代时缺乏足够的资料而使他的结论不够成熟之处，我都加上了编者注。①

关 于 书 目

在本卷中，沃格林使用了最初由海因里希（Georg Heinrich）编辑的《日耳曼史文献》（*Monumenta Germaniae Historica*, *MGH*）中的大量资料。以下是对相关 *MGH* 系列及其缩写的概述。与每一文本相关的书目细节均在脚注中提供。

AA	*Auctores antiquissimi*
Cap.	*Capitularia regum francorum*（in *Legum*，II）
Const.	*Constitutiones et acta publica imperatorum et regum*（in *Legum*，IV）
Epp.	*Epistolae*
Leg.	*Legum*，I
Libelli	*Libelli de lite imperatorum et pontificum saeculis XI et XII conscripti*（in *Legum*，V）
SS	*Scriptorum*

西韦尔斯（Peter Von Sivers）

---

① ［译按］在本书中，以"［英文版编者按］"标示出。

第三部分
神圣帝国

第一章 导　　言

一　中世纪的总体结构

[29]中世纪的政治观念以对神圣帝国（sacrum imperium）的集中召唤（evocation）①为导向，正如希腊的理论以城邦为导向，而基督教—罗马的理论以天国和罗马帝国为导向。然而，神圣帝国的召唤与美索不达米亚、希腊或者罗马的召唤有着决定性的差异，这一差异在于，中世纪帝国从未实现内部的统一，也从未成为堪与巴比伦、波斯、雅典、斯巴达或者罗马相提并论的有效权力组织。在亨利六世（Henry VI）的短暂统治期间（1190—1197），这个帝国于第三次十字军东征结束后在精神②和领土上达到顶峰。

---

① ［译按］在这部《政治观念史》中，evocation（连同其动词形式 evoke、形容词形式 evocative）是沃格林使用的核心概念之一，其基本含义是"制度、事件在观念中的建构"。
② ［译按］spirit（以及由它衍生出的 spiritual、spiritually、spirituality、spiritualism、spiritualization）是沃格林频繁使用的重要概念，其基本含义为"精神"，但侧重强调与宗教经验相关的那个方面。在译文中，凡与基督教三位一体论直接相关之处，均译为"圣灵"，其余译为"精神"；spiritual、spiritually、spiritualization 同理；spirituality 统一译作"宗教灵性"，spiritualism 统一译作"唯灵论"。

在此期间,帝国包括了位于意大利、日尔曼以及西西里的领土。狮心理查(Richard Lionheart)从皇帝那里得到英格兰作为封地,而皇帝的兄弟与拜占庭公主的联姻又使帝国得以声称拥有对拜占庭帝国的统治权。但是,即使在这段短暂的、可能只持续了两到三年(1194—1197)的历史时期内,这个帝国对日尔曼和意大利之外的其他领土所声称拥有的统治权都是有争议或者不具实际约束力的。

因此,将中世纪历史按照特定的年代划分来组织,将永远不会令人完全满意。从 1070 年到 1270 年的两个世纪包含了主教叙任权之争(Investiture Controversy)和历次十字军东征、日尔曼和意大利符号化表达(Symbolism)的涌现、圣方济各(Saint Francis)和圣托马斯(Saint Thomas Aquinas)。这两个世纪是中世纪精神成就的顶峰。不过,从 5 世纪到 12 世纪是帝国召唤的漫长准备阶段,它径直延伸进入高峰期,并与帝国解体为各个民族单元这一过程的开端相重叠。[30]在中世纪历史上,以 1200 年左右的一个短暂顶峰为中心,帝国观念经历了长期、持久的整合与瓦解。

二 移 民

准备阶段的巨大时间跨度及其内部结构的复杂性来自此前的移民时代发生的事件。大移民时代通常被定位为从公元 376 年罗马帝国接纳西哥特人到 568 年伦巴第人侵入意大利。这些年代反映出围绕着罗马的神话对历史建构的影响,但却与移民运动的实际进程没有多少关系,因为它们只描述了日尔曼部族在罗马帝国疆界内的首次与末次大规模定居。为了更准确地理解这个过程,我们必须从整体上考察这些运动,并且为此而区分日尔曼部族的两种运动:一种是由内部原因导致的,例如人口的增长或内部的政治事件迫使一个民族的部分人口移居他处,另一种是由来自历次亚细亚移民潮的压力而外在地引发的。

(一) 日尔曼移民过程

由内部原因引起的日尔曼扩张开始于公元前 700 年左右。日尔曼部族从斯堪的那维亚和北日尔曼,从位于易北河与奥得河之间的地区,向西、南和东南方向迁移。公元前 2 世纪末期,在罗马与钦布里人、条顿人进行多次战争之后,日尔曼部族与罗马人的首次冲突随之而来;另一次冲突发生于公元前 1 世纪中叶,即凯撒(Caesar)与试图入侵高卢的日尔曼部族的多次战争。

接下来还有一系列较小规模的日尔曼战役,开始于奥古斯都(Augustus)统治时期,在奥勒留(Marcus Aurelius)时期的马可曼尼战争期间(166—175)达到高峰,并出现了日尔曼部族定居于帝国之内的先例。

下一波浪潮是从 376 至 568 年的大移民,这并非最后一次移民浪潮;随后的 9、10 世纪出现了古代斯堪的纳维亚人的移民潮,结束于他们 11 世纪对英格兰的征服。历次大浪潮之间同样有移民,[31]他们出现在较为遥远的北方地区,因此,罗马史学家对这些移民的记载不如他们对发生在地中海发达文明内部的接触的记载那样清晰。

(二) 亚细亚移民过程

在东方,与这些日尔曼移民及其与罗马帝国的接触相类似的是中亚部族的运动及其与中国的接触。这些运动，就其发生在远东而言，与我们的问题并无关联。[①] 然而，到 4 世纪，由匈奴人构成的第一波亚细亚浪潮到达黑海地区，而东日尔曼部族已在一百年前在其扩张过程中到达此地。在 372 年的冲突之后，东哥特帝国被摧毁，西哥特人被击溃，这促成东日尔曼部族的西进运动，大移民开始。

5 世纪，匈奴人在西欧纵马驰骋，但在沙隆之战（451）中被击败。此役失败后，原已被征服并纳入匈奴帝国的日尔曼部族开始反叛。6 世纪，下一波亚细亚浪潮从阿瓦尔人的进袭开始，伦巴第人在与他们短暂结盟后移居意大利。阿瓦尔人直至 8 世纪末仍在骚扰查理大帝（Charlemagne）。9、10 世纪，马扎尔人的浪潮来到中欧，直到 955 年的莱希菲尔德之战才决定性地终结了它。

此后，由塞尔柱突厥人、成吉思汗率领下的蒙古人、奥斯曼土耳其人，以及帖木尔率领下的蒙古人和突厥人所形成的亚细亚浪潮，都曾到达西罗马帝国的边界，并在一段时期内构成严重威胁，但是并未进一步破坏西方世界的结构。

日尔曼和亚细亚这两个移民过程及其在公元 4 世纪后的相互作用决定了中世纪的制度与观念史的总体框架。[32]日尔曼

[①] 对这些亚细亚运动的出色考察，参见 Louis Halphen, "The Barbarian Background", in *The Cambridge Ancient History*, ed. John B. Bury, Stanley A. Cook, and Frank E. Adcock（Cambridge: Cambridge University Press, 1939）, vol. 12, chap. 3. 关于亚细亚与欧罗巴运动间的关联，参见 William M. McGovern 的宏伟考察（*The Early Empires of Central Asia: A Study of the Scythians and the Huns and the Part They Played in World History, with Specific References to Chinese Sources*, Chapel Hill: University of North Carolina Press, 1939, 11—17）。

人在欧罗巴的定居并不是一个发生在某个特定时间点上的事件。① 它不是一场在短时期内完成,并伴随政治制度和平成长的征服。

正如我们所见,移民的定居是一个绵延数百年的过程,导致相对弱小的部族集团在纷扰的环境下建立与摧毁帝国。我们不能把西哥特人、东哥特人、汪达尔人、赫路人和伦巴第人想象成攻无不取的强权,像亚历山大大帝和他率领的马其顿人那样胜利地征服世界;相反,他们是经受战败、屠杀和惊吓的部族,在匈奴人和罗马人之间备受压迫,绝望地寻求安全与容身之所。在被亚细亚部族击败之后,不可避免地伴随而来的——甚至是伴随着源自内部原因的扩张而来的——心理与精神上的瓦解必定已相当严重。日尔曼部族在接受基督教时的惊人速度及其对罗马传统的敬畏都必须归因于这种瓦解状态。

(三) 日尔曼移民王国

由于多种原因,大多数日尔曼部族的帝国建构事业都是不稳定的。非洲的汪达尔王国(429—534)不仅要应对信奉天主教的居民和教士对异教的雅利安征服者的抵抗,而且要应对柏柏尔人的叛乱,最后被拜占庭摧毁。图卢兹的西哥特王国(419—507)被法兰克人摧毁。他们位于伊比利亚半岛上的残余势力继续无关紧要地存在了两百年,直至被穆斯林征服。赫路人的奥多

---

① [译按]本节出现的"亚细亚(Asia)"、"欧罗巴(Europe)"通常译为"亚洲"、"欧洲",但沃格林在谈到西方中世纪经历的历次移民浪潮时所使用的这两个地理概念与我们今天理解的"亚洲"、"欧洲"有所不同,前者大体只涉及中东、中亚地区,不涉及东亚、东南亚,后者大体只包含西欧、南欧,不包含北欧、东欧。

卡王国受到东哥特人的猛攻并瓦解,持续的时间不足二十年(476—493)。随后在意大利建立的东哥特帝国于552年拜占庭重新征服此地时亡于贝利萨留斯(Belisarius)和纳尔赛斯(Narses)之手,居民被屠杀殆尽。随后在意大利建立的伦巴第王国持续了两个世纪(568—774),然后被并入查理大帝建立的法兰克王国。

不过,作为一个民族的伦巴第人则在意大利继续存在,而且,倘若不是因为人数太少,他们本有可能成为在意大利建立的具有日耳曼血统、与法兰西、日耳曼和英格兰相同类型的王国的核心。即便如此,9、10 世纪仍然是伦巴第贵族的英雄时代,[33]尽管伦巴第皇帝和国王从未能牢固统治意大利本土,也未能在意大利之外获得承认。伦巴第王国最后在奥托大帝(Otto the Great)从 951 年开始发动的数次意大利远征中被摧毁。

(四) 法兰克王国的独特性

持续最久的是法兰克王国。抛开大量次要因素不论,我们可以将三项要素视为法兰克人取得成功的主要原因。在移民时代的各个日尔曼部族中,唯有法兰克人并非由于来自亚细亚的压力而移民。他们首先从中欧移居莱茵河流域,随后发现这条边界不设防,便进一步扩张进入罗马控制下的高卢。4 世纪,法兰克人内部的局势类似于匈奴人到来前的埃尔曼日克(Ermanrie)统治下的东哥特黑海帝国。法兰克人出色的政治效率主要是由于他们未受大移民引发的动荡影响。

第二项重要因素是他们在地理上远离拜占庭的惊人力量。这个东方帝国无力发动针对法兰克人、类似于消灭了汪达尔人和西哥特人的远征。最后，克洛维（Clovis）于496年皈依天主教，从而带来教宗和主教对高卢的支持，使法兰克人能成功应对西哥特异教徒在507年发起的挑战。

不过，法兰克一统的政权在查理大帝身后也未能维持过三年。817年，帝国开始分裂；到9世纪中叶，移民潮达到一个新的高峰，古代斯堪的纳维亚人进入俄罗斯、君士坦丁堡和不列颠各小岛，通过河流进入北欧和西欧，最后进入地中海地区。同时，亚细亚浪潮带来了马扎尔人对西方的入侵，他们在10世纪上半叶到达勃艮第。撒克逊公爵们作为一股新的凝聚力出现在10世纪的无政府状态中，并带来奥托大帝在中世纪中期进行的帝国建构，他于962年加冕为皇帝。

三　西方的孤立

这些移民确立了西方制度的种族基础。[34]他们造成的另一项重大后果是打破了古代世界的文明统一性。处在由马其顿和罗马帝国的扩张所带来的高度之上的古代世界，尽管内部存在分化，但仍然是一个巨大的、从美索不达米亚延伸到大西洋，并发散至中亚的文明单元。

7世纪，两只楔子几乎同时楔入这个区域，将其一分为三。到7世纪中叶，阿拉伯势力的扩张已达到波斯，阻断了到那时为止一直存在于地中海－亚细亚地区与远东之间的直接联系。波斯、叙利亚、巴勒斯坦和美索不达米亚从这时起逐渐脱离了地中海世界；它们变成了"亚细亚的"。

7世纪后半叶，亚细亚的保加利亚人的入侵带来南部斯拉夫人的大规模扩张，深入位于多瑙河与巴尔干半岛之间的拜占庭帝国东北部省份，阻断这个东方帝国与西方的陆路联系。在希腊化东方与拉丁化西方之间，直接的文化联系变得极为稀少；那些起作用的影响不得不辗转通过西西里或是伊斯兰化的北非和西班牙来进行。自7世纪之后，我们方能将"西方"作为一个文明区域来加以谈论，它以日耳曼种族为基础，位于古代各发达文明的外围，被土耳其－斯拉夫和伊斯兰这两只楔子与它们分隔开。

我们必须简要回顾一下进一步限定了西方区域的主要事件，以便完全描绘这幅孤立场景。阿拉伯人的征服不仅将一只楔子插入亚细亚，隔绝了古代东方，而且他们在非洲和西班牙的扩张也制造出一条南部屏障，将西方限定于地中海的北岸。斯拉夫人的扩张填补了日耳曼部族西进之后留下的欧洲空间，封闭了易北河以东地区。塞尔柱突厥在11世纪的入侵将小亚细亚从旧文明区割裂出去，使后者局限于欧洲的地理范围内。最后，奥斯曼的入侵终结了独立的拜占庭文明，将旧文明区限制于西欧和中欧，以及伊比利亚和亚平宁半岛。

作为这一孤立和限制的后果，中世纪中期与文艺复兴开端时期表现出一种非常复杂的观念结构。自11世纪以来，我们至少必须区分以下主要因素：[35]西方人的心灵，尤其是在西方城镇中，向着精神至境的内在成长；由本笃会大量保存的罗马－希腊传统，连同保存在卡西欧多罗斯（Cassiodorus）的著作中，以及由波伊提乌斯（Boethius）与塞马库斯（Symmachus）在提奥多罗（Theodoric）统治期间（493—526）保存的古典文学元素；通过伊斯兰世界的转送而实现的对古希腊思想的吸收；"真正的"意大利文艺复兴，即本土化意大利精神在意大利中部的重新觉醒；在拜占庭帝国得到保存、由来自君士坦丁堡的避难学者输入的古典传统;来自伊斯兰、蒙古和土耳其文明的影响。要想在本研究的范围内详尽地探讨这些元素,在技术上是不可能的,但我们应当牢记这一复杂网络,将其作为我们的筛选所依托的背景,这种筛选能使问题以较为简明的方式呈现。

[英文版编者按]上面这些段落较难理解。亚细亚诸民族的移民显然导致了西罗马和波斯帝国的毁灭,并促进西方与东方的基督教帝国、阿拉伯—伊斯兰帝国及其后续变体的创建。然而,沃格林所说的原本统一的"从美索不达米亚延伸到大西洋,并发散至中亚",后被亚细亚部族撕裂的"文明单元"指的是什么?这一点,其实并不清楚。就政治与宗教制度而言,欧洲世界从未统一过:罗马与波斯帝国在宗教与制度上的差距,就如同作为它们各自后继者的卡洛林王朝与阿伯巴希德王朝之间的差距那样巨大。因此,亚细亚部族移民的介入并未改变什么。就技术与商业而言,欧亚(包括印度与中国)从来都是连成一体的——亚细亚部族移民非但没有阻断,实际上反而清晰见证了公元后东西方关系的密切化。

从这种欧亚一体的视角来看,长期促成西欧"孤立"的因素与其说是外来的部族势力阻隔,不如说是文明程度上的相对落后。大约在公元1050年以前,西欧对阿拉伯和犹太商人提供的香料和奢侈品几乎没有需求(不过他们还是通过伏尔加河和波罗的海,或者通过马赛,与卡洛林王朝贸易,这已为如下研究证明:Richard Hodges and David Whitehouse, *Mohammed, Charlemagne and the Origins of Europe: Archeology and the Pirenne Thesis* [London: Duckworht, 1993],以及 Moshe Gil, "The Rhadanite Merchants and the Land of Rhadan," *Journal of the Economic and Social History of the Orient* 17 [1974]: 299—328)。因此,阿拉伯人并没有像皮郎(Henri Pirenne)早先得出的结论那样将西欧同东方分隔开;他们只是对其不加理会而已。参见 *Charlemagne et Mahomet*, 2d ed. (1937; rpt. Presses Universitaires de France, 1992); English edition: *Mohammed and Charlemagne*, trans. Bernard Miall (1939; rpt. New York: Barnes and Noble, 1992)。

有趣的是,一旦西欧取得了政治强大的表象,它的孤立性便帮助它进一步驱逐移民。斯塔夫里亚诺斯（Leften S. Stavrianos）指出，在马扎儿人（955）之后，不再有亚洲人停留，而不像在中东和印度，蒙古人和突厥人直到 1258 年和 1516 年都还在那里定居。因此，在创建民族的（用我们今天的话来讲，种族一致的）君主政体上，欧洲的统治者至少领先三个世纪，尽管他们原先在文明程度上是落后的。

四 精 神 政 治

[36]中世纪政治观念与现代民族国家时期的政治观念极为不同，以至于 19 世纪的一些学者认为中世纪观念根本不能被恰当地称为政治的。虽然这种意见已从学术文献中消失，但它在公众中间仍然相当流行，因而对此问题稍加评论也许并不多余。布赖斯爵士（Sir James Bryce）在其 1873 年的专著《神圣罗马帝国》（*The Holy Roman Empire*）中写道：

> 中世纪在本质上是非政治的。在中世纪，古代国家与我们都一样熟悉的观念——关于作为国家目标的共善、人民的权利以及不同形式政府的各自优点的观念——尽管有时在事实上得到运用，但其思辨形式则不为人所知，也许还是无法理解的。①

我们不妨对这一论断[关于观念]②的描述部分存而不论，尽管需要对其加以限定。然而，除非毫无理由地认定现代民族国家持有的那些观念涵盖了"政治的"这个术语的全部涵义，否

---

① James Bryce, *The Holy Roman Empire*, 4th ed. (New York: Macmillan, 1904; rpt. New Work: Schocken, 1961), chap. 7.
② [译按][ ]内的中文系译者为补足文意而添加，下同。

则"中世纪是非政治的"这一结论便不成立。我们或许还可以换个角度来想：我们可以将中世纪的政治作为标准，从而得出结论：既然人类能在远不止一千年的时间里无须考虑我们当今面对的众多政治问题，那么这些现代政治问题也许并不像我们认为的那样重要。

但是，这种术语游戏并不能增进我们对问题的理解。令19世纪学者感到不安的是如下事实：中世纪的政治召唤包含人的精神人格，而现代西方宪政体系则任由精神人格要么在教会中制度化，要么根本不被制度化。我们在柏拉图的政治体系中看到一种类似的召唤。考虑到这一点，布赖斯关于古希腊与现代理论都与中世纪相对立的论断就必须加以纠正。我们注意到政治思考从法老层次到教宗层次的转变，并且关注柏拉图著作的内在时间维度，[37]它表明柏拉图式灵魂的演变与绵延千年的基督教时期的演变相当。因此，中世纪的精神政治理论并非一个孤立现象。只有当我们忽略柏拉图的精神根基，而只专注于经亚里士多德转化而成的柏拉图理论片断时，中世纪的精神政治理论才会显得十分奇特。

如果我们希望对中世纪政治理论获得粗略的入门理解，那我们就必须想象，如果柏拉图的城邦模型获得成功，如果他成为或者找到一个哲人王，如果有一种围绕他的精神典范展开的政治理论得到长期发展，那将会发生什么。基督教并未在罗马帝国时期产生这种类型的理论，因为许多因素阻碍了彻底洞察这个带有新召唤的政治共同体。首先，对天国的启示录式看法对终末论张力的克服是缓慢的；其次，天国并未完全摧毁异教信仰，基督教社会因而仍只是罗马帝国内的一小部分；第三，罗马的各大家族（gentes）确实是一种动乱因素。

5世纪的奥古斯丁理论反映出这种召唤的不彻底。进一步而言,在移民时代早期,基督教思想无法轻易演变为一种完整的精神政治体系,因为日尔曼征服者的阿里乌主义加剧了社会的异教－基督教裂痕。① 唯有法兰克帝国提供了基督教召唤的前提条件。查理大帝的神权统治是首个拥有一致信奉基督教的居民与具有实质意义的单一种族核心的帝国。

在公元1100年左右的帝国鼎盛期,政治观念史开始展现出它在一种精神政治体系里可望具有的特定特征。关于精神的各种问题是复杂的,因此我们看到大量这一时期的政治文献,在数量上超过人类发明印刷术之前的任何其他历史时期。而且,这一数量还由于中世纪问题所富有的争议性而进一步增加。神圣帝国(sacrum imperium)的精神首脑与世俗首脑之间的关系问题催生了众多关于主教叙任权之争的文献。有时很难将这些文献中真正的政治观念与形而上学或神学观念区分开。[38] 由于帝国的政治召唤基于精神上的基督教共同体的召唤,因此几乎每个关于人的精神人格,关于人与上帝及同胞关系的问题,都会对真正的政治召唤产生直接或间接的影响。

五 观念呈现的结果

正如我们已提到的,由于不同阶段的重叠,中世纪历史无法完全令人满意地按照清晰的时代划分来加以组织。我们在以下资料呈现过程中决定采用的形式必定会受到批评;它的正当性

---

① [译按]阿里乌主义认为基督非神,而是与人一样的造物。公元325年的尼西亚宗教会议谴责阿里乌主义为异端,但其影响在日耳曼部族中一直持续到公元7世纪。

仅仅在于,同其他可能的形式相比,它或许是最好的。对四个主要时段的划分并不是根据严格的时间顺序,而是由中世纪精神与理智发展的内在结构决定的。

第一部分题为"帝国的兴起",探讨的是帝国在各个移民王国中的起源、卡洛林王朝以及帝国至13世纪为止在精神上的成熟。关于"时代结构"的部分分析中世纪的精神在新兴世俗力量的冲击下发生的转变;第三部分"高潮"呈现的是阿奎那将帝国的基督教同新兴力量加以协调的努力;第四部分,"教会与诸民族"在〈第三卷〉,①探讨由民族君主政体的兴起而引发的帝国危机。从年代上讲,这些部分相互重叠。

12与13世纪的中世纪情感重构过程(即第二部分的主题)与成熟过程的最后几个阶段是同时进行的。讨论民族君主政体之兴起的第四部分主要涵盖14与15世纪,但这些新型政治体的起源必须追溯到12与13世纪。最后,这个部分完全没有涉及一个重要的问题,即异端运动的作用;从技术上看,较为可取的是在题为"转型"的后续部分里,在探讨宗教改革问题时探讨它。②

---

① [译按]〈〉内的文字系英文版编者所加,下同。
② 参见 *The Collected Works of Eric Voegelin*, vol.22, *History of Political Ideas*, vol.IV, *Renaissance and Reformation*, ed. David L. Morse and William M. Thompson(Columbia: University of Missouri Press, 1998), pt. 4, chap. 3, "The People of God"。

一　帝国的兴起

第二章　移民时代的日耳曼部族

一　日耳曼神话的总体结构

[41]我们在这一章采用的筛选原则不容许我们详尽讨论日耳曼的政治观念,只能讨论那些进入了地中海地区、在形成移民帝国的过程中起作用的部族的观念。这就将我们拥有的关于北部日耳曼部族的大量资料排除在考察范围之外,而将研究限定于考察从莱茵河到黑海、从法兰克人到哥特人的部族国家。①

在这些部族成为世界历史中的活跃力量的那些世纪里,他们的政治观念由于我们先前提到过的移民事件造成的瓦解效应而具有一种极为复杂的模式。移民过程本身以及他们与匈奴人和罗马人的战争在不同程度上扰乱了情感的内在均衡,在某些情况下甚至可以说是丧失了民族认同,并且试图在希腊—罗马式与基督教式符号化表达的帮助下发展新的认同。在日耳曼部族那里,我们面对的情况与希腊和罗马有很大差异。荷马神话

---

① 关于对主要以北部资料为主的日耳曼观念的呈现,参见 Vilhelm P. Grønbech, *The Culture of the Teutons*, trans. William J.A. Worster (London: Oxford University Press, 1931, rpt. 1971)。

之所以成为希腊政治的伟大神话背景,是由于它所讲述的故事是关于获胜的集体努力,这一努力确立了希腊人的认同并维持了许多世纪。维吉尔(Virgil)的神话基于罗马作为无限帝国(imperium sine fine)这一在当时看来真确无疑的事实;在真实的胜利中,[42]正在兴起的强权能接过正由希腊人身上滑落的荷马神话外衣,并宣称获得特洛伊神话中的胜利。

在日耳曼部族那里,移民事件在本质上并非一场胜利,相反却是一场灾难;只有法兰克人逃脱了这场灾难(至少在身体层面上)。关于日耳曼种族起源的神话未曾以其原初形式保留至大移民时代及之后。相反,我们看到的各种召唤结构表明,原初的情感和观念发生或大或小的转变,这种转变要么来自失败所带来的冲击,要么来自必须臣服于某个更发达文明的感受。

就拥有特别优越历史条件的法兰克人而言,我们能分辨出前后相继的各个观念层次,希腊—罗马神话通过这些观念而被嫁接到早先的日耳曼神话中,改造而不是摧毁了日耳曼神话。从法兰克人到法兰西人的过渡是一个相当连续的过程。在东方,在那片成为德国的区域,有关移民的经验产生了关于失败的宏大神话,反映出由民族认同的丧失和彻底灭绝的危险所引起的焦虑。时至今日,这个神话依然在德国的政治情感结构中起作用。

二 法兰克神话

我们在前一卷关于黄金时代的那一章提到了法兰克神话,当时探讨的是罗马的观念领域通过维吉尔接受了希腊神话。我们曾简要地指出,关于特洛伊出身的神话在高卢人与法兰克人中传播。此时，对法兰克人来说，关于特洛伊出身的神话是发展过程的最后一个阶段，之前则另有一些反映先前政治局势的阶段。在法兰克人与高卢人发生接触的时代，已经存在着高卢人关于自身的特洛伊出身的神话，而法兰克人则发展出一种与此相对应的神话。该神话层级被保留在塔西陀（Tacitus）（《日耳曼尼亚志》第三卷）关于阿西布尔吉姆——作为拉尔提亚德斯（Ulixes Laertiades）建立的献祭场所——的描述中。

在与特洛伊出身的高卢人的竞争中，法兰克人将自己的角色设定为希腊人。在该层级之中，可以看到一种对沃单（Wodan）——四处游荡之神——的崇拜，尽管这个更早阶段的细节只能通过重构来源于诺曼人的资料而加以推测。有一位出身于神的部族英雄被迫离开众神的家园——阿斯加德，在地上流浪。[43]对他的崇拜是一种能吸纳这场移民中的各种事件，同时运用希腊和特洛伊的符号化表达来表达自身的神话的核心。在高卢被法兰克人征服之后，关于希腊出身的神话与关于特洛伊出身的神话相混合，并最终被后者取而代之。①

在这条法兰克序列中，我们能看到种族起源神话的一种连贯演变，从有关日尔曼独立的经验开始，经过与相邻的高级文明的竞争，直到最后认同于由高级文明建立的帝国式国家。这一神话在法兰西延续了一千年。在15世纪末期出现的加甘（Gaguin）的《法兰克人的起源》一书中，我们仍然可以见到它，而且，直到1545年，关于特洛伊出身的神话仍被用于论证法兰西

---

① 关于参考文献，参见 The Collected Works of Eric Voegelin, vol.19, History of Political Ideas, vol.I, Hellenism, Rome, and Early Christianity, ed. Athanasios Moulakis (Columbia: University of Missouri Press, 1997), 146n。

国王独立于皇帝的地位。①

三 东哥特神话

东哥特人提出一种不同的神话演变模式。直到黑海帝国时期,他们都一直保持着完好的民族认同,并非逐渐接受罗马神话,而显然是由于与匈奴人的冲突而爆发的情感迫使他们接受了它。约尔达内斯(Jordanes)的《哥特人史》(*History of the Goths*)(它是已佚失的卡休多罗斯《哥特人史》的节略本)使我们可以对此情感过程得出相当确定的结论。② 约尔达内斯的《哥特人史》首先描述哥特人脱离"万族之母"斯堪扎(Skandza)③的过程,以及他们在黑海地区的扩张。在此部分,我们仍然可以在加诸富有英雄气概的国王身上的角色中,[44]在对"战神"崇拜的描述中——他得到神圣的荣誉,"似乎他就是该部族的祖先"——强烈地感受到原初的召唤。

随后突然出现一个转折。我们看到一部人为编造的哥特历

---

① Robert Gaguin, *Compendium de origine et gestis Francorum* (Paris: Andreas Bocard, 1497), bk.I, chap.3。French edition: *Les croniques de France* . . . (Paris: Michel Le Noir, 1516)。支持法兰西独立的段落见于 Charles de Grassaille, *Regalium Franciae libri duo, iura omnia et dignitates christianies: Gallie regum continentes* (Lyons: Heredes Simonis Vincentii, 1538, 11)。

② Jordanes, *De origine actibusque Getarum*, ed. Alfred Holder, Germanischer Bücherschatz, vol.5 (Freiburg and Leipzig: J. C. B. Mohr, 1882). New edition: in Fonti per la storia d'Italia pubblicate dall'Istituto storico italiano per il Medio Evo, no.117(Rome: Nella sede dell'Istituto, 1991). English edition: *The Gothic History of Jordanes*, abridged and trans. Charles C. Mierow, 2d ed. (Princeton: Princeton University Press, 1915; rpt. Cambridge: Speculum Historiale; New York: Barnes and Noble, 1985).

③ [译按]即斯堪的那维亚。

史,它描述了哥特人与属于高等文明的那些民族的一系列光辉遭遇,透露出一股不惜一切将哥特人提升到与地中海地区各民族相同等级的热情。① 根据这一编造的历史,哥特人进行过一场同埃及人的战争(VI)。它们中的一部分分离出去,形成亚细亚最好战的民族帕提亚人(VI)。在军事战斗期间,女人们自己照顾自己,在受到攻击时成功地保护自己,并像亚马逊女杰那样主宰亚洲达一个世纪(VII)。亚马逊女杰的领袖彭特西利(Penthesilea)参与了特洛伊战争(VIII)。

哥特人的一个王特利弗斯(Telephus)是赫拉克勒斯(Hercules)和奥格(Auge)的儿子,娶特洛伊的普里阿慕斯(Priamus)的一个姐妹为妻(IX)。特利弗斯和他的儿子尤里比乌斯(Euryphieus)——后者爱着卡珊德拉(Cassandra)——参与了特洛伊战争(IX)。波斯王居鲁士(Cyrus)不得不与哥特人的王后托米利斯(Tomyris)作战(X)。他的后继者大流士(Darius)和薛西斯(Xerxes)发动反对哥特人(西徐亚人)的战争(X)。

最后,马其顿的菲力(Philip of Macedon)娶了一位西哥特公主,以便加强他在国内的统治(X)。这个新神话与老神话并存;它并不是用一套新的符号来重新解释原有的部族神话,而是一种独立的创造。我们可以说这是一种人格分裂的案例。哥特人原有的认同并未丧失,但是,在与匈奴人发生冲突,并被纳入他们的帝国之后,一种新的认同又通过旨在实现自我肯定的努力而被创造出来。

西哥特人被匈奴人击溃,但并未被纳入他们的帝国。西哥特人对罗马人的胜利,他们在意大利的进展,对罗马的征服以及进一步成功进入法

---

① 试比较这一哀怨的句子:"因此,哥特人总是比其他蛮族更加文明,几乎与希腊人平等。"(V. 40)

兰西南部和西班牙,所有这些都反映在一种不同的神话构建所体现的情感中。在圣伊西多尔的《西哥特人史》开篇的段落中,斯堪的纳维亚起源只被一层单薄的圣经符号化表达所掩盖,哥特人的起源被追溯到雅弗(Japhet)的儿子玛各(Magog)。该书的其余部分则包含著名的"对哥特人的赞誉",欢呼对"万族的胜利女神"罗马的胜利。①

四 勃艮第神话:失败神话

[45]日耳曼部族最后终于成为西方帝国的建立者,但也付出了极大代价。移民过程的恐怖在那些神话召唤中得到充分体现,它们将正在迫近的种族灭绝所引发的焦虑具体表现出来。勃艮第人几乎被匈奴人于 437 年灭绝。他们的命运产生了代代相传的传奇故事,并在 13 世纪初的南部日尔曼地区形成伟大的日耳曼史诗《尼伯龙根之歌》(*Nibelungenlied*)。勃艮第传奇故事为《尼伯龙根之歌》提供了"故事",但这部史诗本身代表的则不仅是某一特定移民部族的命运。它吸收了 6 世纪的日耳曼人在从匈奴人入侵到马扎尔人入侵时期的斗争中产生的悲剧情感。在这段时期,汪达尔人和速尔比人、西哥特人和东哥特人、赫卢利人和勃艮第人都被大量屠杀,法兰克人融入高卢—罗马文明,只有位于法兰克人以东地区的剩余部族充分保留了他们的认同,成为日耳曼—罗马帝国的建立者。

《尼伯龙根之歌》作为一部民族神话的独特之处在于,在这

---

① 参见 Saint Isidore of Seville, *Historia de regibus Gothorum, Wandalorum et Suevorum*, in Migne, *PL*, vol.83, col.1057—1082。另有蒙森(Theodor Mommsen)编辑的版本:MGH, AA, vol. 11, pt.2 (Berlin: Wiedmann, 1894), 241—303; English edition: *History of the Kings of the Goths, Vandals, and Suevi*, trans. Guido Donini and Gordon B. Ford Jr., 2d ed. (Leiden: Brill, 1970)。[译按]雅弗(或拼作 Japheth)是圣经记载的诺亚(Noah)的儿子之一。

部神话中,一个民族所经验到的不是他们在生存过程中获得的胜利,而是由死亡带来的痛苦。唯一类似的现象可以在以色列人的失败经验中看到,这种经验带来了在受苦的仆人(Suffering Servant)这一人物形象身上发生的终末论情感的精神化。但是,相似不等于完全一致。在以色列那里,当具有政治实效的生存被摧毁之后,胜利是通过部族认同在精神上的保留而从失败那里攫取来的。

在日耳曼人那里,关于失败的神话并未被精神化,而是保持着严格的现实本性,成为一道在后移民时代的日耳曼历史中会被重新揭开的伤疤。

日耳曼人和犹太人的相似性并非从不为人所注意。例如,可参见格奥尔格(Stefan George)的诗句:

> 金发黑发本是同根生
> 心存芥蒂的兄弟寻觅又怨恨
> 你们总在漫游而永不就此知足!①

[46]重要的是,正是在罗马基督教的精神—帝国观念达到顶峰时,有关失败的传奇故事演变成伟大史诗。

---

① 参见 *Der Stern des Bundes*, in *Gesamt-Ausgabe der Werke: Endgültige Fassung*, vol.8 (Berlin: Georg Bondi, 1927), 41. 并见于 *Werke*, Ausgabe in zwei Bänden, vol.1 (Düsseldorf and Munich: Helmut Küpper, vormals Georg Bondi, 1968), 345—394. New edition: *Sämtliche Werke in 18 Bänden* (Stuttgart: Klett-Cotta, 1982—). English edition: *Star of the Covenant*, in *The Works*, trans. Olga Marx and Ernst Marwitz (Chapel Hill: University of North Carolina Press, 1974), 244—278.

五 此后日耳曼观念史中的失败神话

在日耳曼的政治情感中一直存在着关于失落的过往的意识,存在着对一种前帝国、前基督教、经历过失败但有朝一日会变成胜利者的部族认同的记忆,存在着对能在地中海文明的外壳被打碎之后独立存在的民族人格的记忆。在法兰西,将日耳曼的过往历史融入民族意识的努力,例如孟德斯鸠(Montesquieu)和戈宾诺①所做的努力,几乎没有取得什么成功——与地中海文明的融合是完美的。在日耳曼政治情感中,日耳曼—地中海张力是一支活跃力量,决定着观念和历史进程的趋势。

将19世纪的德国浪漫主义及其纳粹主义分支解释为仅仅是这一来源的产物,这是过于简单化的。然而,由移民确定的那些情感的确在深层推波助澜,导致在表面出现以下涟漪——瓦格纳式日耳曼戏剧的成功;将查理大帝的撒克逊战争重新解释为针对日耳曼种族的严重犯罪;回归鲁登道夫(Mathilde Ludendorff)式日耳曼崇拜;达雷(Richard Walter Darré)的日耳曼农民浪漫主义;关于文明在北方起源的神话;整体性地反对基督教、尤其是天主教的冲动;反对"外来"罗马法的运动;费希特(Fichte)关于日耳曼土著(Urvolk)的信念;关于同法语和英语的衍生性相比,日耳曼语言具有"原创性"的信念;相信日耳曼民族是帝国观念的牺牲品,因受欺骗而偏

---

① [译按]指戈宾诺伯爵(Joseph-Arthur comte de Gobineau,1816—1882),法国外交官,著有《人种不平等论》,声称白色人种优越于其他人种,并称"雅利安人"即日耳曼民族代表文明之最高峰。

离它本身的命运轨迹;对重蹈移民失败覆辙的恐惧,它将自身表达为一再出现的关于"被包围"的神话;最后,从总体上讲,"反抗西方"。

六 王权与民族生存

在前文中,我们经常运用"民族认同"和"民族认同的丧失"这些术语。[47]用这些术语来描述移民事件并不是一种现代的事后思考,而是能正确地推导出那个时代的史学家对这些事件作出的解释。一个民族(gens)的认同与拥有一个"王"密切相关。获得或失去认同的关键阶段是王的选出或死去。在多种资料来源中,我选择助祭保罗(Paul the Deacon,约720—约800)的《伦巴第人史》来作一番简要考察,因为它详细探讨了这个问题的方方面面。①

伦巴第人的活跃历史开始于两个公爵去世后。人们决定,他们不想继续生活在由公爵统治的小型部族联盟里,而要"为他们自己设立一个王,就像其他民族那样"(I. 14)。这种措辞受到《撒母耳记上》8章5节中的一个段落的影响,该段落表达了以色列人希望"像其他民族那样"有一个王的愿望。在移民过程中,松散的部族联盟已被证明是过于虚弱的,一个王被选出来,以便能更有力地执行军事与行政事务。王选自一个"被认为特别高贵"的家族。在选出王之后,胜利的战争就开始了。

---

① Paul the Deacon, *Historia Langobardorum*, ed. Ludwig Bethmann and Georg Waitz, in MGH, *Scriptores rerum Langobardicarum et Italicarum saeculi VI—IX* (Hanover: Hahn, 1878; rpt.1988), 12—187.

首先，赫卢利人被打败，他们的势力瓦解，以至于"他们不再有王"(I. 20)。随后是与杰皮德人的战争，其中决定性的事件是杰皮德王的儿子死去，"他是引起这场战争的罪魁祸首"(I. 23)。在年轻的王子死后，杰皮德人逃跑了，他们"最终深陷窘境，不再有王"。在克莱弗(Cleph)死后(575)，伦巴第王权中断。随后出现了十年的公爵独立统治时期，直到政治局势在584年变得十分危急，才再次选出一个王。公爵们献出他们一半的财产，用以支付王室和官员的开销。

其他史学家也对王权作出类似解释。伊西多尔①叙述了爱伦人和速尔比人如何在哥特人的进攻下失去他们王国的独立地位。同时，有趣的是，他们之所以能在西班牙长期维持王权，"是因为他们在风平浪静的生活中对王权无所要求"。民族认同、王权和好战行为因而有着清晰的联系。[48]其他史学家对爱伦人、东哥特人、速尔比人和勃艮第人还有进一步的论述。另一方面，约尔达内斯提到东哥特人在被纳入匈奴帝国时期的傀儡君主(proprius regulus)，以此作为他们的民族生存得到延续的证据。多弗(Alfred Dove)曾对此问题加以出色的概括：

> 在从5世纪到8世纪的拉丁文献所留下的无数讯息中，我们看到 rex[王]和 gens[民族]这两个概念处于多种相互关系中。它们的联系十分紧密，以至于抛弃王权的部族就会被认为等于是独立生存丧失、民族认同

---

① [译按]伊西多尔(Isidore, 约560－636)，西班牙大主教，被认为是西方教会的最后一位教父。

(Wesen)衰败。①

民族生存与王权之间的密切关系是日尔曼特有的一种现象;它并非来自罗马或基督教的制度。移民时代的各个日尔曼民族通过他们的王获得政治人格意识。这种王权的基础是一种经过独特融合的个人魅力,它必须在军事和行政的成功中证明自己,同时要出身于高贵家族。王权并不总是简单地由父亲传给儿子,尽管惯例是由婚生长子来继承,前提是他的个人条件明显合格。王权是会在这些情况下发展为相互竞争的继承人之间的一系列永恒争斗,还是会发展出世袭君主制,取决于王室家族的声望,也取决于在一段相当长的时期内是否总有能干的儿子来继承其父的事业。

造成伦巴第人不幸历史的部分原因是,他们的王大多没有子嗣。另一方面,法兰西君主制的发展则得益于卡佩王朝十二位国王不间断的子承父业,从 987 年的休·卡佩(Hugh Capet)到死于 1316 年的路易十世(Louis X)。法兰克人的墨洛温王朝诸王统治下的局势尤其能说明问题。墨洛温王室享有神圣家世的声望,在王位继承问题上未曾出现过争议。反对一位不受欢迎的王的唯一手段是暗杀,因此这被大量实施过,有时甚至使几乎所有王室成年成员都被杀。贡特拉姆(Guntram)国王(567—593)曾经用如下这些感人的话语来对特地聚集在一所教堂中的巴黎市民讲话:

---

① Alfred Dove, "Der Wiedereintritt des nationalen Prinzips in die Weltgeschichte," in *Ausgewählte Schriftchen vornehmlich historischen Inhalts* (Leipzig: Duncker and Humblot, 1898), 9.

[49]我恳请你们,在场的男人和女人,忠实于我;不要像你们杀害我的兄弟那样杀害我。让我再活三年,以便能把我的侄儿培养成人。如果我死了,你们也将遭殃,因为将没有足够强大的王来保护你们。①

七　后世法国观念史中的王权理论

日耳曼的王是各个移民帝国的核心人物。围绕着将王召唤为民族生存与行动的符号,不同层面上的地中海式符号化表达——以色列的神授统治者、罗马的皇帝——最终发展出来。进一步而言,王既作为战争领导又作为他的人民的保护者,同时人民因为信仰(fides)而服从他,这是政府的宪政形式得以发展的前提——这一点有时被人忘记。活跃于历史舞台之上的政治单元的召唤先于宪政观念的发展,而西方政治单元的召唤在很大程度上是国王们的工作成果。除非我们记住王权在西方民族的形成过程中起到的决定性作用,否则便不能理解它在西方的功能与声望。

在西方王权行将结束的关键阶段,王权的功能眼看要被淹没在大众立宪论的浪潮中,我们看到一种政治理论的复兴,它强调王对政治体的"代表"功能。在英格兰革命中,霍布斯

---

① 引自 Christian Pfister, "Gaul under the Merovingian Franks," in *Cambridge Medieval History*, vol.2(1913), 第 134 页以下。节选自 Gregory of Tours, *Histoire des Francs: Textes des manuscrits de Corbie et de Bruxelles*, ed. René Poupardin (Paris: A. Picard, 1913). rpt. in Collection de texts pour servir à l'étude l'énseignement de l'histoire, vols. 2 and 16 (Paris: A. Picard, 1980–1986). English edition: *The History of the Franks*, trans. Lewis G. M. Thorpe (Harmondsworth and Baltimore: Penguin, 1986).

(Hobbes)发展出关于有代表性的王的理论。在长期的法兰西革命斗争中,王权理论被加以重新考察的时期正是王权在制度上确定无疑地走下坡路、拿破仑三世(Napoleon III)的统治(1852—1870)行将结束的时候。霍布斯的理论将在关于英格兰哲学家的那一章加以讨论,[50]而法兰西的情况则值得在这里加以考察,因为法兰西理论家明确地将他们的观念建立在早期法兰西国王在法兰西事业中所起作用的基础上。

1869年,勒南(Ernest Renan)提出了他关于法国宪政改革的观点。① 他认为,君主制和贵族的恢复具有头等重要的意义。法兰西是她的王、她的贵族、教士和第三等级的产物。那些后来者,即"人民",正闯入一间他们既未建造也无力保养的房子。"要保存一个民族的灵魂,则必须有一个正式地担负着保护职责的议会。"在他对这个民族实施的自杀行为,即砍去它的头——国王——的控诉中,人们可以听见移民时代史学家的回音。勒南的传统在霍里乌(Maurice Hauriou)的著作中得到延续,并发展为一种全面的政治制度理论。②

霍里乌认为,一个政治体起源于一个立国人格所具备的想象与召唤力量。立国者之所以成为民族政治体的创造者,是由于他能将各种政治力量置于他的建构意志的控制之下,从而使他的观念铭刻于历史事实之中。制度的核心是立国者及其后继

---

① Ernest Renan,"La monarchie constitutionelle en France," in *Revue des Deux Mondes 84* (November 1869): 71—104.引自重印本 *La reforme intellectuelle et morale* (Paris: Michel Lévy Frères,1871; rpt. New York: Greenwood Press, 1968; Brussels: Editions Complexes,1990),144—146。

② Maurice Hauriou,*Précis de droit constitutionnel*,2d ed.(Paris: Librairie du recueil Sirey, 1929); rpt. Paris: Centre national de la recherche scientifique, 1965)。

者的指导观念,后者继续实行前者的观念。统治者通过履行他们的立国、强国与护国功能而成为制度的"代表"。统治者的"权威"依赖于他是否能成功地使其实际权力与对制度的指导观念处于一种令人信服的关系中。

与勒南一致,霍里乌在阐述其理论时运用的模型是法兰西诸王的创建功能。从这些关于代表与权威的看法中能得出具有理论相关性的结果,即如何理解领导人与法的关系。霍里乌的批评针对的是这样一种理论:统治者,或者说一般意义上的政府,其正当性依赖于其职位的"合法性"。与这一假定针锋相对,霍里乌断言,宪政法律秩序是一种次要现象,依赖于"代表"的立国与护国功能。[51]无论何处,每当一种政治制度成功地根据统治者的想象在历史中实现,我们随后都能在那里看到"宪政秩序",即一套对制度加以管束的法律规则。"合法性"本身并不会使一种政治安排获得正当性。霍里乌关于前法律的立国时刻、关于指导观念的理论实际上探讨的是法兰克—法兰西移民王国,但它如今也能帮助我们理解卡洛林王朝的立国观念。

第三章 新 帝 国

一 帝国的转移

[52]有关罗马帝国转换成法兰克王国的观念,以及对新基督教帝国内部结构起指导作用的观念并不是以一种系统化的方式创造出来的,而是经历了三个世纪的发展,大约发端于日耳曼对意大利的入侵和罗马帝国权力的相应衰落。局势缓慢地走向成熟,并于800年查理大帝加冕为罗马皇帝之际达到顶峰。这对那些观念的结构至关重要,因为它们并非起源于法律辩论这一次要领域,而是起源于有关历史性决策的直接经验。用当时的符号化表达来说,这些决策是由神来做的。对查理大帝的同时代人而言,帝国转移既非教宗的行为,亦非法兰克国王的行为,也不是罗马人民的行为,而是神的行为。神意已通过它使历史走过的路程表明了自身的意图,人的行为只不过是接受神的决定而已。

二 格拉西乌斯:精神权力与世俗权力的分立

正如我们上面所言,这种局势是缓慢成熟的。教廷与法兰克王国逐渐撤离罗马帝国的轨道并相互依存,从而形成卡洛林帝国这一新单元。教廷疏远罗马的过程在日耳曼人入侵意大利——先是奥多卡(约435－493),后是东哥特人——之后不久即已开始。[53]虽然滋生不满的缘由与入侵本身并无关系,但毫无疑问的是,罗马主教的地位之所以突然变得稳固起来,得益于当时[拜占庭]的帝国权力实在无力左右意大利。经过451年迦克墩会议前后的一些事件,这种缘由开始出现。这次会议作出了反对基督一性论(Monophysite Christology)的决议,这是以列奥一世(Leo I,440－461)在《通论》(*Tome*)中阐述的正统教义为基础的。随后出现了来自基督一性论者的叛乱,这促使芝诺皇帝(Emperor Zeno,474－491)于481年批准《统一法案》(*Henoticon*),试图通过一种妥协形式在东方重新统一基督一性论者与正统教义派。

很难说清何种因素更令教廷恼怒,是由皇帝声明反对列奥的教义阐述而造成的对教廷精神声望的打击,还是皇帝将他的权力施加于纯属教义争论的事务。结果是,罗马与君士坦丁堡之间的交流在事实上被打断了,而且教宗费利克斯三世(Felix III,483－492)和格拉西乌斯一世(Gelasius I,492－496)就精神管辖权问题撰写了一系列信件。他们的观点最终体现在格拉西乌斯一世的《论集四》(*Tractatus IV*)和《信札十二》(*Epistula XII*)中,这相当于中世纪教会为自由而订立的大宪章。[①]

皇帝已经放弃了大祭司(pontifex maximus)的称号,但关于神圣王权的异教观念并未消亡,对精神事务的干涉权力也依

---

① Gelasius, *Tractatus IV*, particularly para. 11, p.568; and *Epistula XII*, particularly para. 2, pp.350－352; both in *Epistolae romanorum pontificum*, ed. Andreas Thiel (Braunsberg: E. Peter, 1868; rpt. Hildesheim and New York: Olms, 1974).

然存在。这时,格拉西乌斯发展出精神权力与世俗权力的分立原则,在教宗的神圣权威(auctoritas sacrata pontificum)与王权(regalis potestas)之间作了区分。基督了解人性的弱点,业已规定了这两种权威所拥有的权力的分立。那么,在这两种分立的权力之间就存在一种制约与均衡的制度。根据这一制度,基督教宗帝需要教士以得永生,而教士则需要帝国的法令以便处理世俗事务。这就引入了一种与拜占庭皇帝的实践——如若不是与他们的理论——并不相同的原则。①

三 西方对君士坦丁堡政策的反应

[54]原则宣布了,将要决定西方帝国结构的模式设定了。但从格拉西乌斯一世到列奥三世(Leo III, 795—816)这三百年间的教宗都饱经危险与屈辱,这进一步扩大了罗马与君士坦丁堡的裂痕。这场斗争的主要阶段一方面取决于皇帝们采取的埃及式基督一性论政策,另一方面取决于帝国在意大利的势力范围的变化。公元6世纪,在攻破东哥特王国后,查士丁尼(Justinian)再次试图解决基督一性论问题。他在《三章案》(*Tría Kephálaia*)中谴责埃及人特别讨厌的三位教士,并用武力迫使维吉利乌斯教宗(Pope Vigilius, 537—555)在553年举行的第五届大公会议上对此表示同意。这带来的直接后果是西方的分裂,伊利里亚和伊斯特里亚的基督教会在超过一代人的时期内断绝与罗马的联系。

---

① 查士丁尼在535年的一项法令(*Novellae VI*)中表示接受这一原则,但他并未在处理与教会关系时遵守它。关于 *Novellae* 的编辑本,参见 Paul Krüger, Theodor Mommsen, Rudolf Scholl, and Wilhelm Kroll, eds., *Corpus juris civilis*, vol.3, *Novellae*, 7th ed. (Berlin: Weidmann, 1973).

7世纪时出现了与此类似的局面。它的起因是赫拉克利乌斯（Heraclius，545—641）于638年试图通过信仰展示（Ekthesis）、康斯坦二世（Constans II，641—668）于648年试图通过信仰模范（Typos）来安抚东方。反对"信仰模范"的马丁一世（Martin I，649—655）被督主教①胁迫前往君士坦丁堡，并被囚禁、废黜、流放于克里米亚，最后死于该地。8世纪，东方的非希腊洁净派（non-Hellenic Puritanism）造成的压力，通过聂斯脱利教徒（Nestorians）、基督一性论者、伊斯兰教徒和犹太人，变得非常强大，以至于伊索里亚人列奥（Leo the Isaurian，680—741）②在726年发布圣像禁绝令。在希腊和意大利立刻爆发了反对这项敕令的叛乱，而帝国的权力已十分虚弱，再也无力抵抗来自意大利民众和伦巴第人的联合攻击。751年，拜占庭在意大利的权力实际上已经瓦解。

四　拜占庭权力在西方的瓦解

在三百年间积累起来的这些经验愈加清晰地表明了希腊基督教与西方基督教的差异，但它们并未破坏罗马—基督教帝国这一观念。令人惊奇的是，[55]尽管许多位教宗受到过羞辱，但教廷仍使皇帝们长期对其保持敬畏。精神事务受到的干涉导致[东西方教会的]联系在格拉西乌斯时代暂时中断，但即使是被归为异端的圣像禁绝令看来也并未导致正式的分裂。

若非世俗权力领域发生了重大变化，这种局面或许将继续

---

① [译按]在东正教的教阶序列中，督主教（exarch）低于宗主教（patriarch，或称"牧首"），高于教区主教（metropolitan）。
② [译按]即拜占庭皇帝列奥三世（717—741），伊索里亚王朝的创建者。

无限期地停滞不前。第一个决定性的事件是拜占庭对意大利的管辖在 6 世纪末期瓦解，使罗马城的生存在大格雷高利一世在位期间（Gregory I the Great, 590—604）依赖于教廷组织，尤其是依赖于由教会领地提供的食物输入。格雷高利不仅宣称教廷相对于其他教会和君士坦丁堡宗主教具有更为崇高的地位，而且在西方实际行使着世俗君主的功能，指挥了与伦巴第人的作战。第二个事件是拜占庭对意大利的政治和军事控制由于伦巴第人的进逼而逐渐削弱，后者因为拜占庭的督主教代表着异端的圣像毁灭权力而对其加以攻击。教宗被置于"异端与强盗之间"（正如布赖斯简洁描述的那样），不得不从别处寻求世俗支持，以免自己成为伦巴第王国的御用主教，因为这将会比在精神事务上受到帝国的干涉更加糟糕。

五　罗马帝国在移民时代的法制建设

帝国的精神与世俗结构的实际解体为罗马教廷与法兰克王国的结盟铺平了道路。双方的接近是谨慎、渐进的，因为罗马—基督教世界的法制结构面临被彻底颠覆的风险。为了理解这个问题，我们必须认识到，我们在解释移民事件时熟悉的历史描述范畴并不与当时人们对相同事件给出的解释完全一致。我们首先必须明白，476 年这个著名的年份，即奥古斯图卢斯（Romulus Augustulus）被奥多卡废黜的日期，并不标志着"西方帝国的终结"，因为我们可以有把握地说，[56]罗马帝国在法律上只有一个，而自戴克里先改革以来的几位奥古斯都和凯撒都只是这唯一的罗马帝国之内的显贵而已。

476 年之后没有一位西方的皇帝被任命，这在法律上仅仅意味着,西方诸省份被重新统一于君士坦丁堡的统治之下,正如它们在戴克里先(Diocletian,284—305)之后被统一于君士坦丁大帝(Constantine the Great,306—337)、君士坦提乌斯二世(Constantius II,317—361)和背教者尤利安(Julian the Apostate,361—363)以及短暂地处于狄奥多西乌斯大帝(Theodosius the Great,379—395)的统治下那样。

可以说,向一种将蛮族的渗透考虑在内的新型帝国结构的转变在395年狄奥多西乌斯死后就已开始了。这种新关系的典型是霍诺留(Honorius,384—423)的统治,他不得不娶他手下的元帅(magister militum)①——汪达尔人斯蒂利科(Stilicho)的女儿为妻,并完全受制于他;另一个典型是被速尔比人将军里奇莫(Ricimer)于456年废黜的皇帝阿维图斯(Avitus,455—456),以及随后四位由里奇莫提名并得到君士坦丁堡同意的皇帝。

在上述这种局面与将在800年发生的与帝国完全决裂这二者之间,有各种过渡阶段:奥多卡是一位拥有贵族(patricius)头衔的蛮族指挥官,但无意像里奇莫那样任命傀儡皇帝;狄奥多里克(Theodoric),身为贵族和元帅,驱逐了贵人奥多卡;霍诺留皇帝于419年将阿奎塔尼亚地区赐予西哥特人瓦里亚(Wallia),这促成图卢兹王国的建立。

当克洛维在基本上未经允许的情况下征服了高卢诸省后,他最终被任命为荣誉执政官并获贵族称号。一种帝国体制业已发端。中世纪的拜占庭帝国在处理与斯拉夫统治者的关系时延续了这种体制,它在一种并未精确定义的法律形式下对外围省份保持帝国的主权,代价是以蛮族喜欢的礼物作交换,这些礼物

---

① [译按]拉丁文 magister militum 意为"士兵的统帅",是君士坦丁大帝时期开始的罗马帝国最高军事指挥官的头衔。

通常包括称号、王冠、紫袍和洁净的拜占庭公主。①

六 教廷与法兰克王权的亲善

[57]在这一背景下,格雷高利三世(Gregory III,731—741)于739年致信马特(Charles Martel,714—741),②请求"查理大人"的援助,这一步骤的后果难以估量。与此前类似的请求不同,它所请求的援助并不以同盟者(foederatus),即帝国的盟友与基督教徒的口吻发出,而是请求"保护";而且它请求的不是对帝国或基督教的保护,而是对"圣彼得教会"及其(圣彼得的)子民的保护。在寻求对新型权力格局的正式表达这一方面,这封信作出了首次努力。

马特尔的答复谦恭得体,但并未介入意大利的事务,只是可能对伦巴第人施加了外交压力。更加开放的步骤出现在矮子丕平(Pepin the Short,751—768)于751年当选为法兰克国王之时;需要由教会授权来赋予新的王室谱系以权威;扎迦利教宗(Pope Zachary,741—752)同意废黜墨洛温王朝末代国王奇德里克(Childeric),并使丕平经涂油礼而成为法兰克人选择的新大卫王;③这一影响深远的先例确立了教宗裁决国际事务的功能。

若干年后,随着伦巴第人的威胁日益增大,各方达成了一项协议。根据这一协议,教宗司提反二世(Stephen II,752—757)亲

---

① 关于帝国与附属省份之间关系的这种拜占庭体制,参见 Michel de Taube, *Etudes sur le développement historique du Droit international dans l'Europe orientale* (Paris: Hachette,1927)。
② [译按]即查理大帝的祖父铁锤查理(Charles the Hammer)。
③ [译按]根据《圣经》的记载,大卫是以色列联合王国的第三任国王,并且是所有古代以色列国王之中最正义的。耶稣被认为是大卫的后裔。

自在圣丹斯为丕平行涂油礼,授予他罗马贵族长(patricius Romanorum)的称号(754),而丕平则襄助罗马,并将从帕尔马到阿普利亚的意大利半岛捐赠给罗马教廷。有必要对"罗马贵族长"这个称号作些解释。当人们将它与经常由皇帝们授予蛮族指挥官的"贵人"称号过度地相类比时,它的含义便会变得模糊不清。

由司提反二世授予丕平的称号是一个全新的创造;此前从未有过"罗马贵族长"。尽管帝国的"贵人"称号并未指明其所具备的功能,但有一点是明确的:该称号的获得者接受了帝国结构中的某种从属地位。同样明确的是,"罗马贵族长"这一称号表明,[其拥有者]作为正出现于教廷行政中心周围的新兴强权,具有保护"罗马"的功能,尽管"贵人"这个词的模棱两可特性仍能避免该强权完全脱离帝国。然而,一个新的政治实体已在事实上得到召唤,这是毫无疑问的,因为根据帝国的法律,[58]教宗并无颁授"罗马贵族长"(甚至是"贵人")称号的权利,法兰克国王也不能将帝国的省份"捐赠"给任何人。

七 查理大帝的加冕

公元 800 年圣诞节,使这一召唤得以完善的最后一步得到执行。在其同时代人看来,查理大帝加冕为罗马皇帝的含义是很清楚的。此后,在古代法律思想复兴之后,该问题被有关帝国转移(translatio imperii)的文献所遮蔽,它们将此转移解释为一种法律思想。圣加尔的僧侣(Monk of Saint Gall)在《查理行述》(Gestis Caroli)①中谈到各个国王与王国的全能仲裁者,他

---

① [译按]此处的查理(拉丁文 Carolus,英文 Charles)即查理大帝(Charlemagne,magne 为拉丁语伟大之意),又称查理大帝(Charles the Great)。

第三章 新帝国

打碎由铁与土铸成的罗马塑像基座,通过查理而在法兰克人中树立起新塑像的金质头颅。① 《但以理书》中提到的四个帝国已终结,上帝已树立新塑像。帝国转移被理解为上帝的事业。

同样的解释还出现在有关加冕礼本身的报道中。劳雷海姆(Lauresheim)的年鉴和穆瓦萨克(Moissac)的编年史提到发生在君士坦丁堡的各种事件——比如伊雷妮皇后(Empress Irene)掌握了那里的统治权(797—802),并将这些事件解释为帝国对希腊人统治的终结。帝国由于一个女人的篡权而在事实上的终结,连同法兰克人的国王除了掌握意大利、高卢和日耳曼之外还在事实上拥有了"帝国之母"罗马("就上帝已将所有这些土地置于他的掌控之下而言"),所有这些似乎都要求这种局面得到承认;"在上帝和全体基督教民族的祈祷的协助下,他(查理大帝)理应也拥有皇帝之名,这看来无可厚非"。查理大帝"将自己谦卑地献给上帝",接受对自己的祝圣。围绕新皇登基的法律形式包括由教宗举行的加冕和涂油,主教和教士的同意,法兰克人与罗马人的"元老院"的同意,以及罗马人民的欢呼;但仅仅这一整套形式礼仪仍嫌不够,[59]决定性的因素还在于"这也是由上帝的意志决定的"。②

随着查理大帝的加冕,帝国的观念被创造出来,它将主导数百年的中世纪政治史。教会再次找到一个信奉正统基督教的强

---

① Monk of Saint Gall, *Gesta Karoli*, ed. Georg Heinrich Pertz, in MGH, SS, vol.2 (Hanover: Hahn, 1879; rpt. Stuttgart: Hiersemann; New York: Kraus, 1963), 726—763. English edition: Einhard and Notker the Stammerer, *Two Lives of Charlemagne*, trans. Lewis G. M. Thorpe (London and New York: Penguin, 1969).

② *Annales Laureshamenses*, ed. Georg Heinrich Pertz, in MGH, SS, vol. I (Hanover: Hahn, 1876; rpt. Stuttgart: Hiersemann; New York: Kraus, 1963), 38; *Chronicon Moissiacense*, in MGH., 305: "nam et hoc natu Dei factum est".

权,该强权有能力主张自身作为基督教民族的普世性世俗机构;法兰克王国通过对意大利的征服而变得不止是一个民族性的基督教王国,而是取得了多民族帝国的地位。带有精神与世俗双头的单一基督教共同体——在我们必须立即作出的保留说明的前提下——体现着格拉西乌斯宣布的权力分立。精神独立的原则体现在,位于阿尔卑斯山以北的世俗权力在地理上远离罗马;帝国的原则体现在世俗权力对罗马的控制之中。意大利—泛亚平宁地理模式重新出现在奥托一世(Otto I, 936—973)[①]的帝国复兴中,并作为该地区的政治模式持续至19世纪,直到1866年之后,阿尔卑斯山南北的民族国家才打破这一模式。

八 君士坦丁捐赠

在方才勾勒的召唤层次之下,新帝国展现出与先前的基督教—罗马帝国深刻的差异。不过,在这个较低层次上的建构性观念——例如,与封建关系的出现相联系的那些观念——并未得到系统化的表达,除了极少数情况之外;它们散见于当时的各种制度和单项政治行为中。因此,读者必须参阅关于卡洛林时期政治史的论著,以便了解这些封建制度的复杂细节。在这里,我们只能就一些将对此后的观念史发生重大影响的问题给出一些提示。

至少从表面上看,教廷与法兰克君主制的发展方向似乎跟格拉西乌斯所宣布的权力分立背道而驰。[60]在大格雷高利一世之前,教廷已发展成一个巨大的领地政府;自格雷高利之后,它获得了世俗君主国的特性,"丕平献土"认可了这种演变;基督

---

① [译按]即前文的奥托大帝。

第三章 新帝国

教的精神领袖已同时成为世俗君主。这种新的制度结构以理论方式表现在"君士坦丁捐赠"这一著名的伪托事件中。

关于这一捐赠的日期仍存争议。由格劳尔特(Heinrich Grauert, 1882—1884)提出的较早期观点认为,它的时代应当处于公元9世纪早期,但这后来被舍费尔－博伊肖思特(Paul Scheffer-Boichorst, 1889—1890)和其他人的观点取代,他们认为该事件与丕平和司提反二世达成协议是同时代的。在更为晚近的观点(Maximilian Büchner, *Das Vizepapsttum des Abtes von St. Denis* [Paderborn: Schöningh, 1928])中,这一日期又被定位于公元9世纪早期。Alois Dempf 的 *Sacrum imperium: Geschichts- und Staatsphilosophie des Mittelalters und der politischen Renaissance* (Munich and Vienna: Oldenbourg, 1929; 4th ed., 1973)用非常有说服力的内在证据支持后一种观点。关于该捐赠的建构方式是如何类比于世俗领域内的演变这个问题,应当参阅登普夫(Dempf)的研究;这个问题太大,此处无法讨论。

[英文版编者按]在当今学术界,该捐赠被认为是公元760年左右的一位罗马教士撰写的圣徒言行录方面的习作。这份关于君士坦丁大帝声称效忠于西尔维斯特一世(Sylvester I, 314—335)的习作由于被纳入9世纪的法兰克教会法汇编而得以保留。它在11世纪重归罗马,被用于支持教会改革。①

该伪托的目的是使教会的世俗财富正当化,赋予教宗高于皇帝的地位,按世俗君主的标准,以拉特兰宫的御用器具和金碧辉煌的圣彼得教堂来装扮教宗,并为其配备元老院、贵族、执政

---

① 参见 Horst Fuhrmann,"Konstantinische Schenkung und Sylvesterlegende in neuer Sicht," *Deutsches Archiv* 15 (1959): 523—540; Fuhrmann, "Konstantinische Schenkung und abendländisches Kaisertum," *Deutsches Archiv* 22 (1966): 63—178; and Fuhrmann, *Einfluss und Verbreitung der pseudoisidorischen Fälschungen*, Schriften der MGH, vol. 24 (Hanover: Hiersemann, 1972—1974)。

官和帝国式官阶品级,以及一件皇袍,但教宗本人并未穿它(这似乎意味着该捐赠必定发生于公元 800 年之后)。为了简要地指代由该捐赠所形成的召唤,我们不得不创造一个术语——教宗凯撒论(papal-caesarism),它反转了世俗权力与精神权力在东方的凯撒牧首制(caesaropapism)①中的结合。

九　领地教会:公元 802 年的法典

相应地,法兰克君主制也在神权统治的方向上发展,甚至早于查理大帝加冕之前;[61]这表现在,教会组织被纳入君主制的行政等级体系,而国王则主导教会的议事会议,深度介入教义问题,就像在公元 794 年的法兰克福宗教会议上那样。教会组织采用了所谓的领地教会(Landeskirche)形式。由公元 802 年的亚琛会议颁布的一部法典体现出这个王国的神权统治特征。②王国内下至十二岁的所有人,包括教士在内,都必须起誓效忠新皇帝;其誓言尽管是从相应的日耳曼制度中演化而来的,但在结构和功能上均与罗马皇帝时代的诉讼委托誓言非常类似。

然而,该誓言被认为仅仅意味着对帝国秩序给予纯粹世俗性质的服从和对君主人身的忠诚。那些起誓的人有义务生活"在对上帝的神圣服侍之中"。他们还被进一步要求遵守一系列社会责任(对寡妇、孤儿、陌生人的行为,好客待人的准则,教士的生活行为,等等);这些责任将我们所说的法律义务和道德义

---

① [译按]在东罗马帝国,皇帝兼任东方教会的最高首领(牧首)。
② *Capitulare missorum generale*, ed. Alfred Boretius, in MGH, *Cap*., vol. I (Hanover: Hahn, 1883; rpt. 1980), 91—93。关于以下部分的论述,亦参见 Missi cuiusdam admonitio, in MGH, Cap., vol. I, 239。

务相糅合,其程度之深,实际上等于抹去了这两个领域的界限。①

十　西方与拜占庭在帝国动力上的差异

教廷一方朝教宗凯撒制演变,而法兰克王权一方则朝凯撒牧首制演变,这看起来似乎违背了格拉西乌斯原则;而且,我们确实必须从这些趋势中辨识出后来的主教叙任权之争最重要的根源,该争议的主题就是如何从法律上清晰划分严重交织在一起的各项权力。但是,认定西方帝国的神权统治倾向复制了拜占庭帝国的凯撒牧首制,这却过于仓促了。尽管静态的关系类似,[62]但它们的发展动力则完全不同。在东方,帝国行政机构代表着古老的文明力量,基督教会必须将自身融入既有的、具有高度文明特性的体制;在西方,教会代表着较优越的文明力量,世俗权力必须通过教会的协助才能具备政治与历史地位。

因此,卡洛林王朝政府为了对法兰克王国、尤其是日耳曼人口比重很大的地区施加政治与文明上的控制而依附于教会组织与教会人员,这实际上对该王国的世俗权力在制度层面的增强产生了制衡。义务性的主日仪式,连同由讲道坛施加的影响,这是世俗权力的主要工具,以便将中央政府的意图传达到最基层的村落,从而使人民融为一体。

---

① 关于公元 802 年的誓言,参见 Heinrich Mitteis, *Lehnrecht und Staatsgewalt: Untersuchungen zur mittelalterlichen Verfassung* (Weimar: H. Böhlaus Nachfolger, 1939; rpt. Darmstadt: Wissenschaftliche Buchgesellschaft, 1974), 50—52. 关于针对所有臣民之忠诚的一般性誓言与针对特殊义务的誓言的共存(例如在元首制[Principate]中), Charle E. Odegaard 提供了一份概述, "Carolingian Oaths of Fidelity," *Speculum* 16(1941):284ff.

十一　王权人士融入神秘体

对于这种具有西方特色的新兴精神—世俗共同体，许多官方文件，以及在约克的阿尔昆（Alcuin of York，死于804年）[①]兴办的学校中受教育的学者们都从理论上进行了阐述。对此，提几点即可说明这一理论化趋势。于829年由虔诚者路易（Louis the Pious，814—840）以及沃尔姆斯和巴黎宗教会议颁布的法典召唤了关于基督身体的观念，身处基督身体中的成员们在保罗理论的意义上担负着不同的功能。在作为教士国王的基督之下，神职人士（persona sacerdotalis）和王权人士（persona regalis）担负着两种最高功能，其中前者因精神价值优于世俗价值而具有更高地位。格拉西乌斯的理论经历了重大变化，这表现为罗马共和国的词汇（权威、权力）让位于日耳曼—基督教的术语"位格"。[②]

[63]术语上的变化表明政治思想中的地中海城邦模式解体，取而代之的是指向神圣帝国这一新单元的典型中世纪范畴。在这个新单元中，难以区分"国家"与"教会"，因为分别由神职人士和王权人士代表的教士阶层与平信徒阶层都是基督的同一身

---

① ［译按］阿尔昆出生在英格兰的约克，是查理大帝的宫廷学校校长。他将盎格鲁—撒克逊人文主义传统引入西欧，成为所谓"卡洛林文艺复兴"中最重要的学者，并且是查理大帝的政治顾问和心腹幕僚。

② *Episcoporum ad Hludowicum imperatorem relatio*, ed. Alfred Boretius and Victor Krause, in MGH, *Cap.*, vol.2 (Hanover: Hahn, 1897), 26—29. 尤其参见 p.29, sections "Quod universalis sancta Dei ecclesia unum corpus, eiusque caput Christus sit" and "Quod eiusdem ecclesiae corpus in duabus principaliter dividatur eximiis personis".

第三章 新帝国　　　69

体的成员。这个新理论在加冕仪式上得到接受。在兰斯的安克马尔①于查理二世国王(King Charles II,843—877)夺取洛泰尔(Lothar)的王位时使用的祷文中,国王被称为在那个神秘体中与教士、先知和殉道者并列的超凡魅力人物。

　　Ordo coronationis Karoli II in regno Hlotharii II factae, in MGH., 2:456—458. 注意第457页中的关键段落:"主会凭他的恩典和仁慈为你加上荣耀之冠冕,会凭他的神圣权能为你膏以圣灵的荣耀之油;从而膏立众教士、众王、众先知和众殉道士,他们凭着信仰继承统治,凭着信仰行公义,凭着信仰履行承诺;正因为这些承诺,上帝的恩典会降临于你这位应得者,因为你配得通过统治享有这神圣的团契。"

　　保罗关于超凡魅力的教义、关于神秘体(corpus mysticum)的成员由于各自所受恩典的不同而发生功能分化的教义,均得到扩展,越出早期基督教共同体的观念范围。② 基督身体将统治职位纳入基督的权能(dynamis)范围。圣保罗曾将这一职位称为统治权(exousia),排除在神秘体之外;统治者变成超凡魅力式的。

　　基督教统治者的这种新型超凡魅力地位有别于带有异教意味的希腊式神圣王权,构成君王宝鉴之类著作的起点。查理大帝早已将自身视为由上帝任命的新大卫王,并以圣奥古斯丁的宝鉴作为指导。从奥尔良的约纳斯(Jonas of Orléans,死于842或843年)开始,出现了一大批中世纪式基督教君

---

① [译按]兰斯的安克马尔(Hincmar of Reims,约806—882)是公元9世纪最具影响力的教会人士,曾任路易一世(查理大帝之子)和查理二世("秃头"查理,查理大帝之孙)的幕僚,845年被选为兰斯大主教。
② [译按]所谓"超凡魅力",即 charisma(复数形式 charismata),源自古希腊语 χάρισμα[天份、天赐的恩惠],保罗用它指神授的超凡能力,如创造奇迹的能力。

王宝鉴,①直到马基雅维利(Machiavelli)以其在宝鉴中对世俗君主的召唤而开启了一个新时代。

十二　修道院：圣本笃守则

在创造基督教帝国的一体化基督教民族的过程中,修道院具有决定性的意义。[64]在高卢,修道院的建立开始于6世纪后期的爱尔兰僧侣定居活动。随着圣本笃守则在9世纪的引入,这些机构担负起在乡村步调一致地推行文明化的功能。该守则在虔诚者路易统治期间(814—840)成为修道院必须遵守的规则。它是由本笃(Benedict of Nursia,约547年卒)为其所创的卡西诺修道院(约创于520年)订立的,是将希腊—罗马观念在中世纪的新环境下加以转化的最有趣案例之一。东方基督教的主要形式是城市中的基督教会共同体和隐修者(即超脱于世俗生活之外的个人)。本笃为在乡村环境下的修士共同体(修道院类型,而非隐修类型)②创立了守则。③

---

① Johas of Orléans, *De institutione regia*, in Jean Reviron, *Jonas d'Orléans et son De institutione regia: Les idéees politico-religieuses d'un évêque du IXe siècle; étude et texte critiques* (Paris: Librairie philosophique Jean Vrin, 1930).

② [译按]通常所说的"基督教修道生活"事实上包含三种不同类型的生活与组织方式：一是最古老的独自隐修,称为 eremitic 或 anchoritic；二是强调共同体生活对于修行的重要性,因而建立修道院作为修士共同生活之处,称为 cenobitic；三是介于上述二者之间、主要流行于东方教会的 skete,修士们通常是独自修行,但得到共同体的一些支持。正文中提到的修道院类型即是上述第二种 cenobitic,而隐修类型则是第一种 anchoritic。

③ Saint Benedict, *Regula monasteriorum*, ed. Benno Linderbauer (Bonn: Peter Hanstein, 1928). Latin and English edition: *The Rule of St. Benedict: In Latin and English with Notes and Thematic Index* (Collegeville, Minn.: Liturgical Press, 1981).

从原则上讲，该守则将关于自足共同体的希腊理想由城邦转移到某种特选的基督教共同体。修道院应建在远离喧嚣之处，四周由田地和围墙环绕；其规模应足够大，以便能通过劳动分工与合作满足团体的物质和精神需求。通过细致的规定，每天的日程在劳动、宗教仪式以及研究之间均衡安排。

可以说，本笃是基督教理想城邦的创立者，正如柏拉图是精神上的希腊城邦的建立者；当然，二者之间的重大差异在于，柏拉图式城邦是自足的政治—宗教单元，而本笃式城邦的意义是作为更广大的基督教共同体内的一种生活形式，它得到修道院外的教士和世俗权力的协助，同时又对他们的功能加以协助。作为基督教帝国的一个成员，圣本笃的乡村化精神城邦是一种符号，揭示出从古代地中海文明向西方文明的过渡阶段发生的变化：从城邦变为区域性帝国（以及此后的区域性国家），从城市文明变为农业—封建文明，从异教神话变为基督精神。

第四章 第一次改革

一 一种召唤的成长

[65]从格拉西乌斯原则的宣布到卡洛林帝国的建立,这一段观念史具有一种独特结构,人们往往对其缺乏清晰理解。我们经常遇到这样一种看法,认为从圣奥古斯丁的时代到公元9世纪之间并无重要事件发生,一些作者甚至还将这段荒芜期扩大到13世纪。一些作者实际上将奥古斯丁与阿奎那之间的八个世纪径自简单地视为"前阿奎那间隙"。当然,这种看法有失偏颇。人类从未停止产生政治观念;只要有政治制度,就会有政治观念,因为通过观念来神奇地召唤小宇宙(cosmion)正是这些观念的本质。

(一) 一个典型案例

尽管那种关于观念上的"缺口"或"间隙"的想法是站不住脚的,但在观念的发展过程中却可能有,而且也的确存在结构的差异。显而易见的是,在奥古斯丁与阿奎那之间,我们并未找到任何伟大的政治思想体系,但这一事实不应诱导我们自以为是地停止研究,沉溺于简单地谈论所谓"黑暗时代";相反,这应该激励我们更加仔细地探究这个案例。我们知道,各种伟大的理论体系标志着各个召唤阶段的高峰,同时也预示着衰落。柏拉图和亚里士多德标志着城邦的终结,圣奥古斯丁标志着罗马基督教的终结,阿奎那标志着从中世纪晚期向文艺复兴的转变,黑格尔标志着民族国家时代的终结。

[66]从科学与方法论的视角来看,奥古斯丁之后的"荒芜"世纪提供了研究召唤发展的机会。不幸的是,对古希腊时代的研究缺乏这种机会:我们对城邦得以召唤的那个神秘过程一无所知;当我们的观念记载开始于赫西俄德时,城邦回首所见是一段悠久的历史,而导致解体的种子业已萌芽。罗马帝国与基督教共同体的并行发展使我们对召唤的形成阶段能获得相当可观的洞见,但这个案例很难成为一种理想类型,因为这个过程的潜能(entelechy)未能达到其完美阶段;普世帝国,作为一种权力组织,与普世的精神共同体彼此吸引并最终相遇,但并未合并。

正如我们所见,圣奥古斯丁的理论体系反映着这一未竟的事业。中世纪帝国的召唤提供了有关形成过程的理想案例,就我们所知,它在全部历史中最接近完美。卡洛林帝国的召唤构成这个过程的第一阶段,11 和 12 世纪的伟大改革运动,连同主教叙任权之争的戏剧性高潮,构成第二阶段。因此,我们必须简要考察这两个阶段的结构,它们充分展示了召唤在其中发展并达到顶峰的那个过程。

(二)观念与实在之间的张力

第一阶段的特点是极其缓慢地脱离古老的罗马帝国。罗马的观念构成历史进程的沉重包袱,新召唤的定型需要借助由数百年的事件发展形成的合力。在帝国建立之后,时局的迫切要求再次压倒观念。王权人士被纳入保罗的超凡魅力功能体系,而神职人士则获得适度的优先地位,但是在这些制度形成的神权统治建构中潜伏着一项矛盾;一旦召唤的动力发生变化,观念的逻辑就将压倒权力欲和利益,而这一矛盾就必将成为不稳定的根源。这一阶段的显著特征是:(1)为克服现有召唤(如罗马帝国)所形成的阻碍而必需的长时间;[67](2)为确立一种新召唤,并使之作为"命运"或"上帝的意志"而令当时人们信服所需的同样长的时间和来自时局的巨大压力;(3)作为上述两项特征的结果,新召唤所具有的神奇力量,必须用数代人在该召唤的积累过程中投入的努力来衡量这一力量;(4)在这一新召唤的"观念"与"实在"之间的最初张力,确定了实在沿何种路线向它的观念发展。

(三) 属灵的主导

在这场新召唤的第二阶段,演变的核心从为了权力与制度整合而展开的斗争转向精神领域。由穆斯林、挪威人和马扎尔人形成的历次移民浪潮动摇了卡洛林帝国的根基,并使其有必要在撒克逊皇帝的领导下重建;此时,这些浪潮一部分已平息,一部分已得到消解。奥托一世改革了帝国政府,在中央政府起用教士,尤其重用那些在皇家大法庭受过教育的主教。生死斗争已消退,在随后出现的相对平静时期里,这场召唤的内在张力开始凸显。有时,人们由于过分关注主教叙任权之争中的各项事件,反而不能充分解读该阶段的观念发展。

第四章 第一次改革

以教宗和皇帝为主角,属灵权力与世俗权力围绕政治家——主教的世俗叙任问题而发生的争端,有时达到令人瞠目的程度。教宗格雷高利七世(Gregory VII)于 1077 年在亚平宁的卡诺萨对亨利四世皇帝的胜利尤其富有戏剧性:教宗迫使皇帝在雪地里光脚等候三天,然后才赦免其罪。然而,正如经常发生的那样,这种令人瞠目的情景往往会掩盖实质。世俗叙任问题实际上根本不是"问题"。根据公认的教会法,教宗控制主教,但是,如果神职的任命是在世俗影响下作出的,那么教宗实际上无法实施这种控制;这清晰表明,有必要实施可确立教会授权的改革。这一改革之所以变成一个现实问题,是由于主教已成为世俗行政机构的首脑,而教宗的控制主张将会破坏中世纪封建社会所赖以存续的政府体制。[68]教会法对这个问题的回答是明确、迅速的;而政治上的解决方案,即在公元 1122 年的沃尔姆斯协定中达成的妥协,则是一个已知的结论。①

在观念史上,无论是这个问题还是其答案本身都不重要;重要的是如下事实,即这个在 11 世纪以及此前三个世纪都不是问题的问题能被精神权力提出,并有可能成功应对封建制度的迫切要求。这个问题的提出是与那场伟大精神浪潮相伴随的;我们以本章的标题"第一次改革"来称呼这一浪潮,因为在其过程中首次提出一些根本性的问题,它们重新出现在 16 世纪的宗教

---

① [译按]沃尔姆斯协定由教宗加里斯都二世(Calixtus II)与神圣罗马帝国皇帝亨利五世(Henry V,1106—1125)订立,主旨是解决主教叙任权之争。该协定规定了高级教士的双重身份:一方面作为教会的神职人士,另一方面作为封建领主,保持对皇帝的臣属关系。根据该协定,德意志的主教和修道院长不再由皇帝任命,而由教士组成的选举会议推选,但皇帝可在选举出现争议时决定其人选。当选者首先由皇帝授予以权标为象征的世俗权力,然后由教宗授予以权戒和牧杖为标记的宗教权力。

改革运动中,并随着时代状况的改变而导致神圣帝国这种中世纪单元的解体。

二 修道院改革的浪潮

这场改革在原则上关注的是重新提出福音书的要求,反对在查理大帝之后的数百年间侵蚀了基督教共同体生活的那些邪恶。关于保持清贫、独身和基督教纪律的要求所反对的是由世俗叙任、买卖神职、尤其是教士结婚带来的那些主要邪恶,而且它们一般反对的是基督教生活的代表者、俗家神职人士以及僧侣对尘世利益的关心。这场改革开始于对基督教的精神观念与实在之间的差距有最深切感受,同时也是最容易克服既得利益反抗的地方——修道院。①

(一) 克吕尼改革:主权修会

在修道院生活方式改革中,有几项运动值得注意。第一项运动与克吕尼修道院于 910 年建立有关。② 它位于勃艮第的马孔主教区,该地的战略意义有助于它的成功;[69]它建立在从意大利通往法兰西,并向北和东北通往英格兰和日耳曼西部的主要道路边上。在第一次改革中,克吕尼的地理位置所发挥的作用类似于位于法国与意大利之间、作为加尔文在宗教改革运动中的活动中心的日内瓦。克吕尼的行为守则总体而言不是新

---

① 以下关于修道院生活的历史的论述,参见 Alex H. Thompson,"The Monastic Orders," in *Cambridge Medieval History*, vol.5 (1926), chap.20, 以及该处给出的参考书目。
② [译按]克吕尼是法国中东部一个城镇,位于里昂地区西北。

的,而是本笃守则的复兴,并且成功地使其得到严格遵守。

克吕尼的革新之处在于建立了依附于母修道院的多个修道院,而以往遵循本笃守则的修道院则是独立的团体。克吕尼是首个以原初修道会的长老(abbot)为首领的修会(order),有别于由多个修道院集合而成的教群(congregation)。那些成员修道院的院长(prior)在长老的主持下每年一度召开大会。大会的决议对各修道院均有约束力;巡视官由大会任命,对[修会的]中央政府负责。在奥迪洛(Odilo,994—1048)和休(Hugh,1049—1109)的任期内,该修会的规模显著扩大,政制也得到完善。它不受主教权威和世俗权威的干预,而是直接听命于教宗。对守则的严格遵守和中央集权化的政制使该修会在教宗眼中成为将权威最终集中于教会首脑的等级化精神组织的典范;这种组织类型正是能使教会自身独立于世俗权力之外的组织模式。在基督教共同体的某个极为超凡脱俗之处,在地方封建势力的杂然混处之中,出现了这种整合良好的主权组织,它能被教会组织以及后世的世俗政治权威所运用。

另一方面,该修会的国际化组成及其相对于地方管辖权的独立性使一个强有力教廷的存在变得可欲,后者能提供保护,抵制世俗势力和地方主教势力的侵入。这种利益互惠是该修会和11世纪的各改革派教宗在主教叙任权之争中结成亲密关系的基础。

(二) 隐修改革:属灵苛求

克吕尼修会在11世纪取得了主导地位,[70]但其改革只是当时本笃会修道院的国际化改革运动之一例。本笃会改革本身只是一场更大运动的一个阶段。在克吕尼的重要性兴起的同时,另一个阶段随着隐修僧侣精神的复兴而开始。公元1000年左右,隐修会开始兴起于受东方传统影响最深的意大利,其中最重要的机构是卡马尔多利和拉卡瓦修会(二者均出现在11世纪上半叶)。然而,二者都表明,东方的隐修主义在西方的影响很有限。独自生活的隐士,如激励了圣司提反建立慕雷特修道院(即后来的格兰德蒙特修道院)的卡拉布里安(Calabrian),固然能作为基督教极端出世态度的典范而发挥其影响力,并由此成为一股革新势力,但是,一旦将隐修原则转用于更大的群体,向本笃会修道院生活方式的转变就会随之而来。

公元1102年丰特布奥诺修道院的建立便是这方面的典型。它是卡马尔多利修会的附属隐修组织,服务于卡马尔多利修会隐修者的各项自然需求,尤其是医疗需求。在拉卡瓦修会那里可以看到类似的发展,即它本身是一座西方的圣山隐修院,[①]但由它建立的修道院,例如蒙雷阿莱修道院,则回归本笃守则。瓦隆布罗萨修道院将隐修与修道这两种元素结合在同一个组织之内,并为沉思之外的活动引入俗家兄弟(conversi)的参与。[②] 唯一成功的隐修组织是大沙特勒兹修道院,它通过严格限制成员数量保持刻板状态。

(三) 西笃会改革:《博爱宪章》

修道院改革的各波浪潮在大约一个世纪的时段里间歇出

---

① [译按]Mount Athos原指希腊北部的一座山,在希腊语中的意思是"神圣的山"。此处从公元963年开始陆续建立多座东正教修道院,实行自治管理。
② [译按]所谓"俗家兄弟",即拉丁文的conversi,或英文的lay brothers,指的是修道院中主要从事手工劳动,料理日常生活事务的人员,区别于主要从事神职活动与神学研究的僧侣(monks)。

现。克吕尼一体化主权修会出现在 10 世纪初;隐修浪潮开始于公元 1000 年左右;以西笃会僧侣的兴起为标志的第三波浪潮开始于公元 1100 年左右。由罗伯特(Robert of Malesme)于 1098 年建立的西笃会标志着历史的辩证运动中的一个合题——如果真的存在这种合题的话。克吕尼的成就是纪律、服从和组织;隐修组织的成就是清贫、禁欲苦修和独处状态下的沉思生活。持续两百年的成功带给克吕尼的是财富和外在的荣耀,这损害了它原本要代表的基督教灵性高尚。

另一方面,[71]隐修运动必定具有非社会性;试图回归基督教最初的朴素特性意味着脱离基督教共同体生活的有效性。西笃会,连同它从伯纳德(Bernard,1153 年卒)——他在 1113 年 25 岁时建立了克莱沃修道院——人格力量中获得的巨大推动力,将克吕尼的组织因素与禁欲主义的隐修因素在一个新的精神层面结合起来;这一结合之所以可能,得益于西方精神在此前数百年的成熟,尤其得益于第一次十字军东征(1095—1099)的兴起。圣伯纳德的人格与哈丁(Stephen Harding)的《博爱宪章》(*Carta caritatum*/Charter of Charity)是这个新兴修会的主要构成因素。

从组织结构上讲,《博爱宪章》为修道院提供了相对独立的地位;每座修道院由一名长老领导,而不是像克吕尼式机构那样由院长领导。西笃会长老的影响完全是属灵上的,不涉及世俗要求。而且,这些新机构并不直接由西笃会领导,而是形成一种等级体系,只有西笃会直接建立的机构才处于始创修道院的精神监督之下,而由那些子机构创立的修道院则在精神上依附于创立它们的修道院,依次类推。这种组织特征反映了精神上的父权与子嗣关系这一基本原则。精神上的这种父权因素,即从人到人的精神建构,构成由圣伯纳德主导确立的基督教新层面。这种关系在某些方面类似于柏拉图式爱欲,尽管二者在本质上相距甚远:精神上的父的灵魂并不创造一个新的小宇宙,相反,父与子都是基督之内的圣灵共同体的成员。

在西笃会诸教宗主政时期,[上述这种共同体]与柏拉图式共同体的差异在圣伯纳德与犹金三世(Eugenius III,1145—1153)之间的关系上显露无遗。当伯纳德在精神上的儿子,即位于罗马的西笃会修道院的长老,成为教宗,从而使得"子变成父,父变成子"之时,犹金三世向圣伯纳德请求对其职分给予指示;克莱沃修道院的长老接受了这一请求,写下那篇独一无二的文件《犹金五论》(*De consideratione libri quinque ad Eugenium*),这是唯一的一部教宗宝鉴。基督教的首脑在其中显得就像是一位人文主义者(humanissimus),其权力是一种非统治性的训导权(ministerium non dominium),来自其所在的职位而不是其人身;[72]他在任期内专注于将基督的遗产传给后人。①

三 属灵战士

(一) 十字军东征

到此时为止的改革浪潮的特征是西方精神向圣伯纳德式成熟自我意识的内在发展。西方这一发展过程的另一主线是抵御伊斯兰教。11世纪早期,抵御开始演变为进攻;这最初由诺曼

---

① Saint Bernard of Clairvaux,*De consideratione libri V ad Eugenium Tertium*,in Migne,*PL*,vol. 182,col. 379 — 393. English edition:*Five Books of Consideration*,trans. John D. Anderson and Elizabeth T. Kennan,in *The Works of Bernard of Clairvaux*,vol.13 (Kalamazoo: Cistercian Publications,1976).

人、热那亚人和比萨人发起；此后，当乌尔班二世（Urban II, 1088—1099）于 1095 年在克莱蒙特宗教会议发表演说之后，演变成基督教西方的共同事业，采取的形式是以十字军东征反对异教徒。在十字军问题上，正如在大移民问题上那样，我们必须区分政治史中与权力和行动领域中的事件相关的那些范畴，以及那些与观念史相关的背景。

物质与精神实质的集中赋予我们的西方文明以独特的动态扩张性。十字军时代本身已是这一集中过程的第二阶段，或者算是第三阶段。我们可以以将上溯至 8 世纪的移民事件视为第一阶段；在那时，西方作为一个新的、有别于古代地中海单元的族群与文明单元，其区域得到划定。第二阶段以 9、10 世纪的移民潮纷扰为标志，结束于斯拉夫人和马扎尔人在东方的进展受到遏制，以及伊斯兰浪潮在南方的兴起。

第三阶段随着十字军东征而到来；在这个阶段，西方的外部关系由自然增长、防御行为这种半自觉状态发展为一种充分自觉态度，这体现为自我肯定与进攻行为；与此同时进行的是一个内在过程，在观念的逻辑明确了自身对异教徒的反对之后，随之而来的是和平的传教活动。[该内在过程的]第一阶段的特征是武装修会的兴起以及它们针对穆斯林和斯拉夫人的活动；第二阶段的特征是托钵修会的兴起，[73]连同方济各会士和多明我会修道士的传教活动。向精神阶段的转变所带来的永久积淀可以在我们的语言对"十字军东征"这个词的用法中看到——我们将其用于宣传任何以和平方式进行的事业。

（二）武装修会

武装修会兴起于 12 世纪，先是在耶路撒冷为保护朝觐者而建立(圣殿骑士团[约 1120 年],军事化的医院骑士团[约 1130 年]),后在西班牙和葡萄牙为反对穆斯林而建立(卡拉特拉瓦[1164 年],阿尔勘塔拉[1183 年],圣地亚哥[1171 年],等等)。在耶路撒冷大修会中第三个出现的条顿骑士团(1190 年建立,1198 年实现军事化)于 1229 年将其主要活动转到波罗的海区域,进行针对斯拉夫异教徒的十字军东征。

这些组织的年代可以揭示出西方基督教共同体发生民族分化的趋势;较早时期的耶路撒冷修会具有国际化特征,此后的团体具有鲜明的西班牙和葡萄牙特征,而在这些大修会中最后出现的条顿骑士团则第一个带上民族称号。他们的守则是西笃会守则和奥古斯丁守则的变体,其中包括关于清贫、贞洁与服从的基本誓言,但骑士资格仅对具有贵族血统的男性开放。

1　圣殿骑士团

在观念史上,军事修会的意义在于召唤了高度中央集权化的共同体,这些共同体将士兵纪律与伯纳德式精神纪律相结合。这种结合在西方世界的政治态度与政治情感上留下了不可磨灭的印记,尽管这些修会本身或者已消失,或者已发生了功能上的变化,不再具有现实意义。在封建政权四下环绕的领域中,这些修会的地位在于延续了已由克吕尼改革显明的那种趋势。圣殿骑士团在其建立者那一代人的时间里就发展成为一个主权组织,不受封建势力与地方主教的管辖,而以教宗作为其最高首领。但军事特征也导致复杂状况的出现,这在修道院修会那里是不存在的。物质力量因素与精神纪律和道德可靠性相结合,[74]创造出一种能担负地方封建政权所不具备功能的组织。

就圣殿骑士团而言,该修会的国际化规模迅速扩大;从爱尔兰到亚美尼亚的坚固设防定居点,以及在各堡垒间巡防的武备精良的军队,这些都使该修会非常适合运输金钱,担负存款银行的功能,以及随着财富的不断增长而从事国际贷款业务。该修会的衰落源自其财富,源自其作为公平者菲利普四世(Philip IV the Fair,1285—1314)的债权人的地位。该修会于1312年被解散,从而勾销了这笔王室债务;其在法兰西的财产被转入国王名下,位于巴黎圣殿的中央银行组织被纳入王室的金融管理机构。

圣殿骑士团的遭遇典型地说明了为什么武装修会在当时仅仅能短暂地发挥功能。一旦它获得财富和权力,并且其原初功能随着十字军东征的结束而消失,那么它就变成与正在兴起的民族国家相竞争的组织。随着各民族的君主统治在13世纪得到巩固,武装修会不再是封建政权领域中的一个"国家"(state),而是演变成"国中之国"。具有更广大社会和经济基础的组织必将在这场斗争中获胜。

2 条顿骑士团

由于与法兰西王权这样一个具有强大实力的竞争对手相隔遥远,而且在波罗的海之滨据地固守,条顿骑士团存在的时间要长得多。由条顿骑士团建立的领地管理机构更加清晰地表明了由这种新型军事组织进行民政治理的可能性。该修会依据一部宪法运作,它由弗里德里希二世(Frederick II,1215—1250)于1226年通过《里米尼金玺诏书》(*Golden Bull of Rimini*)颁布,①融合了弗里德里希统治下的西西里中央集权政府得自东

---

① [译按]里米尼是意大利东北部港口城市。

方的主要特征。

该修会的领地展现了在地中海地区之外,运用拜占庭和伊斯兰的行政治理技巧通向现代国家组织的第一条途径。尽管它作为日耳曼人反对斯拉夫人的民族事业,[75]以及基督教徒在反对异教徒的事业中取得的进展,比圣殿骑士团具有更加优越的地位,但它还是同样受到束缚。它的商业活动得到1263年的一份教宗授权的认可,但也导致它与自身领地上的商业城镇之间日渐激烈的竞争;最终,它屈服于新兴的波兰强权,并被业已基督教化的普鲁士人的反抗压垮。

3 比较:镰仓神秘武士理想

武装修会在西方社会不得不让位于城镇和民族国家。但是,它的早早消亡不应掩盖这个现象的内在意义。在更加有利的情境下,例如在日本,数百年以来,僧侣和武士理想的结合决定了这个文明的政治特征。通过某种令人瞩目的历史巧合,佛教禅宗在镰仓幕府时代被引入日本及其领主制度,这与武装修会在西方的兴起大致同时。

禅宗神秘主义和唯美主义与武士美德——忠诚、坚忍和服从——的独特融合之所以能形成镰仓时代居于统治地位的武士阶级的生活方式,是因为当时日本政治的发展动力与基督教西方截然相反。① 西方的修会之所以没落,是由于强大、中央集权化的新型政治单元从封建政权领域中兴起;日本的神秘武士理

---

① 关于禅宗神秘主义,参见 Daisetz Teitaro Suzuki, *Essays in Zen Buddhism*, 1st series (London: Luzac, 1927); 2nd series (London: Luzac, 1933); 3rd series (London: Luzac, 1934)。所有三个系列的重印本: London: Rider, 1970; and Taipei: Ch'eng Wen, 1971。

想之所以成功,则是因为源氏家族的胜利和在镰仓建立军事政府结束了垂死的、以中国的制度为范例的中央集权化帝国政府时代,开启了日本的封建时代(1192年)。而且,西方的武装修会之所以无法发展成统治精英,是因为他们的独身修道生活使其缺乏活力基础,这对延续一个世俗统治群体而言是必不可少的,而日本的精神—军事态度则能发展出稳定的政治势力,因为它的活力基础是获胜的武士宗族社会。

4　政治士兵

[76]在西方,对武士—僧侣的召唤所起到的效果具有更为间接、时断时续的特性。在其直接面对的社会与世俗环境中,武装修会强烈地影响到骑士理想,增强了封建效忠与骑士美德的精神维度。就长期的效果而言,在多种具有多样化起源的政治现象中都可以看到他们的影响。对于会出现在多种不同局面中的武士—僧侣态度的本质性核心,可以通过以下要素来对其加以最好的界定:(1)军事行动;(2)严格服从上级;(3)以一项精神"事业"作为军事组织的实质。

如果对这种态度作上述界定,那么我们就能看出哪些情况有利于、哪些情况不利于它的重现。主要依靠封建贵族及其后裔的军事组织无法成为使这种态度充分发展的适当环境,因为领主与仆从之间的忠诚关系在原则上是相互的,不涉及双方的人格。通过由等级体系顶层自上而下施加的压力,有关独立人格之荣誉的规则及行为举止方面的传统惯例阻碍了完全服从的出现,也阻碍了格斗战术的理性化。另一方面,雇佣军能在普通士兵中发展出职业军人的美德与纪律,但却缺乏精神事业因素。

随着具有广泛基础的精神运动在由战斗单元组成的民族和组织中间兴起，神秘武士的态度开始再次出现。1644年，骑士与基督教士兵在马斯顿荒原的冲突是一个新时代开始的符号。自法国革命以来，由国民大众组成的军队标志着革命的进一步发展，因为民族主义变成精神事业，使现代的士兵类型成为可能，但这种态度更多地是由经过选择的核心群体，即军官团和政治—精神阴谋集团来充分表达的，而不是由国民军普通士兵来表达。从事革命的政治社团，从马志尼（Mazzini）的"青年意大利运动"到墨索里尼的法西斯党（fasci），以及纳粹运动，都典型地表现出现代政治士兵通过某一"事业"的精神实质而与他的同志们联合在一起。[77]在纳粹运动中，修会观念本身被复兴，并且在所谓"堡垒"（Ordensburgen）中成为旨在培养领导者的教育系统的基础。

现代的这些修会再次表现出宗教灵性、严格的服从与好战精神的结合；而且，它们被设定为人民大众的对立面，其方式是通过某种特殊的纪律和行为规则，例如墨索里尼将法西斯主义者的"英雄生涯"（vita eroica）与民众的"平庸生涯"（vita commoda）相对立，或者通过高度的精神觉悟，或者通过服从特殊的司法体系，例如纳粹党最高法院（Parteigericht）。

从某个方面看，我们可以说，较之中世纪的武装修会，现代修会能更有力地揭示修会的内在潜能，因为对现代修会的精神分析并不承认——无论是以含蓄的还是直白的方式——人的个体人格在精神上有何独特性。因此，它能使人完全屈从于对共同体具有实质意义的紧迫要求，并且能在行动中实现程度极高的理性化。在基督教人类学的氛围中，在世俗行动中完全服从某一尊长显得违背了基督教观念，而在集体主义的氛围中，这种精神性的行动主义修会则是组织政治精英的理想形式。

（三）托钵修会

一个世纪之后，一场对自觉的扩张性加以精神化和理智化的运动对武装类型的行动主义修会形成补充。作为这个阶段代表的托钵修会是一个有着众多分支的现象，其中某些方面不属于政治观念史的范围。我们必须将注意力主要集中在三个问题上。

(1)阿西西的圣方济各(1181—1226)的伟大宗教人格在当时以及下一代方济各会士那里被理解为一种新的基督教天意符号，即关于圣父时代与圣子时代之后的圣灵时代的符号。就此而言，圣方济各在关于圣灵第三帝国的符号化思辨的发展历史中具有重要作用。我们将在下一部分"时代的结构"中探讨这个问题。

(2)圣方济各及其贫穷伙伴(poverelli)的运动在其原初形式上是因圣徒的人格而著称，[78]但它在别的方面与当时其他类似运动并无本质区别，例如低地区域的乞讨会、[意大利的]"卑微者"组织、里昂穷人会。就此而言，它是遍及欧洲城镇、在巨大的异端暗流中发展的大众宗教运动的典型代表，这股暗流最终在宗教改革时期侵入神圣帝国的制度领域。我们将在后面"上帝的子民"一章中详细讨论这一暗流运动现象。

(3)在我们的问题语境中，方济各会的另一种形式，即有永久居所的方济各会士，以及多明我会的特征可以非常恰当地描述为成功地将大众宗派主义运动中的行动主义精神纳入可接受的非异端制度。

这些新兴修会通过保持清贫生活、宣扬灵魂得救以及治疗病人等方式来模仿基督,从而脱离了早期修士的修道院生活,开始在欧洲乃至西方文明的边界之外进行传教活动。通过积极的行动,他们成为大规模推行正统基督教的有力工具,既有正面的推行,也通过教宗的宗教裁判所这种否定形式来推行。

而且,由于他们传道和改宗的任务需要,这些修会必须为其成员提供必要的技术训练;因此,他们的学校在13、14世纪成为理智、神学和哲学活动的重要中心——时至今日,阿奎那的多明我式基督教哲学仍是天主教会的官方哲学。基督教的传教扩张活动与活跃的、推动基督教思想系统化的理智主义,是托钵修会与我们当前主题相关的两项特征。

首先让我们简要浏览一下传教活动的地理范围。方济各会活动的正式开端可追溯到1210年,圣方济各和十一位最早的追随者在那一年寻求教宗对他们事业的认可。1217年,扩张开始越出意大利,转向阿尔卑斯山以北的基督教国家。在圣方济各去世前,全欧洲已建立十三个大主教区,其中最后一个是1224年建立的英格兰大主教区。

多明我会的传播从图卢兹开始,1215年在当地修建了第一座修道院,1217年来到巴黎,1218年来到博洛尼亚,1221年来到英格兰,此后迅速遍及欧洲其他地区。在欧洲之外,每当这些修会只针对伊斯兰国家进行扩张时,他们的努力便不成功。[79]但这段历史有一定的重要性,因为他们在进行任务准备时建立了东方学学校,讲授希伯来语和阿拉伯语。

更为成功的是13世纪中叶之后的远行,这将远东首次纳入西方精神扩张的轨道。朝这个方向扩张的直接契机是蒙古人于1240年进入中欧。教宗和法兰西国王派使团到达哈拉和林王庭,目的是和平地了解蒙古人,而且如果可能的话,使他们皈依基督教。1245年的教宗使团由方济各会士卡皮尼(John de Piano Carpini)率领,1253年的法兰西使团由方济各会士鲁布鲁克的威廉(William of Rubruck)率领。这些使团具有多方面的重要性。

首先,它们标志着方济各会向远东传教的开始,在蒙古王朝统治时期建立起中国主教区,孟高维诺的约翰(John of Monte Corvino)成为首任首都的大主教。而且,由方济各会传教士撰写的旅行报告提供了关于远东各民族及其制度最早的准确知识。虽然其中的地理资料被后人的旅行成果所取代,但是,他们关于人情风物的描述,仍然是了解古代蒙古社会的必备资料。尤其是,这些报道保存了蒙古可汗致教宗和法兰西国王的信件,这些信件是我们研究蒙古政制与政治理论的主要资料。

最后,鲁布鲁克的威廉的《东行见闻》(*Itinerarium*)在观念史上具有特别重要的意义,因为它记载了发生在哈拉和林王庭的宗教争论,西方的基督教徒、聂斯脱利教徒、佛教徒和萨满教徒为了让主持争论的可汗信服哪一种宗教观点更为优越而展开争论。这些争论发生在西方基督教精神有意识的积极扩张的高潮期,表明了这一扩张所受到的文明制约。当基督教的扩张接触到一个有着强大实力并遵循自身法则的世界,这种绝对王权论的扩张就在原则上被迫意识到它的相对性。各种宗教在世界帝王的宫廷中相遇,并在同等条件下展开讨论,[80]这预示了此后在西方现实发生了的宗教争论以及相关文献的出现,例如关于"三枚指环"的传说,或者博丹(Bodin)的《七贤对话录》(*Heptaplomeres*),它们表明西方精神开始发生内在的转变,宽容观念开始兴起。

在意大利北部和法兰西南部，托钵僧同大众异端运动进行竞争，从事这些运动的人们智力高超，擅长讨论神学问题，而且个性十分真诚。对外的传教团需要经过特别训练的优秀人员，以免在和东方各发达文明的代表人物接触时显得过于鄙陋。因此，多明我会和方济各会都通过他们学校中的人物而决定性地确立了那个时代的智识特征，其中前者所起的作用更大一些，而后者必须克服他们修会的建立者在传播福音的过程中对于学习场所的不良印象所带来的记忆。我们将在以后讨论发源于这些学校的哲学体系，眼下只须列举一些领军人物，以便体会这个最后的智识阶层对神圣帝国的内部政制所起的重要作用。

与托钵修会的兴起同时出现的是[西方]与拜占庭和伊斯兰教东方的关系日益密切。经由穆斯林评注者和拉丁文译本——它们直接译自存放于君士坦丁堡的希腊文手稿——的中介，亚里士多德被引入西方，这对推动当时的理智发展起了重大作用。在围绕这个哲学家应被排斥还是接纳这个问题的斗争中，促使其得到接纳并将其哲学融入基督教思想体系的任务落到了多明我会学校的肩上。

在位于巴黎和科隆的学校里，大阿尔伯特（Albertus Magnus, 1200—1280）和阿奎那（1225—1274）实现了亚里士多德与基督教的共存；我们必须在阿奎那的体系中辨识出宏大的理智符号，这一符号在西方帝国得以发展出充分自我意识的数百年历史中留下了印记。可以说，自1231年以来，位于巴黎和牛津的方济各会学校拥有连续的传统；在此期间，阿莱斯的亚历山大（Alexander of Hales, 卒于1246年）在巴黎加入该修会，而格罗斯泰特（Robert Grosseteste, 约1175—1253）被劝服接受牛津学校的教职。

通过鼓励运用实验方法,[81]鼓励研究数学和物理学,格罗斯泰特的学校取得了尤其丰富的成果。一大批知名学者,从罗杰·培根(Roger Bacon,约 1214—约 1294)、司各脱(Duns Scotus,约 1266—1308)到奥卡姆的威廉(William of Ockham,约 1285—约 1349),塑造出牛津方济各会有别于巴黎和科隆的多明我会亚里士多德主义的理智形象。然而,方济各会士的历史地位和权威无法与阿奎那相比,而上述学者中的最后一位,奥卡姆的威廉,预示了对神圣帝国的召唤加以超越的思想趋势。

四 主教叙任权之争

(一) 教宗的衰落与改革

上述分析的主题是政治观念史中最微妙的课题,即精神实质的成长过程,它决定着政治召唤的内容与范围。我们已探讨过这一发展在克莱沃修道院的伯纳德那里所达到的成熟点,而且还进一步探讨了西方在军事上和理智上的自我肯定,探讨了西方向东方的行动扩张,直至在和蒙古人的冲突中凸显了西方世界的局限性。现在,我们必须审视一下与神圣帝国的秩序相关的那些观念。

前面已叙述过这个问题的总体框架。这项帝国式召唤的基本秩序原则是关于精神权力与世俗权力分立以及二者之间相互制衡的格拉西乌斯原则。卡洛林王朝所面临的危急局面和随后数百年的移民潮纷扰造成精神中心的萎缩;因此,开始于克吕尼改革、旨在将教廷重建为一个精神强权的进程必然带来与各世俗强权的冲突,后者对于交出其在动荡时期获得的主导权极为反感。

随着卡洛林帝国的衰落，意大利受到穆斯林和马扎尔人的袭击，而教廷就在保卫意大利的过程中转变为一个由罗马和伦巴第贵族掌控的世俗强权。963年，当奥托一世二度进军意大利时，他为教廷所处的局势恢复了一定程度的秩序。通过在一定程度上改善教宗担任者的素质，奥托的干涉将教廷再次纳入帝国的主教体系。[82]当横跨阿尔卑斯山南北的帝国势力不能充分施展时，[教廷]机构就容易再次落入罗马贵族手中，就像在从1003年到1012年的克雷申(Crescentian)系教宗、从1013年到1046年的托斯卡纳系教宗当政时期那样。在1046年，罗马先后出现三位教宗，并引来亨利三世(Henry III, 1039—1156)的干涉。在帝国的压力下，这三位教宗分别在1046年的粟特利(Sutri)和罗马宗教会议上被废黜；皇帝重新掌握了任命教宗的权利，并迫使罗马人宣誓放弃他们的选举权。大众选举权的放弃消除了精神独立性所面临的最危险制度障碍。

1047年的罗马宗教会议开始进行改革工作，发布法令禁止神职买卖和教士婚姻。列奥九世(Leo IX, 1049—1054)是亨利三世的远房表亲，他开创了克吕尼改革派教宗的当政期。在制度方面最重要的步骤是尼古拉二世(Nicholas II, 1058—1061)当政期间于1059年拉特兰宗教会议发布的选举令，它将罗马的枢机主教们确立为选举团，仅仅非常含糊地保留了帝国的任命权，以至于会被理解为只有当时在位的皇帝(亨利四世，1056—1106)本人[才拥有任命权]。

不过，这种选举方式并不是全新的。早在769年，它就已在实质上得到运用，并一直持续到824年被洛塔尔宪制(Constitutio Lotharii)废除为止。

教会由此发展出自主的选举程序,使帝国的干涉在原则上变得多余。最后,在格雷高利七世(Gregory VII, 1073—1085)当政时期,1075 年罗马宗教会议的法令首次决定反对世俗叙任,并以绝罚①作为对违反此项规定的世俗人士的惩罚,从而将"教会控制自身等级体系"这一原则从[对]教廷首脑[的控制]扩展到主教层级。这一步骤激发了教廷与世俗强权之间更大规模的冲突,即主教叙任权之争。

(二) 神职买卖问题:达米安

与这场争论相伴的政治事件可以在任何一部中世纪史中找到。我们的论述必须限定在主要问题和探讨这些问题的一些杰出论著上。首先必须解决的大问题是神职买卖,[83]即向封建领主购买神职,尤其是主教的升迁。当列奥九世开始他的神职改革时,他遇到严重的现实困难,这些困难反过来又要求澄清关于教会实质的根本理论问题。这是因为,尽管可以通过帝国的支持来清除出售神职的封建主教,但是,将改革扩展到这些主教的圣礼行为,尤其是扩展到那些本身出于真诚信仰而接受这种圣礼②的教士所受的任命,则会在怀着赎罪热情的无辜受害者中引起愤慨和抵制。宣布由有罪的主教施行的授神职圣礼无效,这在实践中不可能,甚至迫使这些购买神职的人忏悔也被认为有违正义。根据 1060 年的妥协方案,那些由出售神职者任命,但本身无罪的教士得到留任,而出售神职的主教此后的任命

---

① [译按]或译"开除教籍",受绝罚者禁止举行或接受圣礼,也不得在教会中担任任何职务。
② [译按]所谓"接受这种圣礼"即指以购买的方式来获得神职。

权则被收回。

这项现实的解决方案看起来简便、合理,但它意味着这是一项确认圣礼客观性的重大决定,并且防止教会由于其精神改革而变成一个宗派。达米安(Peter Damian)在他的《至福之书》(*Liber gratissimus*,约1052年)中探讨了该理论问题。[①] 达米安本人是一名改革派,但他认识到,使圣礼的有效性依赖于施行圣礼的教士的品质可能会带来危险。依据圣奥古斯丁的权威,达米安围绕着关于教会的观念来展开讨论并作出结论。教会的精神生活直接源自作为神秘体之首脑的基督。因此,无论施行圣礼之人如何卑劣,圣礼的超凡魅力总是纯粹的。教士仅仅是施行(administer)了圣礼;它的实质不受施行者个人素质的影响。为了使圣礼的超凡魅力发挥功效,受礼者必须以恰当的精神状态来承纳它,但是,将圣礼主持者(minister)[②]的人格高尚与否作为向人们传达上帝恩惠的条件,从而对上帝施加魔幻般的强制,这却超出了圣礼主持者的能力范围。

达米安的分析为此后更为精细的关于圣礼及其施行的理论奠定了基础。它的优点在于谴责了购买神职的教士,[84]从而可以继续改革罪恶,同时又强调了圣礼的客观性,从而使改革者不必为了将神秘体未受玷污的实质重新组织在经过拣选的教会中而采取分裂教派的极端行动。圣礼的客观性,作为神秘体的秩序原则,是教会发挥其作为神圣帝国的凝聚性精神组织这一功能的前提。当教会成员的个人品质受到过分关注时,一旦剧烈变革所需的社会力量出现,教会组织就会面临土崩瓦解的

[①] Peter Damian,*Liber gratissimus*,ed. L. de Heinemann, in MGH, *Libelli*, vol.I (Hanover: Hahn,1891; rpt. 1956),76—94.

[②] [译按]英文 administer 源自拉丁语 minister[仆人]。

危险。

然而,当时的人们清晰地看到了另一方面的危险,即如果圣礼的有效性完全脱离圣礼主持者的品质,那就会导致神职人士的深重腐败。狄乌迪弟枢机主教(Cardinal Deusdedit)在他的《反入侵者、买卖神职者及其他分裂论者之檄文》(*Libellus contra invasores et symoniacos et reliquos schismaticos*,1097)中,为这个问题找到了一个解决模式。他认为,出于极度的必要性而采取的宽容态度"绝不应被视作成例"(ed. Ernst Sackur,in MGH,*Libelli*,vol.2〔Hanover: Hahn,1892〕,327)。

(三) 巴塔里亚运动:波尼佐

1056 年,为实现精神变革而可能瓦解教会的社会力量开始随着米兰的巴塔里亚运动而隐约进入人们的视野。巴塔里亚这个名称指米兰的旧衣市场和居住在那个区域的市民阶层。米兰民众的改革运动反对的是买卖神职的贵族教士,是一系列运动中的第一场,直到宗教改革造成分裂为止;在这些运动中,欧洲城镇民众寻找到他们的精神意识与社会意识。

在这个米兰案例中,教廷利用民选政府来建立反对封建教士的"试点";当斗争开始在帝国范围内、在英格兰和法兰西大规模开始之前,这个城镇是改革的社会实验室。至于米兰为何肩负作为试验田的命运——由于它保留了自安布卢索①时代以来的传统,是意大利北部的军事要地,有权颁授意大利的王位,以及在即将到来的与帝国的斗争中作为〔教廷〕盟友的价值——我必须再次请读者参阅中世纪史。

---

① 〔译按〕指圣安布卢索(Saint Ambrosius,339-397),374 年获任米兰主教。他确立了帝国皇帝须听从主教建议并接受其监督的原则。圣奥古斯丁在其言行影响下皈依基督教。

在观念史上，巴塔里亚运动预示了我们在粟特利的波尼佐（Bonizo of Sutri）的《致友人的书信》(*Liber qui inscribitur ad amicum*，约 1086 年）中看到的对改革的解释。[1] [85]波尼佐在 11 世纪改革中的地位类似于哈林顿（James Harrington）在 17 世纪英格兰革命中的地位。他洞察到这场改革运动的社会含义，从而与其同时代人拉开了距离。他将买卖神职的利益归结到那些封建领主身上，后者不愿放弃他们在移民时代的无政府状态下获得的地位；他从巴塔里亚运动中看出一股民主运动的潮流，它在高尚贵族的领导下，旨在为了精神改革的利益而对高级教士加以大众控制。

波尼佐的分析并未受到应有的注意，其中部分原因是由于这场城镇运动越轨了：12 世纪，在布雷西亚的阿诺尔德（Arnold of Brescia，约 1090—1155）领导下的罗马自治市，巴塔里亚运动转而反对教会本身，成为异端。

（四）主教叙任权之争：教廷与帝国各自的论证

在教宗和皇帝之间的斗争这个层次上，围绕他们各自的权利而发生的争执并未产生任何新观念。它在本质上是一场争夺控制权的搏斗；这场纷争所涉及的是对规则的解释，而各方对那些规则本身几乎没有什么争议。在这个方面，这场争执类似于詹姆斯一世及其宫廷在英格兰革命初期与议会的意见分歧。我们所能观察到的是怒气的增强和事件的某种内在逻辑，这一逻辑使各主角行将瓦解帝国，但并未实际采取决定性的行动。

---

[1] Bonizo of Sutri, *Liber ad amicum*, ed. Ernst Dümmler, in MGH, *Libelli*, 1: 568—620.

第四章　第一次改革

这个案例的内在逻辑可以非常简要地陈述如下。当买卖神职问题在理论上通过圣礼理论的精确化得到解决之后,仍然存在一个现实问题,即如果世俗强权不合作,而是继续出售神职的话,那么教廷的任何措施都将无法推行。因此,作为必要的下一步措施,必须制裁那些违反规定的君主,其中包括劝诫,也包括作为最终手段的绝罚与革除王位。

对神圣帝国的内部结构具有如此深远影响的举措提供了同时从争论双方的不同角度深入探讨这个问题的机会。[86]为了证明教廷措施的正当性——废黜皇帝和解除臣民的效忠誓言是这些措施的极致,可以作如下论证,即彼得①已获得结合与解散的权力;根据教权与王权分立的格拉西乌斯原则,精神权力高于世俗权力;扎迦利教宗废黜了墨洛温王朝末代国王,这构成现在教宗行为的先例;教会的精神自由要求在保持精神实质的完整所需的程度上干涉世俗事务,而且该精神自由能证明这种干涉是正当的(这是一种美国宪法意义上的"必要且适当"论证,②是此后圣贝拉明(Saint Robert Bellarmine)关于教宗对世俗事务拥有"间接权力"理论的先声);与任何基督教徒一样,皇帝也是神秘体的一员,不能免于接受教会精神纪律的约束;在帝国中,有必要存在一个终审上诉程序;这自然必须交由教宗担当,因为他代表了精神权力。

从皇帝的角度来看,可以作如下论证:根据格拉西乌斯分立原则,教权在世俗事务上对王权的依赖,其程度正如王权在精神事务上对教权的依赖一样;王权是由上帝授予的,而根据教父们

---

① [译按]指十二使徒之一的圣彼得,他被认为是罗马教会的第一位主教。
② [译按]美国宪法第一条第八款规定,国会有权"……为了行使上述各项权力,以及行使本宪法赋予合众国政府或其各部门或官员的种种权力,制定一切必要的和适当的法律"。

的权威,教士必须无条件地尊重王权,甚至还必须协助王权维护其权威;只能在出现异端的情况下对国王行使精神权力;在9世纪教义的意义上,王权人士在神秘体内拥有地位;因此,世俗权力并非来自罪恶;神圣帝国的统一有赖于各种权力的合作;因此,精神权力不能高于世俗权力;根据帝国的惯例,皇帝对罗马行使保护权;对教宗以下的神职人士任命施加影响是皇帝应有之权。

仅靠上述论证列表不能充分展现这一争议的丰富内容,参与其中的包括西方的全部地方分支和文明分支,以及一大批多姿多彩的人物。它是西方世界最大的政治争论,是对西方世界政治能力的终极测试。以下简要列出有代表性的论著,或许可以说明[参与争议的]力量的丰富程度。

最早站在帝国立场上的论著之一是温里克(Wenrich of Trier)的《致希尔德布兰德的书信》(*Epistula ad Hildebrandum*,约1081年),主张封建誓言的崇高性,谴责那种认为教士应当将异议带入国家(nationes)并废黜君主的观念是在标新立异。奥斯纳堡的维多(Wido of Osnaburg)的《希尔德布兰德与亨利皇帝的论辩文集》(*Liber de controversis inter Hildebrandum et Henricum imperatorem*,约1084年)更加深入地探究了帝国的历史结构。它强调,教会当时面临的问题是由于它自格雷高利大主教以来在世俗事务上的羁绊,教廷在意大利陷入不幸之际认为有必要得到帝国的干涉和控制,而随着必要性的减弱,帝国的干涉仍然是正当的,因为皇帝通过接受涂油礼而在神秘体中居于某种神圣地位。

据信由瑙姆堡的瓦尔朗(Walram of Naumburg)在11世纪90年代撰写的《论维持教会的统一》(Liber de unitate ecclesiae conservanda)引入如下论证,即神秘体不仅是一个神圣单元,而且是一个伦理单元,以成员的和谐友爱(caritas concorda membrorum)为基础。教宗单方面行事破坏教会的统一与帝国的统一,因为人间的上帝国就是上帝的教会。1109年由佚名人士撰写的《论主教祝圣》(*Tractatus de investitura episcoporum*)在政治分析方面走得最远,它首次引入纯粹政治的、从希腊人到法兰克人的帝国转移观念。该作者告诫这两种权力要避免破坏基督教的历史—政治成长。

还应当提到克拉苏(Peter Crassus)于1084年撰写的《为亨利四世辩护》(Defensio Henrici IV regis),它证明罗马帝国传统在意大利土地上得到保留,尤其是在拉文纳的法学院中,这开创了此后的意大利法律论(legalism)。克蒂纳的格雷高利(Gregory of Catina)于1111年在法尔发以意大利语写作的论著《对帝国的正统辩护》(Orthodoxa defensio imperialis)以深刻理解保罗的神秘体理论而著称。它运用有机体类比来论证这两种权力合作的必要性。

站在教宗这边的是萨尔茨堡的格布哈特(Gebhardt of Salzburg)和他的《致梅腾西斯的书信》(Epistula ad Herimannum Metensem,1084)。他尤其坚持如下事实:该争议是由于1076年的沃尔姆斯宗教会议不正当地废黜教宗才具有了丑陋的形态。教宗随后采取的所有行动旨在反制基督教共同体秩序所遭受的这一根本破坏。因此,这封信建议,只有通过帝国代表大会才能找到解决问题的出路,在那之前,人们必须努力通过实施《教士职责》(pastorale officium)而将国王置于责任约束之中。

不过,由于教宗帕斯卡尔二世(Paschalis II,1099—1118)的崇高人格,[教权与王权的]张力得到缓解,这为二者达成妥协准备了条件;他设想采取激进的措施,放弃主教的封建权位,放弃[教宗的]王位特权,仅靠教会领地和什一税来供养教会。他提前数百年预见到教会退入道德—精神领域,但在12世纪的局势下必然会失败。虽然他的政策由于世俗人士和神职人士的联合抵制失败了,但其态度所具有的名望则成为改革获得成功的因素之一。①

(五) 格雷高利七世

[87]在同亨利四世的斗争开始之前,格雷高利七世在应对

---

① 参见 Dempf,*Sacrum*,pt. III,chap.5,"Einheit und Freiheit der Kirche"。

桀骜不逊的君主时会采取何种极端措施,这在原则上是很明确的。在 1073 年和 1074 年致法兰西主教的信中,他概述了为迫使法兰西国王停止出售神职而准备采取的措施。主教的抗议和劝诫将是最初的步骤,随后是对法兰西人民施以绝罚,如果他们不解除对国王的效忠的话,随后是教会禁罚(interdict)、①对国王本身施以绝罚,以及革除王位。② 他在 1075 年的《教宗敕令》(*Dictatus papae*)中列举了教宗的各项权柄,[88]其中包括废黜皇帝和解除臣民信靠(fidelitas)誓言的权利。③

与 1076 年的行动(皇帝废黜教宗和教宗废黜皇帝)同时出现的文件并未现实地加强这些威胁,也未在上述段落所列论证之外增加新内容。然而,格雷高利致梅斯的赫尔曼(Hermann of Metz)的信件相当重要,他在其中用激烈的语言提出,王权源自人的骄傲,他们因受魔鬼引诱而通过邪恶手段使自己成为与其平等者的主人。④

这些信在同时代人和此后的作家那里激起许多评论,因为它们被理解为理论上的新突破,将精神权力视为神圣并提升至邪恶的世俗权力之上;那些段落被视为一份记录着神职人士最严重傲慢的文件。然而,卡莱尔(Alexander Carlyle)以令人信服的方式整理了相关证据,证明如果以这种方式来解读这些信

---

① [译按]即禁止受罚者举行或领受圣礼。
② Gregory VII, *Registrum*, ed. Erich Caspar, in MGH, *Epp*., vol. 2, fasc. I (Berlin: Weidmann,1920),II. 5:"靠上帝襄助,我们强烈要求,用所有方式从他的占领下夺取法兰克的统治权。"
③ Ibid., II 55a, rules 12 and 27. 关于格雷高利七世,参见 Henri-Xavier Arquillière, *Saint Grégoire VII: Essai sur sa conception du pouvoir pontifical*, L'Eglise et l'Etat au Moyen Age, vol. 4 (Paris: Librairie philosophique Jean Vrin,1934).
④ Letters of 1076 and 1081, in Gregory VII, *Registrum*, IV. 2 and VIII. 21.

件,那将完全有悖于教宗在王权神授问题上其他深思熟虑的观点。① 因此,这些段落的重要性并不在于其理论内容。

事实上,我们在前面关于基督教自然法理论的章节中提到,将现实秩序谴责为邪恶的,这是已被"相对"自然法理论推翻的基本观点之一。② 这种已被证明不能令人满意的观点在教宗的信件中重新出现,这并不意味着一种新的理论发展,而是恰恰证明 11 世纪的基督教教义在理智上有所停滞。理论的某个孤立片段所具有的功能价值甚至能使人抛弃系统性思考的责任。[89]这种误解应当成为一种具有普遍意义的警示,[提醒人们]不要不计后果地在包含矛盾的文献中寻找关于教廷与帝国各自权力的系统化理论,而应当将这些著作视为一些概要,它们经过程度不等的编排,通过一套传统的论证来发挥作用。

关于可能出现的误解,最好的例证出现在对教廷派作家劳滕巴赫的马内戈尔德(Manegold of Lautenbach)的理解中。据说,他在其《致格博哈尔顿书》(*Ad Gebhardum liber*,约 1084 年)中就已提出了关于国家的契约论起源的理论。实际上,马内戈尔德说的是同意(pactum)。但是,在这个语境下,为什么 pactum 这个词应当具有 16、17 世纪的信约(compact)和契约(contract)的含义?登普夫的建议(*Sacrum*,210)看来是很明智的。他说,pactum 的含义并不比君主在其就职典礼上所发的官方誓言更为庄重。封建关系并不是君主拥有权利、臣民担负义务,而是一种相互的权利和义务关系。

因此,它包含一种强烈的、我们可以谨慎地称之为民主的因素。日耳曼领主们在精神和世俗两个方面对格雷高利的愤慨与其说是源自他改革

---

① Alexander J. Carlyle and Robert W. Carlyle, *A History of Mediaeval Political Theory in the West*, vol.2, *The Political Theory of the Roman Lawyers and the Canonists, from the Tenth to the Thirteenth Century*, 2d ed. (Edinburgh and London: Blackwood,1928; rpt.1950),94ff.
② [译按]参见《政治观念史稿》卷一第 203 页(原文页码)。

教会的努力,不如说是源自他在处理与皇帝的关系时忽略了适当的程序。对某个君主的废黜不应是教宗的单方面举措,而应在由神职与世俗显贵组成的代表大会提出请求并表示同意的情况下实施。

因此,在第二次对亨利四世施以绝罚和废黜之前,教宗对法律程序给予了适当的关注,将在士瓦本的鲁道夫(Rudolph of Swabia)和亨利之间二选一的决策提交代表大会——作为共同体抵抗暴君的正当机构——从而预先体现了《大宪章》的观念。因此,劳滕巴赫的马内戈尔德的论述不应被理解为不成熟的契约论,而应理解为直接关注封建制度的结果,这些制度是此后由契约这一符号加以表达的那些情感的来源。我们不妨大胆提出,从某个角度来看,契约论是用中产阶级语言表述的封建主义。

然而,我们必须承认,教廷的国际事务政策极易使人倾向于将这些应时而发的言论理解为深远政治雄心的表征。格雷高利七世的几位前任已在努力创造教廷相对于世俗权力的强势权位这种特殊关系。典型的是贵斯卡尔(Robert Guiscard)在1059年所发的誓言,他在其中称自己是由上帝和圣彼得恩典所立的阿普利亚和卡拉布里亚公爵,并且除了效忠神圣罗马教会之外不向任何人效忠。[①] 亚历山大二世(Alexander II,1061－1073)试图建立对征服者威廉(William the Conqueror)的监护权,其中提到"当盎格鲁人开始效忠时"[向教廷]支付的贡金。

卡莱尔在《中世纪政治理论史》第四卷将这些冒险行动以及此后格雷高利七世的类似行动归类为"教廷封建权威的发展"。这种归类并不准确,但却道出了部分真理。确实可以从这些努力,尤其是从对君士坦丁捐赠的指涉中,看出一种同帝国的世俗

---

① Deusdedit, *Collectio canonum*, ed. Pio Martinucci (Venice: Almiliana, 1899), bk. 3, no.157, p.340. 另一个版本: *Die Kanonessammlung des Kardinals Deusdedit*, ed. Victor Wolf von Glanvell, vol.I (Paderborn: Schöningh, 1905).

权力相竞争的因素。[90]但是,即便是尼古拉二世和亚历山大二世时期的模式也具有无法由封建关系这一范畴所涵盖的含义。"信靠"(fidelitas)这个词据说意味着封建臣服,但它在当时的语言中语带双关:封建忠诚和信仰(fides,即保罗意义上的pistis)忠诚。

这种双关意义在亚历山大二世致征服者威廉的信中表现得尤其明显:教廷的监护权明确地与盎格鲁人改宗基督教联系在一起,支付贡金与盎格鲁人的信仰联系在一起。有理由认为,教宗有意利用了这一模棱两可,以便通过基督教信仰(fides)实现一种与政治上更具意义的封建忠诚(fides)更加接近的关系。征服者威廉看来是理解了这一游戏,他在答复中坚持将fides完全理解为封建的,断然拒绝回应教宗的论证。然而,在基督的代理人与基督教君主的一种新关系中,基督教信仰与封建忠诚相融合,这再次表明,在神圣帝国的双权体系中,精神一端的力量在增强。

在格雷高利时期,这个理论问题由于教廷在局势紧急情况下处理基督教事务时的强势地位而变得更加复杂;在这种局势中,如果世俗强权不能决定性地解决其事务,那么教宗的精神权威就将作为最高上诉机构发挥作用。自从法兰克王权经教宗首肯而由墨洛温王朝转到卡洛林王朝,教宗作为国际仲裁者的地位就开始形成。在格雷高利时期,这种作用愈发增强,不再局限于由两个皇帝的相互竞争导致的、确定无疑的紧急局势,而至少是潜在地成为一种教廷干涉权力,偏袒由信奉基督教的人群构成、伦理上更受欢迎的政治组织。

教廷干涉所依据的指导原则是奥古斯丁关于自由小国的观念,这些小国应当得到保护,以便免受强大帝国的暴政蹂躏。在1075年致匈牙利国王的一封信中,格雷高利阐述了他在与皇帝争夺主权时的原则:国王应当明白,匈牙利王国必须像其他高贵的王国一样保持其自决地位(in proprie libertatis statu debere esse),[91]不应臣服于其他王国的国王(这里所说的国王是日耳曼人),而只应臣服于作为神圣、普世母亲的教会,它将其子民视为儿子而不是农奴。

根据教宗的这种想法,封建关系在原则上只能管辖一个民族王国的内部秩序。如果某个民族国王将其统辖权扩展到另一个民族国王身上,那么这种关系就是"暴虐的",而这个附庸国王则不再是一个"王"(rex),而是一个"傀儡"(regulus)。① 于是,民族国王间的封建关系所具有的这种暴政特征就成为教廷为保护民族自由而进行干涉的基础。神圣帝国被认为是一个由独立的民族君主国组成的多元体,而对教宗的信靠则是在这一神秘体中保存自由的法律工具。

这种理论建构的谬误之处显然在于这样一种信念,即精神权力能在不转变为世俗权力的条件下掌控一种有效的秩序。可以理解的是,时人对这一事业的反应就像他们对权力政治中的冒险行为的反应一样,但这种反应既不应掩盖这个问题,也不应妨碍我们认识到,教廷的这一政策是充满活力的新精神的结果。格拉西乌斯式双权分立结构在实践中已充分延展,几近强弩之末;由民族国家构成的世界兴起于教廷权力与帝国权力的废墟之上,这成为出现在遥远地平线上的景象。

五 洪贝特枢机主教

正如我们所见,有关主教叙任权之争的文献大都倾向于沃

---

① Gregory VII, *Registrum*, II. 63, 70.

尔姆斯宗教会议的妥协方案,它使精神权力和世俗权力在任命主教时具有均衡的影响力。这场争论关注的不是"教会"与"国家"的关系(这两个范畴属于较晚的时期),而是神圣帝国这一单元内部各强权间的秩序。我们甚至可以说,正是在使该单元面临瓦解威胁的斗争中,该基督教帝国对其独特结构有了最清晰的认识。政治理论终于开始直面保罗的决定——将上帝国建成在尘世间长存的国——所包含的妥协。[92]从这种带有宗派性的立场中,我们能看出一种共同愿望,它旨在为一个精神帝国阐发一种切实可行的秩序,而该帝国同时又能满足共同体的各种生存需求。

在某种意义上,基督教帝国的终极政治哲学出自这场争论中的各种论证。然而,正是由于这场争论是历史遗留问题的总爆发,由于它为明智与妥协的精神所主导,因此它并未成为一种深入到理智的危险深处、可能摧毁帝国脆弱建构的冒险活动。如果我们想要触及围绕帝国观念而产生的各种边缘性的理论问题,那我们就必须转向那些重要的激进知识分子;就帝国的核心召唤而言,他们在这场争论中是边缘人物。在这些激进派别中,教士一方的典型代表是枢机主教洪贝特(Cardinal Humbert),王权一方则是《约克论集》(*York Tracts*)的匿名作者。

枢机主教洪贝特是与列奥九世一同来到罗马的一名克吕尼派修士。他在《反买卖神职者三书》(*Libri tres adversus simoniacos*,约1058)中呈现了当时的精神政治理论。① 该书第一卷探讨的是神职买卖问题,采取了与达米安截然对立的立场。洪贝特不是将神职买卖谴责为权力滥用,而是将其谴责为异端,因

---

① Humbert of Silva Candida, *Libri III adversus simoniacos*, ed. Friedrich Thaner, in MGH, *Libelli*, I:95—253.

为对神职买卖行为的辩护暗含着这样一种信念,即认为"只要身为奴仆且唯利是图之人出手相召",就能迫使圣灵进入灵魂。洪贝特是一个严格的保罗唯灵论者,他认为唯有人类灵魂的悔改(metanoia)才使人成为基督教徒,只有当神秘体的成员们自由、真实地融入基督的精神的时候,神秘体才能在精神上获得自由。

洪贝特对魔力强制的看法基于他认定基督精神的流动有赖施行圣礼者的品质,而达米安对强制的看法则基于他认定无论施行者品质如何,圣礼的施行都将起到传播超凡魅力的作用。在这里,我们看到了对圣礼客观性与为实现精神自由所需的激进前提这二者之间对立的精确表述,前者作为混杂着好人与坏人的神秘体(它正因如此而能成为基督教文明的属人载体)的原则,后者则必然要求区分基督的纯净之体与恶魔的神秘反体。

[93]因此,当我们在探讨历史结构的第二卷中看到泰歌尼问题①全面爆发时,我们并不会感到惊讶。拥有精神自由的教会是基督身体;受到神职买卖玷污的则是邪恶之体(corpus diaboli)。但洪贝特并非简单地回到四五世纪的那些非洲教父的观点,他也没有抛弃在9世纪实现的王权人士与神秘体的融合。帝国的召唤与国王的神圣地位一起得到充分确认;因此,世俗政治秩序并未受到重新陷于罪恶王国的威胁。相反,世俗权威也代表着圣灵,而洪贝特对神职买卖的最严厉谴责是,神职买卖败坏世俗权力,并使其丧失帝国功能所具备的威严。

封建关系被完全融入基督教关系。现在,我们可以在另一种背景下看到基督教信靠和封建忠诚的混合,这是我们已在改革派教宗的帝国建构行为中注意到的。这种带有双重含义的信

---

① [译按]泰歌尼(Ticonius,或拼作 Tyconius、Tychonius),公元4世纪的北非多纳图派(Donatists)神学家,圣奥古斯丁的思想在一定程度上受其影响。

靠属于真正神秘体的范畴;出自僭主式权力欲的不信与背信是邪恶王国的范畴。自该隐(Cain)与亚伯(Abel)的时代以来,敌基督身体就在历史上与基督身体并行发展,但是,改革在历史上真实存在的教会—帝国单元,并使其成为一个真正的基督身体的希望并未被推迟至世界的终末极限;这一改革,作为基督教历史中的一个事件,是可能的。泰歌尼主义被纳入帝国的召唤,前提是邪恶之城(civitas diaboli)被转化为改革行动能与之斗争——甚至是克服——的罪恶因素之一。在这个方面,洪贝特的理论标志着基督教政治思想的一个崭新层次。

然后,第三卷,亦即最后一卷,发展出一种关于基督教政治秩序的理论,以极为大胆的方式将世俗历史的全部结构融入圣灵的宣示过程。① 至于主教叙任这个关键问题,洪贝特的结论是,教士的尊严与对教会财产的管理密不可分,这种财产与教会的精神结构同样神圣,[94]因此,不应允许世俗权力先于精神权力任命主教。

与此相反的程序——这是实际得到执行的——将颠覆神秘体成员的真正秩序与功能。于是,物质财富领域被融入精神王国;上帝国不仅仅是由人组成的国,而且还包含了尘世间的物质维度。洪贝特运用有机体符号将僧侣修会描绘为身体的眼睛,将世俗权力描绘为担任防卫的躯干和武器,将人民描绘为四肢,将教俗财产描绘为头发与指甲。②

这几乎是一种泛神论,它揭示出,自罗马—基督教时代以来,"世界"在基督教情感中所获得的分量。世界以其全部历

---

① 试比较早先的理论构建 Hellenism, Rome, and Christianity, pt.2, chap.5, "Saint Augustine"。
② Libri III adversus simaniacos, bk.3, chap.28, p.235.然而,请参见 3.21.225 处的另一种有机体比喻,它将教士尊严比喻为灵魂,将王权尊严比喻为身体。

史—政治实在,连同其物质配备,成为基督教思想秩序中非常牢固的一部分,以至于在不属尘世的上帝国与尘世本身之间存在的早期终末论张力实际上消失了。如果我们从洪贝特的理论中除去圣灵神秘体与邪灵神秘体之间的冲突,我们就会将尘世的现实结构等同于如神意所愿的秩序,这种等同在中世纪中期的异端思想中具有重要地位。①

六 《约克论集》

为了寻求系统化的教义而在有关这场争论的文献上过度爬梳是不明智的,但是,将具有洪贝特枢机主教这种地位的人物只看作一位徒好争论之人也同样不明智。他的确参与了这场争论,而且人们可以像通常的看法那样将其归为站在教宗一方的又一人,但是,在其著作的辩论内容之外,映入我们眼帘的是一种对待政治和历史世界的新态度,我们可以称之为一种新现实主义。王权人士在9世纪时与神秘体的融合意味深长地指明了演变的脉络;如今,这一演变已迫切要求从理智上理解那种至少在情感上为当时较开明的人士所接受的新型上帝国。[95]如果我们接下来考察站在争论另一方的伟大人物——《约克论集》的匿名作者,那么洪贝特理论的这方面影响就会显得愈发重要。

《约克论集》是一系列短文,写于11世纪的最后十年到12世纪的最初十年间,这期间发生了英格兰主教叙任权斗争。[该论集]作者匿名,但几乎可以肯定是约克的杰拉尔德大主教(Archbishop Gerard of York,死于1108年),他在英格兰主教

---

① 关于中世纪革命的这个方面,参见《政治观念史稿(卷四):文艺复兴与宗教改革》,第四部分,第三章,"上帝的子民"。

叙任权斗争中是安瑟尔姆(Anselm of Canterbury,约1033—1109)的对手,因为具有他这种才干的人并不多见,也不会完全默默无闻。① 《约克论集》曾经令许多研究者迷惑不解,② 因为如果我们期望从这些短文中得出解决这一争议的切实可行方案,那么它们的王权神秘主义必定会看上去像是一种奇特的空想症。尽管洪贝特的无条件唯灵论无法在政治中发挥作用,但仍然可以理解,因为帝国中的精神权力毕竟处于上升阶段;而在《约克论集》中,王权被提升至教权之上,这初看起来颇为异常。

然而,只要我们不是将作者视为一位想对帝国建构问题作

---

① [英文版编者按] 当代学者已不再采信以杰拉尔德为作者的观点,而是一般将其称为"诺曼无名氏"。*Tractatus Eboracenses* 这一标题来自伯默尔(Heinrich Böhmer),他编辑了手稿 415 号的三十一篇短文中的六篇(Corpus Christi College, Cambridge, in MGH, *Libelli*, vol.3, Hanover: Hahn, 1897, 642—687)。新版本: *Die Texte des normannischen Anonymus*, ed. Karl Pellens, Veröffentlichungen des Instituts für Europäische Geschichte, Mainz, vol. 42 (Wiesbaden: Franz Steiner, 1961)。另参 *Der Codex 415 des Corpus Christi College, Cambridge: Faksimileausgabe der Textüberlieferung des Normannischen Anonymus*, ed. Ruth Nineham and Karl Pellens, Veröffentlichungen des Instituts für Europäische Geschichte, Mainz, vol.82 (Wiesbaden: Steiner, 1977)。关于谁是作者的讨论,参见 George H. Williams, *The Norman Anonymus of 1100 A.D.: Toward the Identification and Evaluation of the So-Called Anonymous of York*, *Harvard Theological Studies* 18(1951); Ruth Nineham, "The So-Called Anonymous of York," Journal of Ecclesiastical History 14(1963): 31—45; and Karl Pellens, "The Tracts of the Norman Anonymous: CCC 415," *Transactions of the Cambridge Bibliographical Society* 4(1965): 155—165。
② 例如,参见 Carlyle and Carlyle, *A History*, vol.4, *The Theories of the Relation of the Empire and the Papacy from the Tenth Century to the Twelfth*, 273, 作者在其中谈到"这些论著的作者的奇怪意图"。

出实际贡献的宗派人物,而是一位有影响的知识分子,那么《论集》便是可理解的。他语含讽刺,有时甚至是恶作剧,将论证推向极致,使那些持更为温和、更富理智态度的人们感到愤慨,由此获得乐趣,而且他也有权利纵情于这个智力游戏,[96]因为他的态度来自对于一个其秩序由神塑造的世界之实在的深刻经验。

在这场争论中,洪贝特和《约克论集》的作者是旗鼓相当的对手,其中一方提升了教士的尊严,另一方则提升了王权的尊严;但就他们的根本态度而言,二者殊途同归,其中匿名作者更为激进一些,因为在他看来,世界充分地沐浴在圣灵之中,这就使得作为世界之特殊监护人的教士的地位变得次要甚至多余;匿名作者眼中的世界能在精神上自我照料。《约克论集》用一种更高级的方式表达了我们能在洪贝特的论著中发现的那些情感:上帝国已融合在历史—政治实在中,终末论张力被降至最低。

无论怎样强调这一发展的重要性都不为过。我们之前已在本章注意到对历史进程的零星关注,例如粟特利的波尼佐对巴塔里亚运动的分析,或者《论主教叙任权》(*Tractatus de investitura episcoporum*)从权力政治的角度对帝国转移所作的解读。① 此

---

① [英文版编者按]沃格林在这里显然指的是卡莱尔在前引书中(4:103—106)的一项讨论。这篇匿名的论著由伯恩海姆(Ernst Bernheim)编辑:MGH, *Libellli*, 2:495—504。克里姆—博伊曼(Jutta Krimm-Beumann)提出强有力的理由,证明格雷姆布劳克斯的西格贝特(Sigbert of Grembloux, 即 Sigebertus Gemblacensis,约死于1111年)是该书的作者。参见"Der Traktat '*De investitura episcoporum* von 1109,'" *Deutsches Archiv für die Erforschung des Mittelalters* 33 (1977):37—83。这篇文章带有该论著的一个新版本,见第66—83页。并参见 Wilfried Hartmann, *Der Investiturstreit*, Encyclopädie deutscher Geschichte, vol.21 (Munich: Oldenbourg, 1993), 66, 114。[译按]比较本书第98—99页注释文字。

时，我们目睹了一个基督教世界在理论层面上的兴起；由于它是一个带有各种现实机制的神圣世界，所以它能成为适当的探究对象。

在我们拥有关于该世界的科学之前，我们必须先对一个能成为科学对象的世界具有观念。正如我们所见，在奥古斯丁的历史观念中，当前时代是历史的最后阶段，是一个等待终结的时代，这个时代本身不存在有意义的结构。此时，历史的焦点从过去转到当前，政治与历史的当前结构成为引人入胜的关注点，因为充分展开的当前时代正是上帝国。在朝向承认世界的内在结构的演变过程中，《约克论集》是第一个决定性步骤；宗教情感逐渐承认这个在历史中存在的世界在神学上是有意义的，这一演变过程构成我们西方现代人在实践与理论上专注于尘世的基础。

[97]我们能够再准确不过地说，《约克论集》的"奇特之处"是由其所表达情感的现代特性导致的，这种现代特性不得不采用基督教古代末期的那些符号来表达。任何人，只要他曾经体验过在为某种新情感寻找合适表达方式时遇到的困难，就会对这位孤单的思想家取得的成就充满敬意；他运用极为明晰的语言，使传统的符号体系服务于他的新目的。他可能是当时除了坎特伯雷的安瑟尔姆之外最伟大的知识分子；而且，我们能在阅读《论集》时感受到他在表述观点时的孤独感——在以格拉西乌斯式语汇表达的主教叙任权之争这一层面上，这些观点必定充满了矛盾；只有借助此后出现的宗教改革和文艺复兴，这些观点的含义才能得到充分理解。

《论集》并非一个体系，而是有关时事政治问题的一系列论著，相互之间通过新现实主义的情感连结在一起。在这里，我将有选择地呈现一些直达作者思想核心的论证。在讨论教士婚姻时，这位匿名人士认为，永恒法（lex aeterna），即由神意所愿的世界秩序，贯穿了自然领域；就个体而言，上帝命定了婚姻或守贞；在生育子女时，父母不是"创作者"，而是上帝意志的"执行人"；作为自然过程的生育是上帝之城的生命根基，为它提供了城邦成员的有生命的身体。

关于原罪和是否容许特定类型婚姻的问题与自然秩序无关，而与道德秩序相关。在自然秩序中，教士的子女也是正当的，[①]通过洗礼，他们在神秘体中获得与"正当"出身的孩子相同的地位。奥古斯丁的永恒法表现出一种新功能，即作为内在结构充分展开的当前时代的一般秩序原则。这种立场本身与洪贝特枢机主教的立场并无多少不同；新颖之处在于，它被严肃、激进地应用于时代的结构因素中。[②]

因此，《约克论集》的决定性部分是关于当前时代的理论。[98]为了得出一种由关于能满足世界的新经验所提要求的时代结构，作者必须重新编排保罗和奥古斯丁式神定历史。在带有柏拉图色彩的表述中，历史的现实进程被理解为与上帝心意中的历史范式（paradigma）相对应。[③]

此时，这一标版提出一条由三个时代构成的序列，上帝国正在该序列中逐步发展出全面的实在性，而这三个时代的区别在于人类在何种程度上实现对上帝国的全面参与。第一个是旧约时代，预示着普遍的教士和王；第二个是新约时代（从基督的首

---

① [译按]"正当的"的原文为 legitimate，与子女连用时通常译为"婚生的"，与"私生的"相对，但此处所指的并非这些子女是否出身于正常的婚姻关系，而是强调生育这些孩子的教士的婚姻合乎基督教义，因此译为"正当的"似较为妥当。
② *Tractatus Eboracenses*, ed. Böhmer, 642—644.
③ 同上，648。

次出现到再次出现),信徒成为真正、普遍的教士,而基督成为真正的教士和王;第三个时代是真正的上帝国,在其中,信徒沐浴在基督的荣耀之中,与基督一起作为王而统治。

Tractatus Eboracenses, ed. Böhmer, 667:"经文到处都向有信仰者承诺天堂王国(regnum),从未承诺教士王国(sacerdotium)。"试将《约克论集》中的三个时代与圣保罗的系列加以比较:异教法、摩西律法、圣灵法。异教法已不再引人关注,上帝国已从另一端进入该系列;需要注意历史模式向未来的这种转向,因为这是在向第三王国理论的演变过程中出现的第一个标志性步骤。

人类的精神史获得一种新的目的论规律性;救赎并非神恩的出格行为,而是使人最终得以普遍为王的一个步骤。在这一规划中,基督的王权功能优于宗教上的救赎功能。基督,作为来自永恒的王,采用了教士这一属人形式,以便将人从罪恶中拯救出来,并使其成为王国的一员和潜在的共主。①

从总体上讲,对当前时代的分析是由对这份世界规划的一般看法演绎出的一系列结论。王权功能本身之所以优于教权功能,是由于作为王的基督与上帝平等,而作为教士的基督则是上帝的属下。王反映出(praefigurat)基督的神性,教士则反映出他的人性。随着每个基督教徒都通过基督而成为神秘体的参与者,并获得教士地位,出现了这样一个问题:在教会等级体系中,一个特殊的教士阶层具有何种功能?

Tractatus Eboracenses, ed. Böhmer, 655:"所有的信徒都是教士(omnes electi sacerdotes)。"该断言基于《启示录》5章10节:"你使我们成为我主上帝之国,成为他的教士。"这又指向《出埃及记》19章6节——"你

---

① [译按]所谓"共主",即蒙受恩典,得以与基督共同统治的人。西方历史上曾出现过两人共同担任君主的政体形式,即"共治"。

们要成为归于我的教士王朝,一个神圣民族",以及《以赛亚书》61章6节——"你们必将被称为归属永恒的教士"。

[99]答案简单而又天真:罗马教会的功能是一种篡权,缘起于基督教早期的紧急状况。根据这位匿名作者的说法,各早期教会的长老令人遗憾地倾向于将信徒视为他们自己的,而不是基督的;基督教面临分裂的威胁,为了避免分裂而颁布了法令,规定这些长老其中之一应当具有比其他人更高的地位;这一选择之所以落在罗马,是由于这个城市的帝国声望。①

这种特殊的教权蜕化为一种紧急措施,而根据为王基督的形象形成的国王则在基督教国家中拥有更高的权力。《论集》反复颂扬王位,将其称为上帝的代治者,代为治理他的教士民众。

> 国王的权力是上帝的权力;上帝依本性即拥有权力,国王受上帝的恩典而拥有权力。因此,除了是受恩典的之外,国王与上帝和基督本身无异,而且,无论他做什么,他都不单是作为一个人,而是作为受恩典的上帝和基督。实际上,依本性的上帝和基督通过借其代理人之手执行事务而亲历亲为。(第668页)

> [国王]不应被称为俗人,因为他是主的基督,他是受恩典的上帝,他是最高领袖(rector),他是神圣教会的最高牧师、统治者、保护者和教师,他是其同胞的主人,应当得到所有人的崇拜(adorandus),因为他是作为最高的主而高居所

---

① *Tractatus Eboracenses*, ed. Böhmer, 660。

有人之上。(第 679 页)

显然,这不是一位希望维护世俗权力的管辖权、反对野心勃勃的教宗侵入的辩论者的语言。就这场争论本身而言,它是在格拉西乌斯宣言的框架内进行的,而在《约克论集》中,制度化的教权消失了。根据格拉西乌斯,"世界"(mundus)应由教权和王权治理,而在这位匿名作者那里,"世界"等同于"基督教民族",亦即在尘世巡游的教会。对这个教士民族的统治权被授予"皇帝或国王"。尽管国王不能施行教士的圣礼,①但是治人职官的任命权却是他的独享特权,因为他由于领受恩典而成为这个时代里基督的共主。

读者会在此处,如同在此前一些段落中那样,注意到"依本性"和"受恩典"的对立,第一个词指的是上帝,第二个指的是这个时代的人身和职位。在《约克论集》的论述中,这些词的含义类似于理念与其在尘世的复制品这种柏拉图式对比。

[100]这位匿名作者无意维护权力共治的神圣帝国。新势力喷薄欲出,而我们能从《论集》中整理出一份论点列表,预示着帝国结构在随后数百年间的瓦解所遵循的路径。

在讨论罗马教会时,这位作者对下列论证情有独钟:罗马在紧急状态下防止分裂的功能已终结,而且,由于它的篡权,它反过来变成制造分裂的根源。在暗示罗马教会可能已更多地成为一个邪恶之体时,关于邪恶之体的泰歌尼问题在这里得到特别强调。从《约克论集》到霍布斯的《利维坦》——后者将教会说成是黑暗王国,妨碍真正的基督教国王行使其功能——我们可以

---

① 原因并未说明;这看来是一处该匿名作者未曾阐明其立场之后果的地方。

看到它们的一脉相承之处。关于不受"外国"干涉的英格兰国教会的观念开始初露锋芒。

在对教廷措施的攻击中——教廷试图通过这些措施将教会等级体系整合为一个教会主权体——一种关于最高主教的观念得到了清晰的勾勒,即不仅由抽象的国王担任最高主教,而且[落实到]由民族国王担任最高主教。所有主教都被宣布为平等的。罗马和鲁昂①的主教都是同一个彼得,罗马教廷对优越地位的宣称是人格分裂的表现。将主教召往罗马损害了教会的秩序,会削弱偏远地区的主教权威。

修道院长不受地方主教的管辖,拥有主权的国际化修会组织的存在,所有这些都会破坏教会的和平,等等。我们可以认为,在这个方面,《约克论集》所代表的情感与格雷高利关于组织在民族王国之中的基督教人类的观念相对应——不过,意义重大的差异在于,教宗在《论集》中不再是至高无上的,基督教被视为一个开放的、由各基督教民族的教会—王国构成的多元体。这位匿名作者的观念与路德(Luther)的民族教会(Landeskirchentum)之间的界限非常模糊。

[101]然而,长期来看,最具革命性的因素是这位匿名作者的新教经文主义。令《论集》的读者在书中每一页都感到震惊的是对《圣经》自由、独立的解读,无视罗马教会的传统和制度。在这位匿名作者看来,基督教徒普遍作为教士,这并非一个纯粹理论性的命题,而是鲜活的实在。他直截了当地否认罗马教会具备任何教化基督教民族的功能;我们拥有先知书、福音书和启示录等经文,我们比教宗知道更多(就这位匿名作者而言,这一点相当正确);如果教廷想占据人类教师这一功能,它大可以在异

---

① [译按]鲁昂是法国西北部城市,在中世纪是欧洲最大最繁荣的城市之一。

教世界一展身手；在西方的基督教中，它是浮华无用的。

我们可以感觉到那些将要撕裂神圣帝国宗教部分的力量，就像民族势力将要在宗教改革的动荡局势中撕裂这个帝国不稳定的世俗部分那样。

二　时代的结构

第五章 导　论

一　新　势　力

　　[105]克吕尼教会改革影响了西方世界的整个制度结构。精神成熟的过程首先采取的是修道院机构的形式；随后，它从修会延伸到教廷和主教区；随着改革扩展到教会等级体系中，围绕帝国政制的大争论浮出水面。所有参与这场争论的人都承认，格拉西乌斯宣言是有效的帝国秩序原则；最终达成的沃尔姆斯妥协方案确保了精神的自由，也确保了帝国召唤的统一。

　　然而，这场争论过程也表明，由精神的自我张扬而来的动力会摧毁神圣帝国的框架。《约克论集》揭示出已经发生了什么、将要发生什么。如果那位匿名作者关于教士资格普遍化和罗马篡权的观点仅仅是一种为王权人士而作的宗派论证，那么我们完全可以视其为无关紧要之论而置之不理；但它们却不止于此，因为它们预示着一个事实，即该作者的自由人格，他能生活在基督时代，接受神圣著作的指引，同时无须罗马教会的协助。教廷已经通过与法兰克君主以及此后与日耳曼君主的结盟而完成了它的历史功能，即创建信奉基督教的西方帝国；如今，西方已被塑造为基督教世界,而在这个世界上还有其他一些地方,例如诺曼人(Norsemen)统治下的英格兰,以及这些地方的人们,例如这位匿名作者,在他们看来,这场伟大的缔造事业是属于过往历史的,[106]因此它并未赋予那些古代强权的当下传人对精神上成熟的共同体和人的独立生活进行干涉的权利。

在当时,《约克论集》的作者被视为敏锐、激进的知识分子而受到孤立,能以革命性的方式来细致表达那种新情感,但他对这些情感的经验却不是独一无二的。作为这种新情感的承载者,两种主要类型的共同体开始出现:城镇和民族王国。自巴塔里亚运动以来,大众宗教运动遍及欧洲城镇。这些运动越来越多地指向对教士等级体系的反对,直到英诺森三世(Innocent III)主政时期,我们在阿尔比战争(1208—1213)中看到,第一次十字军东征反对的不是异教徒,而是自我张扬的基督教民族。

从帝国政制的角度来看,我们必须将阿尔比动乱归类为一场统治阶级反对人民革命的战争。同时,在各位克吕尼教宗主政时期,在西班牙、南意大利和西西里、诺曼英格兰、丹麦、俄罗斯、匈牙利和巴尔干,由次级公国构成的边缘地区的势力开始兴起,这为教廷提供了机会,使其能尝试建构一个由较小国家构成,并由罗马直接领导的基督教世界。

假如该计划成功,那么西方世界的这种政制将会形成一个帝国,它以那两种古老的格拉西乌斯式权力体为中心,周围环绕的是由较为晚近成立的国家构成的邦国体系,这些国家通过教廷而与那个古老帝国相联系。绝非偶然的是,在主教叙任权之争出现后的两百年间,相当多的杰出人物来自帝国的边缘地区:约克的匿名作者和萨利斯伯瑞的约翰(John of Salisbury,约1110—1180,诺曼英格兰人),约阿希姆(Joachim of Fiore,约

1132—1202，卡拉布里亚人），弗里德里希二世（1296—1337，西西里人），①阿奎那（1225—1274，诺曼意大利人），以及德布拉邦（Siger de Brabant，盛名期 1260—1277，弗兰德人）。时代的结构并不仅仅是一个得到《约克论集》探讨的问题；实际上，我们面对的是一个充斥着新势力的世界，这些势力不再受限于格拉西乌斯原则的模式。精神的确已贯穿尘世，而基督教世界的力量反过来开始决定时代的结构。关于正在等待终结的衰老时代（saeculum senescens）的奥古斯丁式情感被抛诸脑后，关于新兴时代（saeculum renascens）的情感则获得了动力。

二 新兴时代

[107]我曾认真地谈到"新兴时代"，以便能指出我们面对的是这样一个问题：在中世纪的衰亡过程中，新时代的标志性特征究竟从何时开始出现？对于理解精神史和理智史而言，传统上通过美洲的发现这一外部事件而进行的历史时代划分并无作用。另一方面，如果假定新时代开始于宗教改革和文艺复兴，那么尽管这与我们关注的现象相关，但却不够明晰，因为它的含义取决于我们对宗教改革和文艺复兴的定义。史学家曾经将 16 世纪宏伟巨变的根源追溯得更远，以至于我们如今有了 13 世

---

① ［译按］此处的弗里德里希二世当指西西里的弗里德里希二世（Frederick II of Sicily，1272—1337），或因其在担任西西里国王之前曾任西西里摄政王而又被称为西西里的弗里德里希三世（Frederick III of Sicily），与后面将要谈到的神圣罗马帝国皇帝弗里德里希二世（Frederick II, Holy Roman Emperor，1194—1250）不是同一个人。

纪,甚至是 12 世纪的文艺复兴。① 然而,只要这种划分得不到任何理由的支持,那它就是无意义的。它并不能帮助我们将文艺复兴推回但丁(Dante)那个年代,即方言文学开始出现的年代,因为我们不能肯定,文学史的划分是否对时代的划分具有头等重要的意义。此外,如果采用人文主义的视角,将文艺复兴等同于亚里士多德哲学在 13 世纪的复兴,或者等同于罗马法在 12 世纪的复兴,这同样难有多少助益,因为这些复兴只是次要的特征,并不能增进我们对带来这种复兴的动机的理解。

这个问题对政治观念史极为重要,因为我们相信,政治领域是情感和态度得以在其中出现根本性变化的最初领域,新的力量从政治领域开始扩散,进入人类活动的其他领域——亦即进入哲学、艺术和文学领域。当然,这个信念并非希望在一个时代的政治制度和其他文明现象之间建立起一种简单化的因果联系。但是,根据我们关于政治小宇宙召唤特征的理论,人在原则上是以其人格之整体参与到政治召唤之中的,[108]而且一个共同体的所有文明创造物都必定带有整全整体的印记。

然而,小宇宙这个"整体"却极少作为一个紧凑的静态单元;相反,它处在整合与分裂的变动中,并无一种简洁的模式能在任何特定的政治制度与当时另一领域内的文明现象之间建立起联系。正如我们所见,在赫拉克利特(Heraclitus)生活的年代,希腊城邦处于分裂状态中,大多数杰出公民无法在共同体中拥有与其精神境界相匹配的地位。不过,在与马其顿竞争败北之前,城邦制度仍然支撑了一百五十年,而正是这一百五十年产生了由历次波斯战争、希腊悲剧、伯里克利时代的艺术成就、智术师、

---

① 参见 Charles H. Haskins, *The Renaissance of the Twelfth Century* (Cambridge: Harvard University Press, 1927; rpt. New York: Meridian, 1976)。

苏格拉底和柏拉图构成的荣耀。

因此,就此处的情况而言,在探讨现代发端于何时这个问题时,我们既不能根据从文学或人文主义角度对文艺复兴进行的探讨所运用的次要文明现象来进行时代划分,也不能根据政治制度的不同来进行这一划分,后一点尤其重要。如果我们将分界线定在 1100 年,那么制度划分论者就能正确地指出,我们将霍亨施陶芬王室的神圣罗马帝国置于中世纪之外;如果我们像政治观念史通常所做的那样,将分界线定在马基雅维利之前,制度划分论者就能正确地反对我们将一项绵延数百年、具有典型现代特征的演变置于中世纪之中。对一部基于召唤理论的政治观念史而言,到处都会遇到这个问题。时代的划分必须在决定着召唤的兴起与衰落的情感和态度领域寻找,而不能在制度领域寻找。

就此而言,12 世纪的确标志着一个时代的开始,因为在沃尔姆斯协定与阿奎那的《神学大全》(*Summa theologiae*)之间的时段里,与神圣帝国的结构不兼容,且具备即将到来的各种新召唤特征的观念日渐增加。我们可以提出下列一般性表述来描绘这个时期的特征,而把所有的限定条件留到以后的章节叙述:"与尘世的共处"及其在神圣帝国中的制度化已经逐渐削弱了对尘世与不属尘世的王国加以区分这种情感;基督教情感中的终末论因素正迅速消褪,[109]而且,那种认为尘世的结构是基督王国之一部分的情感也正相应地增强;尘世已进入上帝国。该陈述看上去像是包罗万象的,但它仍不够全面,因为我们发现异端教派正走向泛神论极端,将个人沉溺于激情、肉欲和犯罪解释为神意的表现,从而论证这些行为的正当性。

三 世俗秩序问题

  各种世俗力量在基督时代获得正当地位,这对基督时代的内在结构具有深远影响。一方面,难以估量的个人力量和共同体力量的释放是明显的后果;另一方面,新自由对个体的人和共同体都意味着一种额外的负担。此前,在解读《约克论集》时,我们曾提到过这种负担,强调了该著作的两个方面:他的立场与情感超出了关于教权——王权秩序的格拉西乌斯式政制,而且,由于他已在实际上抛弃了这种秩序,时代的结构就变得问题丛生,有必要对那三个时代加以重新解释。

  我们可以从这个案例推而广之,认为当世俗力量进入基督王国时,新的自我意识相伴而来,它要求将每种力量相对于在其之前、之后以及与之共存的那些力量的地位加以明确。上帝的超验秩序得到世俗秩序的补充,后者是由充满基督王国的那些力量构成的。每一个体单元,无论个人还是社会,都在该王国中积极通过行动来为各自开创地位,彼此同时致力于论证其特定行为的正当性,方法是赋予它某种特定的、据说无法由任何其他单元完成的功能或使命。随着这些新力量的出现,一个在政治上进行自我解释的时代开始了。

  无需过多想象就能看出,在这个自我解释的过程中,解释者,无论个人还是社会,都倾向于赋予自身特别光荣、重要的功能;如果他们足够强大,足够有活力,他们会认为自身是各自所在共同体,或者一群共同体,或者整个西方世界,或者最终是整个人类的组织力量。然而,世俗力量的这种倾向看来会遇到一种障碍,使其不能自抬身价,成为时代的组织力量。[110]当一

第五章 导论

群方济各会士倾向于将圣方济各视为取代基督时代的新时代的领袖人物时,这一障碍就清晰可见了。创建一个圣方济各神秘体,以之作为基督神秘体继承者的尝试失败了,而这一失败证明,在西方世界,由任何结构上的变化所构成的"新"时代,其新颖之处只在于形成了一种截然不同的世俗力量秩序,但唯一的基督时代的穹顶则永远横跨于各个时代之上。

在牢记这项限定的情况下,我们能对这个时代问题给出最终的精确描述。到发生主教叙任权之争为止,政治讨论都必须在技术上依靠由基督教圣书、教父文献以及封建制度(誓言、效忠契约)提供的观念和论证——如果我们将那些已通过教父们的吸收与融合而进入基督教轨道的异教因素(柏拉图、廊下派)排除在外的话。这片文献世界反映出圣灵对尘世的突入,以及基督教生活在此后取决于由神秘体与世俗政府权力构成的纵坐标。自12世纪以降,西方政治观念和理论的视野不再局限于罗马—基督教古代范畴。

世俗力量由下而上的突入为纵坐标系统增加了一个新的维度;结果是,政治理论从此关注两个不同的额外任务:(1)塑造新力量领域的秩序;(2)使新秩序适合于旧的、并未停止存在的基督教秩序。关于第一项任务,很显然,接受一套现成的关于世俗力量秩序的知识,如亚里士多德的文集,是一种幸福。就政治理论而言,我们必须主要从这个功能的角度来看待亚里士多德的复兴。

然而,尽管就促进西方政治思想的发展而言,这一接纳是一种难以估量的幸运,但却有其缺点。如我们所知,由表述方式带来的魔咒是强有力的,采用亚里士多德范畴的后果就是遮蔽了我们西方政治实在中的一些重要部分,它们不能被纳入根据希腊城邦的模型而建立的政治体系。[今日的]政治科学仍然受制于这种亚里士多德主义残留。第二个问题,即如何使这种新型世俗秩序同基督时代的各种范畴相协调,则更加难以解决。[111]处于中世纪—现代交界点上的阿奎那的巨著仍然是第一个,也是最后一个近乎完美地解决了这个问题的理论体系,至少在当时那个时代如此。我们将会看到,此后的各大政治体系总是被生存的迷醉所毁损,这种迷醉促使思想家将自身及其所在的共同体膨胀为塑造时代秩序的终极力量。

四 主要问题

对于那些在此种情况下必定出现的重大系统性问题,我们可以简要地加以列举。

首先,我们必须将包括个人与社会在内的世俗力量的自我建构视为决定时代结构的推动力。弗里德里希二世完美地代表着作为历史力量的伟大政治人物;由于他革命性的表现,他不可避免地被他的教宗对手,格雷高利九世(Gregory IX, 1227—1241),指责为敌基督。在将共同体力量建构为世俗推动力这个方面,教会本身即是典型。英诺森三世(Innocent III)领导下的中央集权式教会组织成为帝国之内的第一个国家(state)。在民族王国领域,诺曼征服(1066)之后的英格兰最为明晰地体现了新近组织起来的力量。

第二个系统性问题源自这些新兴势力希望将当下时代解释为一个新时代,因为它带有或者应当带有他们的印记。在这方面,修道会表现最为突出。修道院机构是对新精神的首次有组织表达;此时,修道生活方式主张拥有决定时代结构的特权。来自卡拉布里亚的僧侣——菲奥雷的约阿希姆,发展出这样一种观念:圣灵第三王国将在圣父王国和圣子王国之后出现,修道士共同体将成为第三王国的生活方式。自此以后,关于第三王国的观念就一直是西方政治思辨中的一个基本范畴,每当一股新兴势力希望表达其对时代的主导权时,这一观念就会出现。

最后,这些新势力在尘世间行动,关于世俗行动的规则因而受到更多的关注。12世纪是法学意识复萌的时代。进行法学分类与论证的氛围重新出现;罗马法作为有秩序行为的典范体系而成为科学探索的主题,[112]正如亚里士多德由于提供了对各种力的典范处理而被研究一样;教会法得到收集和整理;诸如帝国转移这样的历史事件被解释为法律事务。

然而,就史实而言,这些问题并未按照系统性的顺序出现。在多数情况下,新时代的各个标志性事件彼此之间并无联系,而是各自单独出现。因此,在以下的论述中,我们在总体上按照时代顺序进行,而在论题需要重新安排的时候也会偏离这一顺序。鉴于进程的同时性,时代顺序本身在有些情况下并不重要。

第六章　萨利斯伯瑞的约翰

一　新性格学

[113]作为中世纪第一部系统性的政治论著,萨利斯伯瑞的约翰的《治国者》(*Policraticus*,1159)总是受到格外关注。它出现在主教叙任权之争和亨利二世(Henry II,1154—1189)同贝克特(Thomas à Becket,1118—1170)的斗争二者之间的间隙期,因此,它不曾受到来自强烈政治情绪的直接压力。而且,它成长于诺曼权力体的氛围中,因而并不十分关注帝国的建构。这种相对中立的氛围或许可以很好地解释,为什么一部抽象讨论政府所面临各种关系的论著,竟能在此时得以写就。以下局面进一步增强了《治国者》的重要性:在接受亚里士多德之前,它是唯一的政治论著,以至于在某种意义上称得上是关于中世纪政治理论的前托马斯大全。①

---

① John of Salisbury, *Politicraticus, sive de nugis curialium, et vestigiis philosophorum libri octo*, ed. Clement C. J. Webb, 2 vols. (Oxford: Clarendon, 1909, rpt.1978).

第六章 萨利斯伯瑞的约翰

由于有足堪胜任的解读者对该书进行过出色的研究,因此很容易将其内容概述如下:这部著作的主体是对罗马—基督教式后奥古斯丁学说全面的,但并不十分具有原创性的重述,而在一些特殊问题上,例如双剑问题、诛杀暴君问题①以及社会的有机体观念问题,它至少提出了一些对后世有影响,甚至是开创新的精确观点。然而,这一概述恐怕并不合适。[114]关于理论成就的叙述是完全正确的,但是,在《治国者》的字里行间还回响着一种无法由学说归类而捕捉到的新音调。令读者感到惊奇的是该文本的新鲜气息。

作者熟悉廊下派—教父文献,此外还深受罗马法知识的影响,并能自如地引用维吉尔、奥维德、贺拉斯、尤维纳尔、佩尔西乌斯、马提雅尔、斯塔提乌斯、佩特罗尼乌斯、卢坎、特伦克、大瓦勒留、格利乌斯、弗隆蒂努斯、普林尼、阿普莱乌斯、苏埃托尼乌斯、普鲁塔克,②

---

① [译按]"诛杀暴君"的英文为 tyrannicide,源自 tyrant。tyrant 至少包含如下三个含义:以非法方式夺取最高权力的人("僭主");掌握绝对权力,不依法统治的人("专制者");以暴虐方式统治,压迫民众的人("暴君")。在本书中,依据沃格林的文意,酌情将该词分别译为"僭主"(与之相关的 tyranny 则译为"僭政")或"暴君"(与之相关的 tyranny 则译为"暴政")。

② [译按]维吉尔(Virgil,公元前 70—19),罗马伟大诗人;奥维德(Ovid,公元前 43—公元 17),罗马诗人;贺拉斯(Horace,公元前 65—前 8),罗马抒情诗人、讽刺作家;尤维纳尔(Juvenal,约 55—130),罗马诗人、讽刺作家;佩尔西乌斯(Persius,34—62),罗马诗人、讽刺作家;马提雅尔(Martial,约 38—103),罗马讽刺短诗作家;斯塔提乌斯(Statius,约 45—96),罗马诗人;佩特罗尼乌斯(Petronius,约 27—66),罗马讽刺作家;卢坎(Lucan,39—65),罗马诗人;特伦克(Terence,公元前 185—前 159,一说公元前 195—前 159),罗马剧作家;大瓦勒留(Valerius Maximus)、格利乌斯(Aulus Gellius,约 125—180 后),罗马作家、语法学者;弗隆蒂努斯(Frontinus,约 40—103),罗马将领、政治家、工程师、作家;"普林尼"可指老普林尼(Pliny the Elder,23—79)或其侄儿小普林尼 Pliny the Younger,61—约 113),二者均为罗马学者、政治家;阿普莱乌斯(Apuleius,约 124—170 后),罗马哲学家、修辞学家;苏埃托尼乌斯(Suetonius,约 69—122 后),罗马传记作家、史学家;普鲁塔克(Plutarch,约 46—119 后),希腊人,罗马时代的传记作家、史学家。

以及一批次要的古典作家。① 对古代作家的引用并不是为了修饰文采或者炫耀博学；他从罗马讽刺作家那里学到性格学（characterology）技艺。对诺曼人首领的半页刻画——约翰与其在阿普利亚共处过——是一篇小型杰作，令人想起德皮科洛米尼（Enea Silvio de' Piccolomini）的性格描述技艺。关于该首领如何对待主教职位的三名竞争者的轶事，为薄伽丘②的小说提供了素材。对伪饰者、无耻求官者、溜须拍马之辈、得道高僧、伪君子以及夸夸其谈的军人所作的出色的类型研究，令人想起德拉布吕耶尔。③

有必要对《治国者》的性格学特性加以特别关注，因为从中我们可以接触到罗马—基督教范畴在被用于描述尘世结构时的新用途。我们记得圣奥古斯丁提出的成为上帝之城或地上之城一员的条件；爱上帝（amor Dei）与自爱（amor sui）是决定一个人在不同领域中具有何种地位的人格品质；我们曾提出，在圣奥古斯丁那里，这些个人品质并非用于对不同类型的人加以经验描述，而是指示出根据神的命定而在人们身上出现或者消失的圣灵意向。

在约翰的著作中，这两种类型再次出现；然而，它们这次不是出现在历史形而上学的语境中，而是作为描述尘世之人的工具出现。④

---

① 关于对约翰所熟悉的作者及其藏书目录的简要归纳，参见 Clement C. J. Webb, *John of Salisbury* (London: Clarendon, 1932; rpt. New York: Russell and Russell, 1971), chap.6. 并参见 *Politicraticus*, ed. Webb, vol.1, Prolegomena, para.5。
② ［译按］薄伽丘（Giovanni Boccaccio, 1313—1375），意大利诗人、学者。
③ ［译按］德拉布吕耶尔（Jean de La Bruyère, 1645—1696），法国讽刺作家。
④ *Policr.*, bk.VII, chap.17, 引用到圣奥古斯丁, *De libero arbitrio*, bk.I, chap.4, para. 10, and 3.24.71。

关于圣奥古斯丁自己在命定论与自由意志之间的困惑,参见 *Retrac-tationum*(《忏悔录》),*bk*.I,*chap*.9。萨利斯伯瑞的约翰将 *De lib*.用作他的资料来源,因为圣奥古斯丁在该著作中强调了这两种类型的心理学层面,尤其是在批评骄傲(*superbia*)时;《上帝之城》的表述可能并不适合约翰。在《忏悔录》中,圣奥古斯丁针对贝拉基([译按]Pelagius,约 354－418 后,与奥古斯丁同时代的神学家,被罗马教会宣布为异端)对 *De lib*.的误读而对其表述进行辩护,再次强调是上帝本身通过其恩典而[为人们]预备了意志(voluntates)。①

[115]属于爱上帝这一类型的人退居幕后,其原因显然在于这种人只是例外,而奥古斯丁所说的相反类型,即爱自我的这一类型,则变成政治领域中的正常性格。

> 我在这里所要谈到的,不是那些已完全净化其心灵、乐于接受持续不断的臣服、拒绝在此生凌驾于他人之上的人;相反,我的任务是要分析处于政治状态中的人生。②

"处于政治状态中的"人是探究的新对象,而这种人实际上

---

① 参见 Saint Augustine, *De libero arbitrio*, in Migne, *PL*, vol.32, col.1221－1310; recent edition by W. M. Green, in *Opera*, vol.29 (1970)。English edition: *On Free Choice of the Will*, trans. Thomas Williams (Indianapolis: Hackett, 1993); *Retractationum*, in Migne, *PL*, vol. 32, col. 583 － 656。Recent edition by Almut Mutzenbecher, in *Opera*, vol.57(1984)。

② *Policr*., bk. VII, chap.17, in John of Salisbury, *The Statesman's Book of John Salisbury*, trans. John Dickinson (New York: Knopf, 1927)。English edition: *Policraticus: Of the Courtiers and the Footprints of Philosophers*, trans. and ed. Cary J. Nederman (Cambridge: Cambridge University Press, 1990)。原文是:"Non enim de his institutus est sermo, qui sunt omnino anima defaecati, et suiectione continua gaudentes, alicui in vita praeesse refugiunt. Vita potius politicorum excutienda est."参见 *Policr*., ed., Webb, 2:162。

是除了少数"已完全净化其心灵"的人以外的每一个人。奥古斯丁模式被完全推翻了。我们仍然能在背景中看到这种模式,因为约翰明确无误地指出,由这一类型的人所主导的政治世界是邪恶的,而且,在约翰看来,奥古斯丁式永久和平仍然是一个理想,将要通过所有"政治"关系的消失而得以实现。

但是,这个泰歌尼问题显然并非他的主要关切;充满各种力量的尘世,或者用约翰的语言来说,所谓的"政治家的生活方式"(vita politicorum),已进入时代。

将奥古斯丁的各种范畴转用于分析尘世,这肯定不是理论上的杰作,它导致令解读者感到绝望的语义模糊。但是,约翰为了寻找适合进行政治描述的术语而奋勇斗争。当时并无更好的术语,因此性格学起点不失为一个好选择。约翰所说的政治性格指的是普遍的人类性格(除了前面提到的限制条件之外),因此,在原则上,性格学方法就使得有可能将关于制度的理论建立在关于基本社会关系的理论基础之上;[116]政治性格不仅出现在世俗制度中,也出现在教会里。相比奥古斯丁,约翰对这种性格的描述更为强烈地指向霍布斯对人的骄傲与疯狂的分析。人对他的真实地位和对上帝的顺从义务一无所知,但却"希望获得一种虚假的自由,徒劳地想象他能毫无恐惧地生活,能做他乐意做的任何事而又不受惩罚,甚至以某种方式直接自比上帝"。① 约翰认为,政治上的创造行为起源于召唤一种宇宙类比物的欲望,即试图在人的领域再现神对秩序的创造。他的这一洞见达到了当时那个时代的巅峰。正如我们所言,这种性格是普遍的:

---

① *Policr*., trans. Dickinson, bk. VIII, chap. 17. 比较 Saint Augustine, *De lib*., bk. 3, chap. 25, para. 76。

第六章 萨利斯伯瑞的约翰

尽管王侯的权力并非所有人都能获得，但完全不受僭政引诱的人却为数极少，甚至根本不存在。根据通常的说法，僭主指的是通过基于暴力的统治而压迫一整个民族的人；然而，一个人能扮演僭主的角色，并不在于他凌驾于作为一个整体的民族之上；相反，如果他愿意，他甚至能在最平凡的地位上这样做。这是因为，如果不凌驾于整个民族之上，每个人仍然会在其权力所及之处作威作福。①

这些引用的段落清晰表明，不仅关于人的类型问题的泰歌尼—奥古斯丁语境荡然无存，而且关于王和僭主的伦理概念也遭受了严重破坏。如果统治权来自野心，并且根据野心这一性格学特征来界定何为僭主，那么，必定无法再依据正义行为与不义行为的差异而区分这两种类型。每个王都是僭主，因为每个尚未"净化其心灵"、从而甘于绝对臣服的人都是僭主。在这些段落中，政治人以世俗人物的面貌出现。在这一语境中，经由上帝授权而得来的权力并未受到关注，相反，得到承认的是：

每个人都从自由中获得快乐，也都想拥有可用以保存自由的实力……[117]因为奴役有如死亡的倒影，而自由是确定无疑的生命。(7.17)

---

① *Policr.*, bk. VII, chap. 17. 类似于霍布斯的描述甚至出现在形象细节上。例如，将旨在获取政治地位的斗争比喻为一场竞赛(7.19)："于是，所有人都参与竞赛，而在到达终点后，获奖的是那个在这场野心竞赛中跑得比其他人更快，并且胜过彼得或基督的任何一位使徒的人。"约翰也怀有关于出人意料地崭露头角的"黑马"的观念。比较此后关于霍布斯的章节。

那些心灵得到净化的人暂时被遗忘了;臣服是奴役,自由是快乐。毫无疑问,一曲新和弦开始奏起,这将在马基雅维利的美德(virtù)观念中得到充分回响。不过,在约翰这里,这声音还只是短暂的。新观点并未在论著中得到坚持;世俗政治学体系以有前途的性格学作为开端,但此后却突兀地出现更为常规的、通过旧伦理学范畴展开的对王和僭主的讨论。然而,"每个统治者身上都有某种僭主成份"这种观念仍在暗中贯穿全书,并且在作者探讨友善、和平、不受僭政之不义玷污的王国的可能性时,再次凸显其身影。作为事后的反思,他补充道,也许没有不义便根本不会有王国,"因为从古代史学家那里可以清晰得知,最初,王国都出自不义,出自对主的恣肆冒犯"(8.17)。

二 封建主义

史学家曾不时流露他们的惊讶,惊讶于一篇写于重新接受亚里士多德思想之前的12世纪的论著竟然很少流露出在当时占主流地位的政府体系,亦即封建主义体系的痕迹。原因在于萨利斯伯瑞的约翰所持的神学立场,以及相应地,他对纯粹的世俗政治缺乏兴趣。这个问题值得更深入地探讨,因为它提供了更好理解中世纪理论的机会。

首先让我们澄清作为一种政府体系的封建主义这个问题。梅特兰(Frederic William Maitland)在他的《英格兰宪政史》(*The Constitutional History of England*)中曾经机智、正确地评论道,中世纪不存在封建主义"制度","封建制度"是由斯佩尔曼爵士(Sir Henry Spelman)在17世纪引入英格兰的,并通过

第六章 萨利斯伯瑞的约翰

布莱克斯通爵士（Sir William Blackstone）在 18 世纪获得正统地位。① 封建主义"制度"是一种事后的反思，诞生在民族君主制业已建立的环境中，意在树立一种有别于现状的以往政治状态，[118]这的确能被称为一种政府"制度"。

这种解释中世纪制度的努力值得称赞，但并不十分成功。因为封建制度根本不能被归类为一种政府形式，而必须被看作一种行政管理技巧。因此，现代研究者倾向于将封建制行政管理视为与家长制、官僚制或其他形式的行政管理并列的一种类型。②

西方的封建主义是一种由相对原始的部落采用的行政管理技巧，这些部落在征服了广大地域之后面临着利用、保护和管理被征服者的任务，但是，就创建配套完整的中央集权行政机构——包括训练有素的官员、公路系统以及能带来充足财政收入的经济——而言，他们并不具备必要的人才和技能。相反，这些服务不得不由土地颁赐体系来提供，它能反过来使征服者所在的部落成员提供必要的服务，尤其是服兵役。③ 随着可供分

---

① Frederic William Maitland, *The Constitutional History of England* (Cambridge: Cambridge University Press, 1908, rpt.1974), 142.

② 关于对封建主义的类型研究，参见韦伯（Max Weber）在两卷本《经济与社会》(*Wirtschaft und Gesellschaft*) 中的精彩分析。(Tübingen: Mohr [Siebeck], 1922), pt.1, chap.3, para.12b and 12c, and pt.3, chap.8. New edition: *Wirtschaft und Gesellschaft: Grundriss der verstehenden Soziologie*, ed. Johannes Winckelmann, 2 vols. (Cologne: Kiepenheuer and Witsch, 1956 – 1964). English edition: *Economy and Society: An Outline of Interpretive Society*, trans. Ephraim Fischoff, Hans Gerth, A. M. Henderson, et al., 2 vols. (Berkeley and Los Angeles: University of California Press, 1978).

③ 关于封建主义的这些及其他方面，参见 Otto Hinze, *Wesen und Verbreitung des Feudalismus*, Sitzungsberichte der Preussischen Akademie der Wissenschaften, Phil.-hist. Klasse (Berlin: Akademie-Verlag, 1929). Reprinted in *Feudalismus und Kapitalismus* (Göttingen: Vandenhoek and Rupprecht, 1970).

配的土地在紧迫军情的压力下（例如建立一支全副武装的军队以抵抗穆斯林骑兵）日益封建化，崛起于移民与征服的王权将被削弱，仅对事实上相当独立的领主行使脆弱的宗主权，但它作为基本的政治召唤并未消失。

这些概略评论将能使我们对萨利斯伯瑞的约翰所面临的问题有更公允的看法。没有必要为了理解该作者未将封建制度的分类视为他的首要任务的原因，而去涉及他的神学立场。就约翰思想的所有现代特性而言，[119]他生活在当时那个时代的各种召唤中，而这一召唤体系的核心在于日耳曼的超凡魅力式王权。该核心吸收了地中海式统治权符号：由神任命的王这种希伯来式人物，希腊式神圣王，罗马皇帝，以及对基督教共同体实行精神—世俗双头领导的观念——这带有基督教帝国的符号化表达特征。连同这些统治权符号一同得到吸收的还有地中海式民族观念：由希腊城邦中厌政治的异乡人所召唤的廊下派—西塞罗式世界城邦民族，希伯来原始民主制下的民族，以及基督教民族（populus Christianus）。

与这些主导性的符号相比，各种封建制度并不具有召唤特性（尽管它们包含着召唤的可能，我们很快就要谈到这一点）。封建主义的离心倾向会削弱王室权威，甚至导致王国解体，而这些倾向无法成为，也从未成为政治共同体的整合力量。在中世纪，只有当国王能紧握权力，对抗各领主对权力的夺取时，政治单元的巩固才成为可能。我们看到，在卡洛林帝国，查理大帝十分注意在他自身和人民之间建立直接的召唤联系，其方式是要求遵守一般性的效忠誓言，而不是特殊的封建服务誓言。

然而，虽然拥有帝国威望，并由使节（missi）施行强有力的行政管理，但这一机制并未持久，主要是因为卡洛林人牢记他们自身的起源,对创建一个强大的中央机构心存疑虑,尽管正是这种机构使他们得以取代墨洛温王朝。另一方面,在诺曼英格兰,征服后的局势使诸王能在有财政支持的基础上发展出强大的中央行政机构,而这种发展,连同其他许多源自征服的因素,使英格兰领先法兰西数百年建立了稳固的王室权威。

封建制度如何、何时变成王国的召唤模式之一部分?这个问题可以得到非常精确的回答。只要封建契约(pactum)含有国王分派权威以便换取诸侯劳役这一内容,作为召唤的王权就保持其在王国秩序中的垄断地位。[120]只有当领主们作为世界(universitas)之"代表"获得独立权威之时,他们才能成为国王的对手,后者此时仅具象征性的权力。

这条一般性规则同样适用于16世纪的封建契约和社会契约之间的差异。就社会契约及其充分发展而言,至关重要的是,人民应当成为权威的来源,哪怕权威的转移导致国王的绝对权力,毫无抵抗或罢免国王的余地。另一方面,在马内戈尔德看来,我们将封建契约用来解释国王和人民之间的关系。就国王的封建制度而言,并无权威从人民转到国王身上;王室功能的发挥所倚赖的并非转移而来的权威(potestas translata),而是公认的权威(dignitas concessa)。①

人民因一个人的个人品质而将其"提拔"为统治者,据说正是这些品质使他适合担任那个威严的、自上帝那里获得其权威的职务,而他们则通过誓言(iuramentum)使自己服从他。如果这一选择证明是错误的,国王没有坚持信仰,那么,就出现了废黜其职位的问题。强调这种关系中的这个方面,显然是教会利益所在,而隶属于教会的作者们在有关民众权利的观念发展中发挥了非常重要的作用。因此,不应想当然地认为,从教会的关注重点出发就必定会妨碍对世俗问题的认识。

---

① 参见 Manegold of Lautenbach, *Liber ad Gebehardum*, ed. Kuno Francke, in MGH, *Libelli*, 1:365。

但是,是否具备代表特征,这并非一个牵涉法律事务的问题,而是关系到在国王和人民这些符号之外再创造性地召唤一种新符号。

这将我们带回到当前讨论的主要问题,即世俗力量提升为符号化权力。在讨论主教叙任权之争时,我们特别提到,王国代表会议的功能,即作为废黜统治者的正当机构,已变得日益重要。但此类事例并未凝炼成清晰的召唤观念。甚至,当1215年《大宪章》第十四节授权将由宗教和世俗权贵参加的会议作为王国公共会议,处理财务评估问题时,代表功能也还只是蕴涵在王国共同会议(commune consilium regni)这一称谓中,但却不能在任何直接表述中找到。

在《治国者》中,政治力量在格拉西乌斯模式之外发挥的代表功能尚未得到非常充分的发展。国王是"公共人格的承载者",是"国家这一整体的代表者",此外还有其他一些表述(Policr. IV.2, V.2)。虽然国王垄断了代表性,但是,值得指出的是,"代表"一词毕竟开始进入人们的观念。王权神授仍然是约翰的主导观念,但是,古典的影响得以显现,这对于君王法(lex regia)的各种潜能或许构成干扰,[121]并将国王带入一种代表关系,代表着作为一种世俗单元的国家。

在迪金森(Dickinson)为其译本所作的出色导论中,他强调,由注释学家对君王法所作的解读是较晚的,至多也只是与其堪堪同时。然而,如果考虑到约翰熟悉罗马法,而且,如果进一步考虑到一种"影响"的推动因素在于接受建议的意愿——而约翰的开阔心胸是毋庸置疑的——那么这种影响可能就是间接的。

三 国 家

在任何一种世俗力量(国王、贵族、人民)作为代表符号出现

第六章 萨利斯伯瑞的约翰

之前,必须将政治共同体本身确立为一种世俗符号。在这个方面,《治国者》取得了突出的进展。萨利斯伯瑞的约翰从一份他人伪造的材料——他以为是普鲁塔克的《图拉真的制度》(Institutio Traiani)——借用了国家与有机体的类比。① 国家是一个身体,由神意眷顾而得到生命;教士是它的灵魂,君主是它的头脑,公共官员对应于该身体的其他部分,往下直到那些立足于泥土中的农夫。

在政治思辨中运用有机体类比并不是件新鲜事。但是,这项运用所针对的对象在当时却是新鲜的。正如我们所见,柏拉图的所谓有机体理论是一种关于灵魂的神话。基督教的神秘体所指的并非共同体的身体,相反,共同体是基督的身体。另一方面,在《治国者》中,共同体的确被视为身体,作为尘世之中的单元在世上遍布、扎根。

我们在这里看到一项处于萌芽阶段的真正的召唤行为:试验性地将国家召唤为尘世之中的政治行动单元。但这一召唤仅仅是试验性的;在我们认识封闭的主权国家之前,仍有很长的路要走。在约翰的著作中,当他谈到国家时,他悬置了他所指的单元是什么这个问题。他确实避免将神圣帝国径直称为基督教国家,但他同样未将王国(例如法兰西或英格兰)称为国家。这一悬置理应使我们意识到来自情感方面的抵制,在新的时代结构能找到直接的符号化表述之前,必须克服这种抵制。[122]在前一世纪里,教宗试图创造一批依附于教宗的公国,这就表明这样一种假定:没有哪位君主胆敢像博丹所说的那样,[王权]直接来自"上帝和他的剑"(de Dieu et son épée),而是要在神圣帝国的精神权威中寻求正当性的庇护。

---

① 关于《图拉真的制度》,参见 *Policraticus*, ed. Webb, 1:280n。

四 诛杀暴君

现在,我们已经了解了萨利斯伯瑞的约翰的政治思想所具备的潜能,以及这些潜能可能实现的程度。关于世俗政治的理论还未能采取一种连贯体系的形式,而不得不停留在以彼此间并无联系的方式对若干问题进行攻击这样一种层面上。处于政治状态中的人呈现为一种新类型,但这一分析并未彻底脱离善人与恶人等古老范畴;国王表现出一种成为国家代表者的倾向,但权力神授最终还是得到了保留;通过有机体类比,国家呈现为一个世俗单元,但关于帝国之外的政治单元的问题仍然悬置不论。

这种在承认世俗力量与不愿放弃古老模式之间徘徊不定的情感充分体现在约翰的诛杀暴君理论中。在说明该理论时,很容易纠缠于无关紧要之处。人们会指出如下事实:在关于暴君的基督教理论历史上,这是首次有思想家支持谋杀,而且此后的诛杀暴君论支持者都以约翰来支持他们的理论。但是,这并未解答如下问题:为什么突然之间个人就被赋予了这种权力,而这种理论又为什么在 16 世纪之前并不能得到许多支持?人们会指出,约翰提到过许多在《圣经》之中和古典时代出现的诛杀暴君案例,目的是使他的理论具有广泛的历史权威。但是,问题在于,这么多在约翰之前就已为人所知的案例,为什么这时才为了这个目的而被收集起来?一些史学家甚至将批评的矛头指向该理论可疑的道德品质,而不是去探究它所体现的情感。

该理论的困难在于其系统性的模糊。一方面,如果个人有权利运用自身判断力来评判政府行为,甚至走向杀死统治者这

第六章　萨利斯伯瑞的约翰

种极端,那么,该理论就是世俗力量最猛烈的爆发。[123]另一方面,如果世俗的政治实在被归结为个人——作为政治实在之唯一代表者的个人,那么,该理论就体现了一种极端的片面性。随着统治者的地位上升为世俗的绝对君主,其意志就是法律,诛杀暴君理论就不得不退避三舍,但并未彻底消失。只有当16世纪的大众宗教运动使个人重新成为原动力时,这种诛杀暴君理论才能获得新的力量。

尽管《治国者》并未导致连续出现一系列探讨诛杀暴君问题的理论,但它仍很重要,因为它揭示出,个人是新型世俗情感的源头。君主的绝对王权论并非一种原创;它是对绝对个人这一原型的模仿;而且,在所谓自由时代,当个人作为民族资产阶级的成员,具有封建环境中作为城镇公社成员的个人所无法想象的政治分量之时,君主的绝对王权论必定会为个人的绝对王权论所取代。

世俗力量不得不以极端个人主义的形式出现,因为政府结构的其他层面上的反作用力仍然付诸阙如。《治国者》中的统治者既不是根据"国王意志即最高法律"(regis voluntas suprema lex)原则行事的绝对君主,也不是根据国家代表机关的同意而行事的有限君主。这种统治者不是最高立法者;他位于法律之下,而法律是一套固定的规则,由圣经准则和与神圣法层级相同的罗马法构成。法律就像天空,涵盖所有人,而国王位于法律之下,与其他人平等。法律尚未被区分为高级法和实定法,因为作出这种区分的前提是存在着代表机构,由其垄断从高级原则到共同体实定法的转化。

在这种情况下,好君主就是遵守法律,并且在治理过程中不偏离公正意图的国王(8.7;4.1,2)。暴君是其自身欲望的奴隶,压迫人民，而不是保护他们的自由（8.17）。由于每个人都知晓法律，并且能在智慧的指导下解读法律，所以每个人都被号召要对统治者的品格形成自己的意见。当统治者行为暴虐时，他就将自身置于法律之外，而处死违法的统治者就会成为个人的责任，[124]因为若非如此，个人就会犯下"损害自身和人世间的国家整体的罪行"（3.15）。①

然而，约翰的态度并非绝无妥协余地。在《治国者》的大量段落中，国王以受命于上帝的形象出现，而坏国王，作为对桀骜不逊民族的惩罚，必须耐心地忍受，直到上帝通过施加外部干涉而解除惩罚为止。如果我们分析一下约翰在运用《马太福音》26章52节以支持诛杀暴君时的言下之意，那么，约翰的困难与犹豫或许就能得到最好的理解。"凡使剑为生的必死于剑下"，这通常被理解为劝告人们要顺从暴力、不予抵抗。

但是，这种解释并不契合该段落的上下文。在客西马尼②的戏剧性场景中，耶稣劝诫彼得放下他的剑，因为那时的抵抗会干涉神定的救赎计划："若是这样，经文如何应验呢？"（太26：54；另见约18：11）凡拔剑之人必属于尘世，并将受尘世法律之苦。彼得属于并非尘世的那个王国，而在这个新的上帝国中，剑并无用处。教会对于将要到来的这个王国的期望是理解这句话的前提。倘若抛开上下文来理解，那它显然是荒谬的，因为不抵抗就最容易死于剑下，而拿起剑的人则很有机会不死于剑下。

在《治国者》的论述中，上述这个段落的含义必须发生改变，因为萨利斯伯瑞的约翰并不生活在终末期盼中。相反，与世界

---

① 关于该法学与王权理论，以及在诛杀暴君问题上的一般性理论背景，参见迪金森的译本导论。

② [译按]客西马尼，耶路撒冷郊外的一个花园，耶稣被捕和蒙难地。

第六章　萨利斯伯瑞的约翰

的共处得到了完善,以至于世界的内在结构本身开始决定共同体的秩序。生活在尘世中的约翰必须思考这样一个微妙的问题:拿起剑的人将死在谁的剑下?这个问题在福音书中并不重要。由于不可能指望暴君用他自己的剑消灭自己,而非基督教徒则未准备好完成这一任务,所以必须由某个基督教徒来完成它。在萨利斯伯瑞的约翰看来,之所以必须由个人来担任执行者,①是因为尚不存在代表着共同体抵抗力量的机构。

此后数百年间,对于诛杀暴君的反对总是以社会秩序面临的危险作为决定性的论证。[125]清除统治者的权利被保留在具有代表性的集体行动中。这种理论的盛衰严格地取决于思想家如何看待特定局势中的集体抵抗机构的现实存在。每当代表机构的抵抗瓦解时,诛杀暴君就像是纠正不义政府的最后屏障:例如,当国家被入侵之敌颠覆,人民面临民族灭绝的威胁时,当游击战或者个别地暗杀占领军成员成为唯一可能的抵抗形式时。一旦基督教确立了与文明的共处之后,就不可能将《马太福音》26 章 52 节解释为一条不抵抗规则。当基督教世界变成一个我们想要在其中生活并且发展文明价值的世界时,用约翰的话说,不抵抗就变成"损害自身和人世间国家的罪行"。②

---

① [译按]"执行者"的原文是 executor,兼有"刽子手"之义。
② [译按]"人世间国家"的原文为 the early commonwealth[早期国家],文意不通,疑为"the earthly commonwealth"之误(参见本书第 144 页注释①处的引文),译文据此译出。

第七章 约阿希姆

> 来自卡拉布里亚的约阿希姆，一位富有先知精神的修道院长。

一 基督教历史的结构

[126]在《治国者》中，新时代的情感表达在充满新鲜气息的性格论中，表达在政治人的与国家的世俗力量中，表达在赋予个人以评判统治者的权力和责任这一激进步骤中。在菲奥雷的约阿希姆那里，这种情感达到了反思型意识的阶段：时代的结构成为主题。约阿希姆的主要观念可以简要表述如下：世界历史表达在三个王国——从亚当到基督的圣父王国，从基督到1200年的圣子王国，从1200年到审判日的圣灵第三王国——前后相继的出现中。然而，这个观念却牵涉到为数众多的问题，因此我们眼下只能涉及其中一些。

三个时代的理论，对应于三位一体论的三个位格，这种类型的符号化思辨在基督教早期就已在圣奥古斯丁的符号化表达中达到了巅峰。这种符号化表达采用了属灵理智(spiritalis intelligentia),即通过诸如三位一体、六日创世、希伯来历史中的代际族群等神圣原则来对尘世的内容获得属灵理解。① [127]显然,这种方法的结果不会是一幅理性、科学的世界画面,而且来自进步论的批评也不能改变这幅画面。符号化思想的运动只能起源于情感领域,这些情感决定着符号化方法所要达成的目的。

关于历史结构的奥古斯丁式情感一直在中世纪占据主导地位,直到12世纪,局面才逐渐发生变化。在这个方面,约阿希姆本身的情感标志着一场演变的终点而不是开端。自孟他努(Montanus)②富有先见之明地用三个位格的图式召唤基督时代之后的圣灵时代以降,三位一体论的范畴就或多或少地处于背景中。从鲁珀特(Rupert of Deutz,1075—1129)的《论圣三一及其作为》(De sancta trinitate et operibus eius,约1110年)开始,出现了一系列符号化理论建构,它们再次以三位一体论作为主要范畴来表述各个时代的接续。在鲁珀特的著作中,圣灵时

---

① 关于这种符号诠释方法的早期论著是 Saint Augustine, *De doctrina christiana*, in Migne, *PL*, vol.34, col.15—21; recent edition by Joseph Martin, in *Opera*, vol.32 (1962); English edition: *On Christian Doctrine*, trans. Durant W. Robertson Jr. (New York: Liberal Arts Press, 1958); and Eucherius of Lyons (d. 452), *Formulae spiritalis intelligentiae* (Augsburg: Guenther Zainer, 1473)。关于约阿希姆的符号化方法和其他基督教思想家的符号化方法之间的联系,比较 Joachim of Fiore, *Scritti minori*, ed. Ernesto Buonaiuti, Fonti per la storia d'Italia pubblicate dal Istituto storico italiano per il Medio Evo, scrittori, seculo XII, no.78 (Rome: Tipografia del Senato, 1936), pp. LXXXIIIff.; and Herbert Grundmann, *Studien über Joachim von Floris*, Beiträge zur Kulturgeschichte des Mittelalters und der Renaissance, vol. 32 (Leipzig and Berlin: Teubner, 1927; rpt. Stuttgart: Teubner, 1975), chap.1。

② [译按]孟他努,公元2世纪时小亚细亚和北非的基督教异端孟他努派创始人。

代尚未区别于奥古斯丁的衰老时代,但问题已经提出来了。

Rupert of Deutz,《论圣三一》,Migne 编,《拉丁教父集》(PL),卷 167,第 198 页以下:"从创世直到末世,同一个三位一体有三重作为。第一重作为,由第一道光开始直至第一个人的堕落。第二重作为,从第一个人堕落直到第二个人即圣子耶稣基督受难。第三重作为,从耶稣基督复活直到时间完满即死人复活。第一重作为当然属于圣父本身,第二重作为的确属于圣子本身,第三重作为却属于圣灵本身。"新版见 Hrabanus Haacke 编,《基督教文集:中世纪续》(Corpus christianorum, Continuatio medievalis),卷 21—24 (Turnhout: Brepols, 1971—1972)。

在霍诺留(Honorius of Autun,又名 Augustodunensis)的《荣耀大全》(Summa gloriae,约 1120 年)中,新情感的动机首次得到了表达——基督时代不仅仅是一个仍需等待到来的时代,更具有由五个时代构成的内部结构,这五个时代分别以使徒、殉教者、教父、修道修会,以及最后敌基督的出现为标志。于是,五个后基督时代就与奥古斯丁的五个前基督时代形成平衡,[128]而当前是修道修会时代。

最后,在哈弗尔贝格的安瑟尔姆(Anselm of Havelberg,1100—1158)的《论一种信仰形式与多种生存方式》(Liber de una forma credendi et multiformitate vivendi,1135)中,出现了对该问题的关键讨论。身为被派往君士坦丁堡的使节,安瑟尔姆开始思考不同的基督修会(religiones)的意义,尽管教会的统一是必须的。他看到拉丁—希腊分化现象又出现在修会机构的建立中,对此给出了心理学上的解释,即习惯会使精神松懈,而为了使基督教精神达到前所未有的完美,必须革新修会机构。教会是统一的,但其中的修会则多种多样,而且必须随时代变化;多样化的修会使教会常保活力。

每个时代都在精神恩典和对真理的理解上有所进步;精神在这些时代中日趋圆满,直到在尘世之外、在上帝的永在之中达到精神的最后时代。当前时代是精神正走向成熟的时代。奥古斯丁的悲观主义被克服了;基督时代本身具有一种有意义的结构;精神向着完美进步,而进步的保证在于更为完美的修道修会的出现。①

二 三个王国

我们已选取了三本著作,它们展现了新情感及用于表达新情感的符号化表述的发展,但这些著作并非仅有的个例。当时普遍存在着这样一种感觉,即修会的兴起标志着不断进步的宗教灵性,它开启了基督教生活的新阶段。② 需要借助约阿希姆的启示经验才能准确描述这种情感的潜能,并创造基督教历史的新模式。决定性的步骤是关于第三王国的观念,它并非永恒的安息日,[129]而是将遵循圣子之意作为人类历史的最后一个时代。西方文明通过这一步骤获得了关于尘世的有意义未来的观念。人类历史是一场精神发展的进步过程,由前摩西的自然法开始,经过摩西和福音书的律法,直到完全实现精神自由。历史进程被分解为三个神圣位格的王国,而且,由于这三个时代的内在结构相同,所以第一王国业已完成的进程构成一种模式,我们能通过这种模式来理解正接近完成的第二王国的结构。由于

---

① 关于对约阿希姆观念中包含的各种思想流派的概述,参见 Grundmann, *Studien*, chap.2; and Dempf, *Sacrum*, pt.2, chap.6。关于对登普夫论断的一些修正,参见 Buonaiuti 为 Joachim 的 *Scritti* 所作导论,页 LIII 以下。
② 关于这方面的例子,参见 Ernst Benz, "La messianità di S. Benedetto," in *Ricerche Religiose* 7 (1931): 336—353。

我们知道整个进程所遵循的规律,所以我们能确切指出目前已到达什么位置,甚至能预测未来的事件。

一个王国的进程包括一个预备阶段(从亚当到亚伯拉罕,二十一代人),随后是开初阶段(从亚伯拉罕到乌西亚,二十一代人)和成熟阶段(从乌西亚到撒迦利亚,二十一代人),其中最后一个阶段同时也是下一个王国的预备阶段。因此,各王国本身持续四十二代人的时间;由于基督王国中每一代人的时间是三十年,所以第二王国将结束于 1260 年。这个日期又被提前到 1200 年,因为在第二王国本身之前是一个较短的预备阶段,由撒迦利亚和施洗者约翰(John the Baptist)这两代先驱者构成,于是约阿希姆就处在第二王国的终结处,能成为第三王国的先知。① 每个王国均以三位领袖标志其开端,[130]其中有两位先驱者,以及王国领袖本身及其十二个儿子(亚伯拉罕、以撒,以及

---

① 约阿希姆的主要著作大致写于 1190 年至 1195 年间。以下是用到的著作。*Concordia novi ac veteris testamenti* (Venice: Luere, 1519; rpt.Frankfurt: Minerva, 1964)。Recent edition: *Liber de concordia novi ac veteris testamenti*, ed. Daniel E. Randolph, Transactions of the American Philosophical Society, vol.73, pt.8 (Philadelphia: American Philosophical Society, 1983)。*Expositio in apocalipsim* (Venice: Bindoni and Pasyni, 1527; rpt.Frankfurt: Minerva, 1983; Chiaravalle: Edizioni Frama Sud, 1983)。*Tractatus super quatuor Evangelia*, ed. Ernesto Buonaiuti, Fonti per la storia d'Italia pubblicate dall'Istituto storico italiano per il Medio Evo, scrittori, seculo XII, col. 67 (Rome: Tipografia del Senato, 1930; rpt.Turin: Bottega d'Erasmo, 1966)。Joachim, *Scritti*。关于菲奥雷的约阿希姆,除了以上所列格伦德曼(Grundmann)和登普夫的研究外,还可参见 Ernesto Buonaiuti, *Gioacchino da Fiore, i tempi, la vita, il messaggio*, Collezione di studi meridionale, vol.14 (Rome: Collezione Meriodionale Editrice, 1931); Henry Bett, *Joachim of Flora* (London: Methuen, 1931)。关于约阿希姆研究的文献概述,参见 George La Piana, "Joachim of Flora: A Critical Survey", *Speculum* 7 (1932): 257—282。Buonaiuti 在 *Ricerche Religiose* 4—6 (1928—1930)中发表的六篇论著实际上已被融入他为 *Tractatus* 和 *Scritti* 所作的导论中。

雅各和他的十二个血缘上的儿子；撒迦利亚、施洗者约翰以及作为人的基督和他十二个精神上的儿子）。因此，跟随约阿希姆而至的第三王国将以两位先驱者作为开端，随后将在第三代出现一位新领袖——巴比伦之王（dux e Babylone），他将成为圣灵王国的立国者。

三　新政治思辨中的经常性因素

至此，约阿希姆的观念已形成一套用于解释时代的形式因素。自那时起，这些因素便一直单独或联合地作为西方主流政治思辨的一部分。

（一）历史的意义

首先，历史必须有一个可理解的结构。当前时代必须不是一个无意义的过渡时代；它必须是向着某个特定目标前进的有意义步骤。奥古斯丁式悲观等待——等待无结构的时代终结——消失了。为了对当下加以有意义的解释，有若干种模式可供选择。我们能检选出直线进步模式，使当下成为处在较不完美的过去与更为完美的未来之间的一个步骤，这种功能充分揭示了当下的意义。康德的历史理论是检选这一模式的一个很好例证。

或者，我们能将这种王国模式与进步路径相结合，从而得出结论：当前时代是第三王国，或者是紧邻它之前的时代。孔德（Comte）和黑格尔（Hegel）的体系属于上述第一种次级类型的第三王国思辨；费希特（Fichte）和谢林（Schelling）的体系属于第二种次级类型。① [131]再者,关于王国内在结构的知识能够成为关于当下和未来的各种思考的基础,其方式是将当前未完成的王国与已走过其历程的王国相比较,例如斯宾格勒(Spengler)或汤因比(Toynbee)的预测技艺那样。

尽管这三种可能性都隐含在约阿希姆的理论中,但还有一种模式也出现在约阿希姆的后期思辨中——这种模式的隐含方式不同:在衰落模式中赋予当前时代某种特定地位。阻碍精神进步的因素并非内在于发展过程,而是希伯来和基督教历史中的一条平行系列,它由不断袭扰的外部敌人构成,以敌基督的出现为顶峰,而他将被彻底击败。在约阿希姆的经验中,并不存在关于历史固有之罪恶的情感。另一方面,我们应当注意到,某些现代衰落哲学,例如斯宾格勒关于农业文明作为一种文化最后阶段的观念,在情感上与奥古斯丁的衰老时代学说,而非约阿希姆的乐观期望情感有着更紧密的联系。

(二) 政治思想家的功能

第二个形式问题关系到政治思想家的特定历史地位。我们已经看到,约阿希姆不仅对时代结构本身感兴趣,而且很注意确立他自己在第二王国终结处的地位,以便证明他作为《新约》与

---

① 谢林专门提到菲奥雷的约阿希姆的思辨,认为与自己的思想相似,但却否认受到其直接影响。参见 Friedrich Wilhelm Joseph von Schelling, *Philosophie der Offenbarung*, in *Werke*, vol.4 (Stuttgart and Augsburg: Cotta, 1858), 298. New edition: in *Werke*, ed. Manfred Schröter (Munich: Beck and Oldenbourg, 1927—1928), supp. vol.6. Recent editions: *Philosophie der Offenbarung*, ed. Manfred Frank, Suhrkamp Taschenbuch Wissenschaft, vol.181 (Frankfurt: Suhrkamp, 1993); and in *Historisch-kritische Ausgabe*, ed. Manfred Dürner (Stuttgart: Frommann-Holzbog, 1994—)。

《旧约》之一致性(concordia novi ac veteris testamenti)的解读者是完全正当的。他关于新领袖的预言并非得自灵感,而是根据某种符号序列的规律计算得出的,而这种序列则是他通过一段时期的思辨而受到的启示。他并非作为一个灵性先知来进行预测,而是基于某种"规律",该"规律"得到历史中的两轮完整循环的支持。①

在观念与思想家的历史地位之间存在的这种独特的辨证关系(即历史地位使思想家能得出观念,而观念又确立他的历史地位)再次出现于民族国家时代政治理论的宏伟体系中。当时,出现了重构时代的要求,以便将有意义的地位赋予各领导民族及代表这些民族的思想家。[132]我们在法国的博丹、意大利的维科(Vico)、德国的费希特和黑格尔、俄罗斯的陀思妥耶夫斯基(Dostoyevsky)那里都看到这种关系;在诺曼征服之后的英格兰,《约克论集》是我们在这方面所遇到的最早事例。

(三) 第三王国的领袖

关于新王国的思辨的第三项形式因素是"领袖"(dux)这个符号。之所以称之为形式因素,是因为我们在这里关注的并不是超凡魅力领导权本身(它显然会出现在与世俗结构问题毫无关系的情况下),而是那种将一个时代的开启同某个象征性人格的出现相联系的理论模式。在这个问题上,我们必须注意约阿希姆受到的巨大限制。就新时代的引入而言,他的个人参与局限于理解世界的秩序,以及为了同时代人的利益而向他们说明

---

① 关于约阿希姆先知论(prophetism)其他方面的内容,参见 Buonaiuti 为 *Tractatus* 所作导论,页 LXII 以下。

这种理解。在此后的思辨中,这种局限一直是一种典型因素,因为在我们的基督教文明中,一个时代的象征性(symbolic)领袖总会处在作为基督时代之王的基督的影子下。

一个崭新的时代必须由一个替代基督的人物来开启。通过一位领袖来象征(symbolize)时代,这无疑是一种强有力的倾向,正如一种新势力在奠定之时通常也会热衷于发展出一整套符号(symbolic)模式。然而,即使是就希特勒这一案例而言,各种弥赛亚式解释也仍然停留在文字游戏的层面上。在西方世界,各个新王国的超凡魅力领袖并未超越由基督时代确定的世俗结构。

四 自主人的兄弟情谊

对基督时代加以极端化的重新解释,认为它预示着某种新的神意,这最有力地证明,的确存在为了在时代中留下签名而急于自我表现的新势力。但我们还不知道这些新势力是什么。[133]在这方面,约阿希姆的体系既予人启迪,又令人失望。它之所以予人启迪,是因为它以堪称经典的方式为我们展现了一种出自某种共同体经验的政治观念;它之所以令人失望,是因为他对经验的选择十分狭隘,以至于这种召唤无法在更加广泛的历史中起作用。

在召唤新时代的过程中,作为原型的社会共同体是修道修会。在上一章中,我们追溯了西方精神的形成历程,从前后相继的修会到克莱沃的伯纳德的成熟,以及军事修会和托钵修会的行动主义。在约阿希姆建立他自己的佛罗伦萨修会之前,他是一名西笃会僧侣。各西笃会修道院不仅是宗教改革的中心,而且是农业经济企业,通过俗家兄弟制度将相当可观的乡村民众吸纳到其行列中,使他们由此获得不受封建规约束缚的自由,并获得自主的道德和精神人格。西笃会主义对封建社会的较低阶层必定具有一种功能,犹如加尔文主义对新兴的资产阶级、马克思主义对19世纪的工人所发挥的功能。西笃会形式的修道运动已具有与封建环境针锋相对的民主运动特征,因为它严格执行伯纳德唯灵论层面上的本笃守则,从而呈现出一个[与尘世]相反的世界:它团结、朴素、清贫,且讲求工作纪律,比世俗教士和封建教会更真实地体现福音书精神。①

约阿希姆理论建构的内容是由这种西笃会环境产生的情感决定的。三个王国的特征在于法、恩典和精神的主导性。第一王国由世俗人士的生活所主导,第二王国由教士的行动—沉思生活所主导,而第三王国将由僧侣的完美沉思生活所主导。在精神史的层面上,属灵理智将来自《旧约》和《新约》,正如精神(圣灵)来自圣父和圣子;精神在展现自身时采用的社会形式将是一种新秩序;生活的完善取决于沉思、自由和精神这三项因素。

[134]精神的又一次降临是一个位于福音书历史之外的事件,该历史构成第二王国;在四部福音书之后,将会出现第五部福音书,即《启示录》14章6节所宣布的"永恒福音"(evangelium aeternum)。这不会是一部成文的福音书,而将具有现实性的精神,它将身处该秩序之中的成员转变为[第三]王国的成员(比较《马太福音》4章23节提到的"天国的福音"[evangelium regni]),无需以传播恩典的圣礼渠道作为中介。教会在第三王

---

① 关于这个问题,比较 Ernesto Buonaiuti, "Gioacchino da Fiore, San Bonaventura, San Tommaso," *Ricerche Religiose* 6 (1930):290。

国里将不再存在,因为每个人都将具备完美生活所必需的超凡魅力禀赋,无须教士施行圣礼。

　　这些符号化理论建构的成就在于召唤关于人的新观念,人具有自主、自由的精神人格,能形成兄弟般团结的共同体,独立于封建的教、俗社会组织之外。具有成熟精神能力的人成为共同体的潜在组织者。我们能看出,《约克论集》的理智新教主义(intellectual protestantism)、萨利斯伯瑞的约翰的诛杀暴君个人主义,与约阿希姆关于人从一个垂死时代的教、俗社会形式中解放出来的观念之间,存在着联系。而且,我们能辨识出作为新情感之承载者的社会力量——它们已越出巴塔里亚的城镇居民和不问世事的知识分子的范围,扩展到乡村人口之中;约阿希姆本人可能就出身于农民。但是,该观念的局限性也同样明显。第三王国是由宗教精英构成的。

　　这使基督教在尘世间得以发挥效力的那种文明妥协消失了;新王国不容许人的弱点存在,也不容许存在自然禀赋的多样性。神秘体观念中的人文财富湮没于由精神上成熟的人物所秉持的贵族平等主义之中。约阿希姆的召唤会形成一个宗派,而不是一个民族的组织。他的理论建构发现了解决时代问题的最普遍模式,因为这一建构来自精神中心,但是,受局限的社会内容使该观念停留在阿奎那之前的时期所特有的层次上。约阿希姆的成熟精神人物以萨利斯伯瑞的约翰的政治人和《约克论集》的独立知识分子为榜样。骚动不安的世俗力量正在扩大其范围,但新的综合尚不为人所知。

第八章 圣方济各

> 首先必须知道蒙福的我们的父亲方济各的一切行动都与基督相像。
>
> ——《方济各行述》,卷一章1

一 《美德颂》

[135]作为那个时代的象征性人物,阿西西的圣方济各和菲奥雷的约阿希姆有着很密切的联系。若不是约阿希姆的预言为方济各会士们的解释提供了符号模式,圣方济各不会被他们视为开启了基督教历史新时代的决定性人物;若不是圣方济各的出现似乎证实了约阿希姆关于新时代领袖(dux)的预测,他的预言不会对13世纪和但丁施加强烈的影响。

在解读圣方济各时,正如在解读约阿希姆时那样,我们必须注意在其观念和行为之间存在的独特辨证关系。圣方济各的学说是一套关于兄弟般友爱、清贫、服从和顺服的原则。圣方济各的行为是革命性的；它出自一种自信、坚毅、充满支配欲的意志，为质朴的俗人，即没有封建或教会品阶的常人（idiota）创造出一种生存方式，使其得以与具有精神权威和世俗权威的两大集团并列。在这一时代的召唤行为中有一项共同因素，即人力的冲动，目的是在一个已为既有的权势者所主导的基督教世界中寻求自身的地位。①

[136]为创建一个集团，哪怕是一个友爱的集团，也需要采取残酷无情的行动，招致世人怨恨。在圣方济各所著《美德颂》(*Praise of Virtues*)中，充满着这种具有悲剧色彩的必然性。②服从，这一美德的功能在于使身体完全受制于精神的法，从而使人臣属于他的同胞；而且，他不仅要臣属于同胞，也要臣属于"依

---

① 关于圣方济各，参见 Paul Sabatier, *Vie de St. François d'Assise*, definitive ed. (Paris: Fischbacher, 1931); English edition: *Life of St. Francis of Assisi*, trans. Louise S. Houghton (New York: Scribner's, 1894, rpt.1938)。进一步参见 Henry Thode, *Franz von Assisi und die Anfänge der Kunst der Renaissance in Italien*, 2d ed. (Berlin: Grote, 1904); Vida Scudder, *The Franciscan Adventure: A Study in the First Hundred Years of the Order of St. Francis of Assisi*, 2d ed. (London: Dent, 1931); Dempf, *Sacrum*, pt.2, chap.8; John R. H. Moorman, *The Sources for the Life of St. Francis of Assisi* (Manchester: Manchester University Press, 1967)。Recent editions and translations: *Gli scritti di S. Francesco d'Assisi*, ed. and Italian trans. Kajetan Esser (Padua: Edizioni Messagero, 1982); *The Writings of St. Francis of Assisi*, trans. Placid Herrmann (chicago: Franciscan Herald Press, 1976); and *The Writings of St. Francis of Assisi*, trans. Ignatius C. Brady and Gian Luigi Uboldi (Assisi: Casa Editrice Francescana, Edizioni Porziuncola, 1983).

② Sanit Francis, *Laudes de virtutibus*, in *Analekten zur Geschichte des Franziskus von Assisi*, ed. Heinrich Böhmer and Friedrich Wiegand, Sammlung ausgewählter kirchen-und dogmengeschichtlicher Quellenschriften, new series, 2d ed., vol.4 (Tübingen: Mohr [Paul Siebeck], 1930, rpt.1961). English edition: *The Writings of St. Francis of Assisi*, trans. Paschal Robinson (Philadelphia: Dolphin Press, 1906).

他们所愿,施加于他的任何野蛮行径,只要这是上帝允许他们做的"。圣方济各这种激进的不抵抗和平主义似乎与萨利斯伯瑞的约翰倡导诛杀暴君的暴力原则截然相反;但这种印象并不可靠。这些美德具有清除罪恶的武力功能,而那些被清除的罪恶仅仅偶尔是以其美德来执行清除工作的人自己的罪恶;多数情况下,它们是"世界"(mundus, saeculum)的罪恶。

如果认为这里的美德和罪恶等伦理范畴仅仅指涉个人的性格,那就不可能理解这种方济各式态度。在《美德颂》的语境中,美德和罪恶是两种力量,源自善与恶这两种至高权力,源自上帝和撒旦,并且占据人心。美德反对罪恶的斗争变成一项集体事业;一个集团的美德具有"清除"另一个集团罪恶的功能。这种关于善恶斗争的观念明显带有摩尼教内在论(Manichaean immanentism)的痕迹,尽管它在表述上并不严格。必须以质朴来清除尘世间的机巧;必须以清贫来清除尘世间的羁绊;必须以谦卑来清除骄傲,尤其是"尘世间的所有人和尘世间的所有事物"。

[137]因此,对美德的拥有就构成对尘世,连同对家庭、财富、继承、政府权威和理智文明等机制的反对。这种反对所采取的社会形式是通过个人布道而传播有关美德的讯息。除了这种常规形式外,当圣方济各感到体力不支,以致无法亲自布道时,他也发展出了公开信的形式,将他的讯息传达给信众。这些信件中最重要、因其质朴的尊严而最为著名的是 1215 年的《致所有基督教徒》。① 这封由一位俗人致所有基督教徒的信,体现了一位城镇居民出身,后来获得崇高地位,能像教宗或皇帝那样对

---

① *Opusculum commonitorum et exhortatorium (Epistola quam misit omnibus fidelibus)*, in *Analekten*, ed. Böhmer and Wiegand, 33ff.

基督教世界发表谈话的人所具有的新情感。①

二 清贫生活

以福音忠告的名义抨击尘世似乎重新点燃了对尘世之外的那个王国的终末论期望。然而,这是误解。圣方济各创造了一种生活观念;作为一种生存方式,这种生活与基督保持一致。他的力量与弱点均在于此。实际上,他努力执行菲奥雷的约阿希姆所提出的事业规划:在尘世建立一种由精神主导的新秩序。因此,他的语言和态度始终模棱两可。当他抨击这个"世界"(即 mundus 或 saeculum)时,他使用的是福音书的词汇,但并不总是按照福音书的含义。人们不再因为天国近了而被要求忏悔(太 3:2);相反,清贫、顺从的生活因与救世主的生活一致,而被作为尘世的永恒规则得到倡导。

因此,圣方济各的著作包含着完全相互矛盾的因素。例如,《第一守则》(*First Rule*)概述了"福音生活"(vita evangelii),[138]并得到英诺森三世的口头赞成。② 在该书第一章,我们看到一份关于福音书中一些段落的列表,这些段落劝告人们要恨自己的父母,要毫不留情地与家庭及其义务决裂,以便能戴上十字架并追随主。基督的终末勇气再次出现,而且,这种勇气不是

---

① 圣方济各的其他信件具有同样的权威,但面向的是范围小得多的对象。比较 *Epistola ad populorum rectores* 和 *Epistola ad capitulum generale*。这些信件通常被归为一类,即劝诫书,尽管很难看出 *Epistola ad capitulum generale* 和面向"所有修士"的 *Verba admonitionis* (in Analekten, ed. Böhmer and Wiegand, 27ff.)有何截然不同之处。
② *Regula non bullata quae dicitur prima*, in *Analekten*, ed. Böhmer and Wiegand, 1ff.

只出现在《守则》的字面上,而是也出现在圣方济各对待自己父母的行为中。另一方面,对于神圣教会——作为上帝之子在尘世间唯一的肉体证据,圣方济各是无条件接受的。① 他不愿将生活的福音书式完善化直接建立在福音书的基础上,而是对教会保有一种情感,这令我们想起圣奥古斯丁的名言:"若非教会,不信基督。"

三　顺服于教会

这些深刻冲突有助于我们更加精准地确定圣方济各在其时代中的地位与功能。针对既有权势者的反抗精神正遍及西方世界,从知识分子到城镇居民和农民。这场运动变得愈发针对社会上包括施行圣礼的教会在内的封建组织。当这场运动能得到大众支持时,它必定会采用宗派团体的形式,故意地,或者由于时势的压力而与教会发生摩擦,因为对福音书式完善化理想的回归是唯一可供当时的基督教文明使用的革命性符号化表达。因此,我们不必过多纠缠于圣方济各对贫穷夫人(Lady Porerty)的颂扬是否受到他对里昂穷人会各种理想的了解的影响,因为清贫理想,连同福音书的其他劝诫,在任何情况下都必定是这场革命的符号。

使圣方济各有别于其他宗派领袖,使他成为一名圣徒而非异端首领的,是他令人信服的真诚,对他倡导之理想的身体力行,[139]他的魅力,他的谦逊,以及他超凡脱俗的天真。至于他

---

① *Testamentum*, in *Analekten*, ed. Böhmer and Wiegand, 24ff. 试比较他的忏悔:"我们向来非常愿意呆在教会当中。对于所有人而言我们向来是无知者和卑贱者。"

对教会的顺服和他对基督教穷人友爱关系的信念，唯一的解释只能是，他不谙世故，而这源自他伟大的纯洁心灵。从他的《遗嘱》(Testament)对修士提出的劝诫中，可以强烈感受出他必定遭遇的失望：保持他的《守则》质朴无华，不得增删，不得修饰，不得将《遗嘱》解释为一部新的《守则》，不得从库里亚那里寻求任何形式的特权。① 尘世并未在他的抨击下让步，相反，却侵蚀了他所提倡的兄弟情谊。

他的圣洁秉性在政治领域具有深远影响。在英诺森三世不得不对阿尔比教派发动十字军东征的同时，他也能认可圣方济各的《守则》。如果我们考虑到圣方济各的诉求、方济各会的迅速传播，尤其是民众对第三修会的大量参与，②那么，若不是教会借助圣方济各的人格吸收了这一运动，并将其纳入教会组织之中——这主要归功于奥斯蒂亚的乌戈利诺枢机主教(Cardinal Ugolino of Ostia)的政治智慧，他是方济各会的保护者，后来成为教宗格雷高利九世(1227—1241)——我们很难想象这场社会革命将采取何种形式。令方济各会运动转而采取教会控制下的形式，这使教会获得新的生命力，直到自下而上的民众运动最终在宗教改革时期扰乱了中世纪制度。③

四　俗　人　教　会

圣方济各的观念、行动和成效揭示出已降临到基督的神秘

---

① [译按]这里的"库里亚"(Curia)指的是罗马教会中由高级神职人员组成的一个机构，任务是协助教宗处理教内事务，尤其是法律事务。
② [译按]所谓"第三修会"，一般指认同某修会宗旨的外围组织。
③ 关于这场不受教会控制的民众运动，参见《政治观念史稿（卷四）：文艺复兴与宗教改革》，第四部分，第三章，"上帝的子民"。

体的疾病,以及它正在经历的转变。在前面的章节里,我们特别提到过基督教从地中海城镇环境转移到以乡村为主导的社会。随着这一转移,基督教生活的动力从共同体转到了精神与世俗等级体系中。[140]自12世纪以降,作为一股新兴的基督教势力,常人的出现预示着作为一种社会势力的城镇公社重新进入基督教世界。这种重心转移反映在基本术语含义的变化中。

教会(ecclesia)的原意是指教会共同体。罗马帝国时期,在异教的汪洋大海中,各地方教会形成由基督教民族构成的一个个孤岛式组织;正如我们在圣奥古斯丁的理论中看到的那样,基督教共同体与帝国组织之间的鸿沟从未完全消除过。卡洛林帝国时期,终于找到了一种能将世俗权威融入基督教超凡魅力体系的理论建构,从而使精神权威和世俗权威能作为同一个基督之体的两个集团,共同致力于一项艰巨的(我们如今会称之为集权的)任务,即在业已存在的等级体系基础上造就统一的基督教民族。

12世纪,分离进程开始了。用圣方济各的话来说,教会正收缩为一个教士组织,而俗人或说常人,则形成他们自己的共同体,但该共同体努力与传统的等级体系和平共处。圣方济各区分了与基督保持一致的俗人生活以及与罗马教会保持一致的教士生活,这带来令人不安的裂痕。① 一个新的教会正从社会底层兴起,其地位与异教环境中的原初基督教会有些相似。圣方济各教会和它所面临的调适问题仅仅是个开端;每当新的教会兴起于城镇、民族或社会的不同阶层,并且要求在由旧权势者构成的体系中谋求它们的地位时,同样的问题就会再次出现。

---

① *Testamentum*, in *Analekten*, ed. Böhmer and Wiegand, 3.

五　与基督—自然保持一致

圣方济各的人格和他所建立的宗教显然是与帝国及其格拉西乌斯原则相对立的世俗力量。这一事实或多或少地被与基督保持一致的生活理想所掩盖。[141]该理想的表述可能会使人相信,方济各式虔诚的确回归了原始基督教的理想。但这一假定忽视了如下决定性差异:首个[基督教]共同体中的信徒追随救世主、王,进入上帝国,他们将在那里分享上帝作为王的荣耀,而圣方济各模仿作为人的耶稣的生活,依据的是此前不曾有过的,从人的角度对耶稣在世上谦卑地牺牲、受难的理解。决定方济各式基督教水平的,并不是重新点燃了进入天国的欲望(这被认为是理所应当的),而是重新理解了那场受难和那场静默创世的尊贵之处。圣方济各对上帝创世之中最具神创色彩、最少自我肯定的部分极其敏感:受难、贫穷、疾病缠身、行将死去的人、动物、花以及宇宙的无声秩序。

一个新的存在领域已成为关注的焦点,这是一种趋势,我们在洪贝特枢机主教和《约克论集》那里观察到它的开端。精神对自然领域的渗透如今已全面展开。圣方济各使用了关于末日艰险的表述,而且他能坚毅地行动,但推动着他的那种情感并不排斥尘世;相反,它给尘世增加了一个此前一直被基督教诫命所剥夺的维度。由身为造物而生存所获取的快乐,以及他的灵魂在兄弟般的友爱中,快乐地扩展到世界的那个由身为造物的卑微而见证上帝荣耀的部分,正是这样一种因新近发现自己是上帝创世的伙伴而获得的快乐,使圣方济各成为伟大的圣徒。

通过发现并接受创世产生的最低阶层,视之为尘世的一个有意义部分,他成为西方历史中的重要人物之一。他与地位卑微之人亲密无间,带领他们获得尊严,不是在来世的上帝国,而是在此世的上帝国。他将基督教灵魂赋予自然,同时也赋予它尊严,使其成为观察的对象。《造物颂》(*Praises of the Creatures*)绝佳地表达了这种情感。① [142]赞美诗以赞美上帝起头,然后赞美天体、元素、产出花果的大地、平静地行宽恕与忍让的卑微之人,以及肉体的死亡;它以劝诫所有人极尽谦逊地服侍上帝作结。

六 此世基督

然而,快乐地专注于这种新发现也导致基督教经验的一个明显局限。圣方济各扩大了我们的世界,但其情感的焦点过于关注这个新维度,以至于忽视了其他问题。圣徒的生活带来世俗力量新一次的突入;它并没有带来一种新综合。圣方济各是一个伟大的自然主义者,这个事实几乎被他对苦难和寂静自然的详尽精神化所掩盖。然而,他与基督保持一致的生活方案不应使我们忘记,他的生活是与基督的苦难,而不是与享有荣耀、作为王的基督保持一致。在他与作为人的基督保持一致的生活中,当他在韦尔纳的夜里获得圣痕时,②他达到了人性所可能达到的最高峰。

但是,没有人的生活能与救世主保持一致。当圣方济各的

---

① *Canticum fratris solis*, in *Analekten*, ed. Böhmer and Wiegand, 44ff.;赞美诗之前有如下词句:"这里开始了对受造物的赞美,蒙福的方济各将这些赞美用于赞美和荣耀上帝,当时他在圣达米安生病了。"
② [译按]所谓"圣痕"(Stigmata),即在身体上与耶稣受难伤痕相应位置出现的伤痕,据称曾在许多圣徒身上出现,被一些基督教徒视为神圣的标志。

生活与受难基督保持一致时,他就使基督的形象与人的各种可能性保持一致。在各种世俗力量运用基督教符号来自我解释的序列中,圣方济各创造了此世基督这一符号,但这个符号只能涵盖救世主的位格中与卑微之人以及世界的苦难相一致的那个方面。基督作为教权—王权祭司长的功能不得不被忽略;这位圣方济各基督是穷人的尘世基督;他不再是整个人类神秘体的领袖。与世界妥协所取得的伟大召唤成就,尤其是西方帝国时期的成就,在于将人的自然分化以及精神的和世俗的等级体系理解为该神秘体的功能。由于圣方济各偏好穷人的基督,忽视等级体系中的基督,这种伟大的文明成果在原则上被否定了。当基督不再是内有分化的基督教之体的首脑,而变成仅仅是某些特定势力的符号——它们声称自己具有与基督保持一致的特权地位——世界便不得不四分五裂。

[143]在神圣帝国的分裂过程中,圣方济各的召唤是给人留下最深刻印象的特征。尽管圣徒在他获得圣痕之时达到了他与基督保持一致的高峰,但弗里德里希二世皇帝这颗新星——他被称为敌基督,因为自古代以来,他第一个在其身上体现了上帝法——则兴起并再次将统治者确立为"活的法律"(nomos empsychos),独立于神秘体的超凡魅力秩序之外。

第九章 弗里德里希二世

世界之主

一 帝国的突变

[144]最后一位中世纪皇帝是第一个现代国家的建立者。在他身上,时代的危机遇到了那个作为该危机之完美象征的人,他是因其来到世间之时的局势和个人的天赋而成为这种完美象征的。为了理解他的作用和他对自身作用的自觉执行,我们必须浏览一下西方世界当时正在发生变化的政治结构,这为他的光辉生涯搭建了背景。

决定着帝国观念的转变与最终解体的推动因素是围绕在日耳曼帝国核心周围的"边缘"政治单元的兴起。我们已经看到,到11世纪时,由各个公国构成的边缘地区的影响力已经足以激发格雷高利七世构想一个由民族王国组成的共同体,依附于教廷的半精神、半封建权威,作为对抗帝国本身的力量。诺曼人在10、11世纪的扩张,西西里和英格兰岛屿王国的建立,以及这些岛屿强权通过婚姻和继承向大陆的扩张,这些事件加速壮大了该"边缘"在世界范围内的政治影响力。诺曼人的扩张之所以影响深远,有两个原因:首先,诺曼人在西西里、意大利南部和英格兰建立的统治为欧洲政治体系增加了两个拥有相当可观实力的强权;其次,这些新兴强权是通过征服建立的,这使得作为胜利者的诺曼公爵们能以一定程度的理性来创建政府组织,[145]而这种理性在西方世界此前尚不为人所知。

我们无法在此处过多地纠缠于这些众所周知的历史事实;我们只须记住,征服者威廉(William the Conqueror, 1028—1087)及其继任者能发展出中央集权的王权政府,能对封建领主的数量和实力加以限制,而权力集中于国王之手则为英格兰绅士和资产阶级的发展,进而为宪政政府的早期发展奠定了基础。在西西里,建立理性化政府的任务在相对更早的时期就完成了。拜占庭和伊斯兰的政府传统,以及习惯于绝对王权论政府的民众,这些都有助于这一过程的进行。罗杰二世(Roger II)的国家(1130—1154)在实质上与由弗里德里希二世(Frederick II, 1211—1250)加以完善的国家别无二致。

大陆上的两个扩张案例采取了相似的形式。亨利一世(Henry I,1100—1135)的女儿玛蒂尔达(Matilda)与安茹的杰弗里的婚姻将普朗塔热内王室带上英格兰王位,而亨利二世(1154—1189)与埃莉诺(Eleanor of Aquitaine)的婚姻则将法兰西的西南部纳入英格兰安茹国王的封地。① 在亨利二世死后,安茹"帝国"的版图包括英格兰、比利牛斯山以北的法兰西大部,

---

① [译按] 安茹的杰弗里(Geoffrey of Anjou, 1113—1151),安茹(位于法兰西)伯爵,亨利二世之父。普朗塔热内王室在英格兰的统治时期为1154—1399年。

而卡佩家族的影响力则仅限于东部。① 通过将两个女儿分别嫁给阿方索八世(Alfonso VIII of Castile,1158—1214)和西西里的威廉二世(William II of Sicily,1166—1189),普朗塔热内王室的影响扩展到帝国的整个西部和南部边缘地区;通过将另一个女儿嫁给狮子亨利(Henry the Lion)——他是萨克森和巴伐利亚公爵、霍亨施陶芬王室的对手,普朗塔热内王室奠定了对帝国影响力的基础,也奠定了此后英格兰—圭尔福反卡佩联盟的基础。

在南方,西西里的威廉二世将罗杰二世(1103—1154)②的女继承人康斯坦丝(Constance)嫁给弗里德里希一世巴巴罗萨(Frederick I Barbarossa,1152—1190)的儿子——未来的亨利六世(Henry VI,1190—1197)。缔结这桩婚姻的目的与其说是获得对帝国的影响力,还不如说是防止皇帝干涉威廉在地中海地区建立帝国的计划。

威廉死后,在[西西里国王]莱切的坦克雷德(Tancred of Lecce,1138—1194)领导下,得到教宗和英格兰的理查德一世(Richard I of England,1189—1199)协助的民族起义抵制了亨利六世觊觎[西西里]王位的企图,后者不得不以武力于1194年将其镇压。所引起的政治后果在一个方面类似于那场英格兰婚姻的后果:[146]安茹家族成为英格兰王室,拥有法兰西封地作为其权力的附属物;霍亨施陶芬家族成为西西里人,而帝国则成为其权力真正核心的附属物。权力在地理上趋向于帝国的边缘

---

① [译按]卡佩家族是从987年至1328年统治法兰西的王族。
② [译按]原文此处对罗杰二世的年代标注疑有误。罗杰二世生于1095年,死于1154年,1105—1130年是西西里大伯爵(Grand Count of Sicily),1130—1154年是西西里国王。

地区。在 12 世纪的最后十年,英格兰和西西里是西方世界的两大权力核心,其中英格兰的权力从北方经过西欧直抵比利牛斯山,而西西里的权力则从南方经过意大利直抵中欧。

我们已将这个时代的权力领域中的诺曼部分单独挑出加以论述。然而,任何可能巩固这些帝国主义势力萌芽的趋势都无法发展壮大,因为与之相对的力量也很强大。在大陆上,从 1190 年至 1250 年的这段时期聚集了一群最能干的统治者,他们的彼此作用决定了现代大多数时期内的欧洲政治结构。菲利普二世奥古斯都(Philip II Augustus,1180—1223)在法兰西的统治标志着英格兰在大陆上的扩张开始走向终结,他还确立了法兰西民族国家的核心。

亨利六世皇帝的短暂统治将在西方世界建立一个帝国的梦想推到了比以往任何时候都更接近实现的程度。教宗英诺森三世(Innocent III,1198—1216)的统治则将与此相对的事业,即教廷对欧洲的主导,推向了最高峰。在 1216 年至 1254 年期间,出现了弗里德里希二世与洪诺留三世(Honorius III,1216—1227)、格雷高利九世(1227—1241)以及英诺森四世(Innocent IV,1243—1251)这几位教宗的斗争,结束于霍亨施陶芬家族的覆灭、皇位空档期的出现以及日耳曼的特殊化。

亨利六世和英诺森三世的帝国建构本身并无实质性的新因素;崭新的是成功的规模。在亨利统治时期,他能将帝国和西西里统一在一起;他驱使理查德一世将英格兰收为封地,并通过理查德控制了法兰西国王。丹麦和波兰是他的附庸;他掌握了意大利,并且作为西西里国王而成为非洲国王。他在将势力伸向东方之时突然死去。英诺森三世重新建立起格雷高利式"边缘"建构,包括西西里、阿拉贡、葡萄牙、丹麦、波兰、匈牙利、保加利

第九章 弗里德里希二世

亚和塞尔维亚;此外,他还驱使约翰(1199—1216)将英格兰收为封地,对法兰西的菲利普二世施以绝罚,并在他将皇位授予奥托四世(Guelf Otto IV,1208—1215)而不是士瓦本的菲利普(Philip of Swabia)时,宣称他有权在帝国选举中担任裁决者。

[147]这些相互敌对的建构有着传统的模式,但将它们联系在一起的潜在问题——西西里问题——则是权力政治中的一项新因素。西西里问题出现在主教叙任权之争中,当时,教廷在诺曼人中找到一个尽管时常引起麻烦,但却十分方便的盟友,可以抵抗帝国对意大利施加的压力。一个强大的西西里作为教廷领地存在,这从纯粹权力的——甚至是地缘政治的——视角来看是合乎教廷利益的。在12世纪弗里德里希一世巴巴罗萨统治时期,与教廷利益相对立的帝国在西西里的利益开始引人注意。这种利益中的一项因素是如下观念的复兴:西方帝国应当是古老的罗马帝国领土和永恒之城的主人。①

但是,更具意义的是如下洞见:日耳曼皇帝为了保持其地位,需要拥有一块能被合乎理性地加以组织,从而作为其权力核心的领土。根据皇帝的想法,皇帝之子与西西里的康斯坦丝的联姻是着眼于在意大利建立帝国领地而安排的。从如下事实中可以推论出这场联姻的意义:婚后,亨利于1186年在米兰加冕为凯撒(Caesar),这个称号在戴克里先的宪制中指的是帝国的共主,此前从未在西方帝国中使用过。

当西西里和帝国被统一在一位强势皇帝手中时,对教廷形成的包围之势所引起的政治后果在亨利六世统治时期开始凸显。因此,在亨利六世死后,英诺森三世不惜一切代价地防止这种联合局面重新出现,这一利益吸引了他全部的注意力。在士

---

① [译按]永恒之城指罗马。

瓦本的菲利普与不伦瑞克的奥托(Otto of Brunswick,即奥托四世)的冲突中,他决定反对霍亨施陶芬家族,并最终于1209年为奥托加冕。然而,奥托四世在第二年就恢复了霍亨施陶芬家族的政策,开始了一场十分成功的征服战役,兵锋向南直抵意大利南部和西西里。

英诺森三世的外交技巧在最后关头使教廷免于这场新的危险。1211年,一群反对圭尔福家族的日耳曼王公联合教宗和法兰西国王,推选弗里德里希为日耳曼国王。在随后法兰西—霍亨施陶芬联盟与英格兰—圭尔福(the Guelfs)联盟之间的战争中,1214年的布法涅(Bouvines)之战为弗里德里希二世和菲利普二世奥古斯都奠定了胜局。

这场战斗的结果意义重大,影响到欧洲时至今日的政治结构。对英格兰来说,在这场战斗之后,它于1215年颁布了大宪章;[148]英格兰宪政发展迈出了伟大的第一步。对法国来说,这场战斗拯救了菲利普二世的行政、金融和军事改革,将法兰西王国确立为欧洲一流强权;法兰西开始发展成为大陆上最好的行政国家。弗里德里希二世作为征服者回到西西里,颁布《特权整顿法》(law *de resignandis privilegiis*),从而奠定了中央集权的官僚君主制的基础。在治理日耳曼时,他采取了与此相反的政策,对教、俗两界权贵慷慨颁赐,以便取得他们的支持;1220年的《关于教士诸侯的权利》(*Privilegium in favorem principum ecclesiasticorum*)和1231年的《训令诸君主》(*Constitutio in favorem principum*)确立了日耳曼的特殊化发展路线。

对这些重大事实的概述是极为简略的,但它能展现出政治舞台上发生的全面变化。神圣帝国的重要性相比之下被削弱了,因为新的强权崛起于"边缘"地区,它们凭借其实力将政治的中心转到了西方和南方。这些强权的兴起导致了帝国观念的瓦解,取而代之的是新的召唤观念,适合由相互竞争的强权构成的世界;格拉西乌斯原则,作为在西方居于主导地位的召唤观念,开始走向衰落,现代意义上的权力政治问题出现了。

世俗力量涌入帝国召唤领域,这在当时主要表现为三种形式:治国术的出现,政治家的出现,以及民族意识(作为政治的一项决定性因素)的明显成长。关于治国术的出现,我们已注意到历次诺曼征服所起到的效果。对于从11世纪到13世纪这段时期来说,征服所起到的作用与后来民族国家时期的革命类似;对既得利益的清除为政府结构的理性重建扫清了道路。金融管理和军事管理的改善极大地增强了政治上的打击力量。西西里是一块价值不菲的财富之地,因为它的关税和税收系统使统治者成为欧洲最富有的君主。军事上的理性化使伦巴第联盟的资产阶级步兵在莱尼亚诺击败了弗里德里希一世巴巴罗萨的封建骑兵(1176),并使菲利普二世的专业骑兵和资产阶级民兵在布法涅战胜了敌对的封建势力(1214);[149]弗里德里希二世在南方的军事实力主体是他的伊斯兰雇佣军。

其次,我们注意到,在英格兰、法兰西和西西里出现了国内政府的伟大组织者以及权力政治大师。甚至,旧的格拉西乌斯式权力体的代表者——亨利六世和英诺森三世,也属于这种新风格熏陶下的人物,尽管在亨利六世看来,帝国观念在这种新型强权格局中显然已无任何地位。当时最令人感慨的文件是皇帝的《遗嘱》(Testament),亨利六世在其中实际上推翻了他的宏伟成就,甚至放弃了一些最有力的主张,默默地承认在权力政治领域,帝国只不过是众多单元中的一个,在西方建立一个帝国权力组织的梦想已经搁浅。①

最后,我们注意到,在安茹帝国瓦解并由此形成法兰西和英格兰民族政体的过程中,民族意识是一项因素。在持续不断抗击穆斯林的战争中,西班牙的民族意识迅速形成。1135 年,卡斯蒂尔的阿方索七世(Alfonso VII of Castile,1126－1157)加冕为皇帝,该称号并无多少实际意义,但表明了他与神圣帝国的首脑保持平等地位的意识。

二 《梅尔菲宪章》

弗里德里希二世介乎不同时代之间的地位使他在当时成为朋友心中的救世主、仇敌眼中的敌基督。世界之主(dominus mundi)——他的近臣们如此称呼他——的风格在地球(orbis terrarium)的帝国主人与尘世魔王这二者之间摇摆不定。这位皇帝的邪恶魔力使我们很难对其人格和观念获得一种不偏不倚的可靠认识。[150]人们常常倾向于将他看作是古典的、前基督教的理想统治者的复活,或者是"第一位现代人"。一些人认为他有坚强的心灵(esprit fort),不相信灵魂不朽,另一些人则努

---

① *Testamentum*, ed. Ludwig Weiland, in MGH, *Const.*, vol.1 (Hanover: Hahn, 1893), 530－531, no.379.新近出版的《梅尔菲宪章》:*The Liber Augustalis or Constitutions of Melfi: Promulgated by the Emperor Frederick II for the Kingdom of Sicily in 1231*, trans. James M. Powell (Syracuse, N.Y.: Syracuse University Press, 1971); and *Constitutiones regni Siciliae: Liber augustalis*, ed. Hermann Dilcher, Mittelalterliche Gesetzesbücher europäischer Länder in Faksimiledrucken, vol.6(Glashütten, Taunus: Avermann, 1973); 后一部书是那不勒斯(Naples)版的抄本:S.Reissinger, 1475. 并参见 Dilcher, *Die sizilianische Gesetzgebung Kaiser Friedrichs II: Quellen der Constitutionen von Melfi und ihrer Novellen* (Cologne: Böhlau, 1975).

第九章 弗里德里希二世

力为他澄清，说他是一位好天主教徒；这位伟人的崇拜者将其形象夸大为超人、英雄式人物；牢记日耳曼民族命运的史学家则谴责他将帝国罗曼化（Verwelschung），将日耳曼引上特殊化道路；一些人主要是敏感于他追求帝国荣耀的情愫，另一些人则强调他召唤了一所培养欧洲世俗君主的学院。

我们无意将这些形象中的任何一种作为他的最终形象。这位皇帝的伟大之处既不在于直率、坚毅的性格力量，也不在于某项政策的优点或是执行政策时的坚定不移；相反，他的伟大之处在于拥有一颗有力、宽广、能与该时代种种张力相匹敌的灵魂。在较为古老的召唤与世俗力量的涌入之间存在的时滞——这在萨利斯伯瑞的约翰的理论中表现得十分明显——在帝国行为的规模上重现，并对其发生影响。对时间之充分性（fullness of time）的经验决定了菲奥雷的约阿希姆的启示录式建构，这种经验如今又表现在弗里德里希对奥古斯都（黄金时代的预言者、世俗历史中与基督类似的人物）这个符号的摆弄中。

与弗里德里希相联系，维吉尔的第四首《牧歌》（*Eclogue*）似乎被用于指一位统治者而不是耶稣，这在基督教历史上尚属首次。与受难基督保持一致的方济各式生活在这位皇帝那里变成与获胜的救世主保持一致，以至于几乎要召唤出一位神人。然而，文艺复兴时期的君主与西方的超凡魅力皇帝、神圣帝国的超凡魅力统治者与希腊式神圣国王、承认教宗权威的谦卑基督教徒与救世主－王，这些相互冲突的形象依然充满张力地存在着。这位皇帝能采用不同的角色，能淋漓尽致地扮演这些角色，直至它们变成无法妥协的实在，但他终究不曾完全投入其中任何一个角色。

当我们试图看穿这些角色，找出将它们联系在一起的人格素质时，我们看到的是丰富的活力与敏锐，时刻准备采用时势所需立场的能力；[151]乐于探索实在所呈现的结构，并且穷尽一切限制，无论是使用猎鹰狩猎这种经验问题、西西里问题这种理智问题、法庭程序技术，还是针对教宗谴责所做的启示录式反驳宣言，莫不如此。在他身上，不可能清晰区分行动者与演员，以及野性的意志与富有讽刺意味的表演。在他的行为中，附着有作为代表者的品质；[这体现]在他充满巴洛克式浮华的语言、他的礼仪感、卡普亚城门上以建筑方式灵活表现的正义崇拜以及对其威严地位的代表性意识。

我们同样无法区分理智上的好奇心与对教义的不信仰。他在致西耶（他的出生地）的信中将自己的出生地称为伯利恒，将他的母亲称为圣母，我们并不知道这在多大程度上是在摆弄有代表性的符号，多大程度上是出于某种政治目的而与救世主保持一致，以及多大程度上或许只是天真无知。教宗称他为启示录中所说来自海上的野兽，而他则更进一步称教宗为同样是启示录中所说的红马；① 我们无法知道这一答复究竟在何种程度上是一项政策、宗教认信抑或善意清白的幽默。我们必须考虑他的灵魂所面临的这些张力，以便能理解这位皇帝在同时代人心中留下的印象。他们感到震惊，因为没有人知道，具备这些可能性的这样一个人下一步会做出什么，也不知道他强硬、野蛮的性情会驱使他走向何种极端。尼采（Nietzsche）对作为教宗的博尔贾②的刻画相当适合弗里德里希二世的灵魂。

有丰富的资料可用于解读弗里德里希的观念。我们必须只

---

① [译按]"来自海上的野兽"和"红马"分别见《启示录》13章1节和6章4节。
② [译按]博尔贾（Cesare Borgia, 1475—1507），意大利枢机主教、军事领导人，被马基雅维利视为君主的典范。

限于一些有代表性、可以说明方才概述的情感结构的例子。为此，最重要的文件是 1231 年《梅尔菲宪章》(Constitutions of Melfi)的"序言"(Prooemium)，这标志着重组西西里的完成。①制宪行为本身正是时局的反映。[152]这些宪章由罗马皇帝颁布，但并不是为帝国制定的；它们包含适用于西西里的宪法、行政法、刑法和程序法。当时的其他统治者均不具备使帝国重新成为属下王国立法者的权威；而且，这位皇帝也只能为西西里，而不是为整个帝国立法。我们看到，各种帝国范畴开始转变为以众多主权政府单元为前提的现代政治范畴。"自己王国的皇帝"(imperator in regno suo)是介于皇帝和主权君主之间的过渡概念。

同样重要的是基督教范畴与罗马帝国范畴的融合，以便将基督教人定法转变为世俗国家的实定法。该序言所制定的法律

---

① 对这位皇帝的政治观念的最好研究仍然是 Wolfram von den Steinen, *Das Kaisertum Friedrichs des Zweiten nach den Anschauungen seiner Staatsbriefe* (Berlin and Leipzig: de Gruyter, 1922)。进一步参见 Ernst H. Kantorowicz, *Kaiser Friedrich der Zweite* (Berlin: Bondi, 1927); English edition: *Frederick II, 1194－1250*, trans. Emily O. Lorimer (New York: Smith, 1931; rpt.New York: Ungar, 1967); Antonio de Stefano, *L'idea imperiale di Federico II* (Florence: Valecchi, 1927; rpt.Parma: Valecchi, 1978); Franz Kampers, *Kaiser Friedrich II, der Wegreiter der Renaissance*, Monographien zur Weltgeschichte, vol. 34 (Bielefeld and Leipzig: Velhagen und Klasing, 1929); and Stefano, *La cultura alla corte di Federico II imperatore* (Palermo: Cinni, 1938; rpt.Parma: All'insegna del veltro, 1990)。关于该序言，参见 *Historia diplomatica Frederici Secundi*, ed. Jean-Louis-Alphonse Huillard-Bréholles, vol. 4 (Paris: Henricus, 1854; rpt. Turin: Bottega d'Erasmo, 1963), chap.1。[英文版编者按]对弗里德里希二世的最新研究是 David Abulafia, *Frederick II: A Medieval Emperor* (London: Allen Lane Penguin, 1988); and Wolfgang Stürner, *Friedrich II*, vol. 1, *Die Königsherrschaft in Sizilien und Deutschland*, 1194－1220 (Darmstadt: Wissenschaftliche Buchgesellschaft, 1992)。

编纂指导原则是基督教的和平与正义(pax et justitia)概念,但这些原则之中又充满着与分别代表和平与正义的两大皇帝——奥古斯都和查士丁尼——相关的符号。该宪章制定于1231年8月,同年9月颁布,被称为"奥古斯都之子"(Liber augustalis);①序言本身是对《法典大全》(Corpus juris)导论的模仿,运用了以查士丁尼风格为范本的帝国风格。专注于罗马帝国式符号化表达的史学家会谈论古典观念的复兴,但关键之处在于,这些罗马符号并不是在重建帝国,而恰恰是通过帝国一个省份的制度——它使用了本应为整体所专有的范畴——而摧毁神圣帝国。

《梅尔菲宪章》的序言包含关于皇权立法功能的理论,该理论植根于"政府秩序起源于堕落后的人的状态"这种基督教符号化表达。在上帝的创世完成后,他使人,最完美的造物,凌驾于世界之上,只要求人遵守一条律法。[153]人因违法而受到丧失永生的惩罚。然而,随着人死去,创世将会失去意义,而为了不使世界连同第一个人一起毁灭,上帝使他能够生育。由于违法的倾向被继承下来,人类堕落了,而上帝就为人类提供了统治者,以便保护人类社会的秩序。

这个故事揭示出若干方面的问题。首先,我们必须意识到,这并不是《创世记》的故事,而是从中选取了一些要素,融合成一个新的系统性单元。关于堕落的道德问题消失了,与之一起消失的是通过基督获得救赎。序言中谈到的堕落是一件法律上的过错,并得到了适当的、延续至今的惩罚,仿佛从未有过救世主一般。而且,我们注意到亚里士多德概念的引入。由上帝创造

---

① [译按]西方语言中的8月(August)是以古罗马第一位皇帝奥古斯都(Augustus Caesar)命名的。

的尘世具有潜能;当目的,亦即人,消失时,世界的其余部分就失去其"形式"(deformatur)。以有朽之人的共同体取代不朽之人,这会重新塑造尘世的等级结构;在必须保护人民秩序的统治者那里,创世达到其巅峰。统治者提供秩序的功能源自尘世的必然性(necessitas rerum);好争吵的人需要统治者,统治者的行动恢复创世的意义。

当然,我们可以指出,《宪章》的序言中的理论与早期基督教自然法哲学中的某些流派存在联系,后者将尘世的实定秩序设想为在堕落之后变得必要的邪恶秩序,而且许多史学家也强调这种联系。但是,坚持这种观点将会忽视这两种观念之间的本质差异:基督教法学理论对公共秩序问题的考察是将其置于与圣史的各种事实的联系之中进行的;《宪章》的序言运用了基督教的符号化表达,但即使忽略那个关于堕落的故事,它关于秩序与统治权的理论也不会发生任何变化。尽管植根于基督教语言,但《宪章》的序言却提出一种自然主义的政府理论,从人类世俗实在的结构推导出统治权的功能。世界的必然性概念将一种后来演变为国家理由的因素引入神授统治者观念。

最后,《宪章》的序言里还出现了另一种在后来的政治思辨中日渐重要的因素。为了行文简洁,我们不妨称之为阿威罗伊主义。[154]在堕落之后,伊甸园中不朽夫妇在等级体系中的地位被有朽之人的世代相继所取代。人类的集体不朽承继了伊甸园中的个人不朽。该序言并未阐明这个观念所包含的上述意涵,而一些解读者认定这些意涵正是皇帝所要表达的,他们也许走得太远了。我们并不知道事实究竟是否如此,轻易地作出这样或那样的认定都将破坏作为该时代标志的时滞性。

不过,可以肯定存在这些意涵。在原则上,对人类的集体主义解读违背基督教神秘体观念。这个观念实现对人类精神统一性的理解,同时不涉及自然禀赋、人的个性以及灵魂的不朽。这个集体主义观念,经过合乎逻辑的阐述,将人的个性吸纳进群体的精神。人是种群理智的个体化,死亡意味着通过消融于世界心灵(或群体心灵)而去个性化。穆斯林哲学家,尤其是阿威罗伊(Averroës,又称 Ibn Rushd,1126—1198)将这种关于人的个性的理论建构与亚里士多德的灵魂理论相叠加。在伦理和政治领域,这种人类学假定会起到支持如下理想的作用:与某一类型[生活]保持一致,讲求集体纪律,并由政府采取措施以执行这种一致性和纪律。简单地说,阿威罗伊的人类学会成为集体主义、极权主义社会组织的哲学基础。

就该序言来说,我们必须抵制诱惑,不可过度地引申。它不可能有意识地引入阿威罗伊学说,因为在该世纪中叶之前,阿威罗伊主义并未在西方显现出任何学说影响力。① 这样一来,尤为重要的是,必须清晰辨明在政治局势中使阿威罗伊主义观念变得能为人接受的因素。在这个方面,《梅尔菲宪章》并不是开端,而是代表了一个较为高级的阶段。对人民的精神统一性的认识,作为一个政府治理问题,是与大众异端运动的出现相联系的。[155]自罗马—基督教时代以来,反对异端的第一次民事立法出现在克拉伦登巡回审判庭(Assize of Clarendon,1166)。在宏观层面上,随着阿尔比十字军战争的进行,以及宗教裁判所——作为强制实现一致性的制度手段——的发展,这个问题在英诺森三世当政时期变得迫切起来。[宗教裁判所]讯问程序

---

① 关于这个问题,参见 de Stefano, *La cultura*, chap. 3, "'Questi siciliani' e l'averroismo latino";并参见 Charles H. Haskins, *Studies in the History of Medieval Science*, 2d ed., Harvard Historical Studies, vol. 27 (Cambridge: Harvard University Press, 1927), chaps. 12—14。

的最重要特点是发明了"王国侦办制",即由官方侦办人员来追缉罪犯,并且无须私人作为原告即可进行审理。

在《梅尔菲宪章》中,这些开端发展成为一套由政府实施一致性的系统,其实施方式导致宗教异端与政治不服从之间的界线在实际上被取消了。宪章第一款涉及对异端人士,尤其是巴塔里亚会员的迫害;根据该条款的描述,后者从伦巴第经意大利传播到弗里德里希的王国。为了镇压在巴塔里亚会员影响下的伦巴第城镇的集体抵抗而发动的战争,有一部分是对信仰的保护;为了压制危及君主权威的大众运动而发起的战役,有一部分是反异端的战争。为支持那些反异端措施而采用的说法很容易使人联想到后来在民族国家时期出现的发展。指控巴塔里亚会员在"不可分割的信仰统一"中引起分裂,这使我们想到法国革命时期宪法所说的"不可分割的民族主权"。

比较《宪章》第一条:"在本身不可分割的信仰之追随中强行分离出一个部分,犹如将羊群从彼得的监管下分离出来,但由这位好牧人来喂养羊群才可靠";以及1791年9月3日制定的法国宪法第三条第一款:"国家主权是不可侵害、不可剥夺、不受时效约束的,它属于一个民族。"参见France, Assemblée nationale constitutive, *La constitution française*, presentée au Roi par l'Assemblée, September 3, 1791 (Dijon: Imprimerie de Causse, 1791)。

他们还受到进一步的指控,说他们由于坚持自己的异端信仰而被政府烧死,因而是不检点地毁了自己的人生。这使我们想到霍布斯的论证——忤逆君主而被判死刑的人是自杀;或者常被反复提起的纳粹论题——一个抵抗德国的政治家是在不负责任地给其民族和他自己带来灾难。

[156]紧随这些条款之后的是第四条款,它禁止议论国王的

法律、决策、公务以及人事任免智慧,因为这种议论行为涉嫌渎圣(est pars sacrilegii)。通过它在这套条文体系中的位置以及它的内容,该条款将对政府的批评视同异端,其历史可以追溯到罗杰二世时期。因此,关于世俗政府权威之神圣尊严的立法甚至先于克拉伦登巡回审判庭的反异端立法出现。

对集体主义观念的接受日渐增长。在这背后,显然有众多因素在共同起作用。根本原因是神秘体由于新型集体单元在异端运动中发展壮大而解体。由于这些异端同时也具有反对既定等级体系的大众运动特征,因此,它们迫使传统势力更加细致地阐明正统立场,发展讯问机构,要求与各种标准保持一致,从而收缩信仰的实质。其次,我们必须提到神秘体中的精神等级体系与世俗等级体系之间日渐增长的张力。通过争夺政治权力的斗争,这一张力再次导致相对地位的收缩与尖锐化。第三,我们看到各个民族兴起,成为基督教民族以政治方式组织起来的分支。

所有这三项因素都促进了世俗政治教会的发展,这一点在《梅尔菲宪章》中清晰可见。有朽之人的共同体是由这样一种观念联结在一起的:只有通过代际相接而实现的群体生存才为他们处于创世顶端的不朽生活赋予了意义。通过统治者及其行政机构发挥塑造秩序的功能,他们才有可能作为不朽群体而生存。国王规范着,甚至提供了精神的实质;信仰的公共有效性来自法令的授权;皇权法令大都与宗教教义地位相当;持不同政见是渎圣行为,并将受到相应迫害。人类被明确划分为有朽的大众和高居平等臣民之上的统治者,后者必须通过其行动保持上帝所创之世界运行良好。

这令我们想到亚里士多德对自然奴隶与充分发展之人的区

分，但《梅尔菲宪章》所做的召唤倾向于将充分的人格尊严只保留给共同体中的一个人，即统治者。[157]作为世俗力量的统治权如此严重地突入基督教观念领域，由处于基督领导下的不朽信徒构成的神秘体转变为由处于统治者领导下的有朽之人构成的神秘体，当这种情况不再只是理论意涵，而是在皇帝及其同僚的行为与公告中成为现实之时，它必定酿成一场危机。

三 凯撒式基督教

登施泰嫩（Wolfram von den Steinen）曾经用凯撒式基督教这个术语来指称皇帝倾向于使他的帝王功能接近救世主的功能。我们将在某种更宽泛的含义上使用这个术语，用其指称在统治者层面上与方济各式基督教相对应的那个一般性问题。我们已看到圣方济各如何将基督的形象转变为受难基督，进而使基督变成一个世俗符号，贫穷、卑微之人能与之保持一致，而等级体系则失去了救世主首领。弗里德里希二世的观念代表了与此相反的尝试，即创造一种与作为宇宙创造者的基督、与享有荣耀的救世主保持一致的统治者形象。

这种尝试十分符合召唤局势的逻辑，尽管它需要由一个非同寻常的人格来执行。处于神秘体之中的统治者最终获得了一种超凡魅力职务地位。但是，作为一个受神眷顾的统治者，其地位是模糊的。统治者的情感会，而且也的确在基督教徒的谦卑与人的骄傲之间摇摆不定。作为基督教徒，他执掌一个职位，其成功源自上帝的恩典；作为人，他因其卓越的个人品质而被上帝提拔于他人之上。职位的权威来自上帝，但职位的执掌，尤其是在引入选举程序的情况下，则是因在位者的优点而得到的公认威信(dignitas concessa)。一旦超凡魅力职位体系受到动摇,关于统治者的观念就有可能向着后一方向进一步发展。肩负世俗功能的统治者的侵入必然使权威的重心发生转移,由正在解体的神秘体职位转向诸如超凡魅力人格和超凡魅力家族等因素,这些因素自日耳曼的前基督教超凡魅力王权时期起便存在于传统之中。[158]然而,这种重心转移意味着人的种群差异;因此,它与基督教所坚持的所有人在精神上平等的原则相对立。

霍亨施陶芬家族所钟爱的皇室血统(stirps Caesarea)观念可能是促使教廷下决心铲除这个可恶家族的最终决定因素。弗里德里希二世试图将他的帝王权威建立在他超人、半神的品质基础上,这将他和他的后继者带入了与教宗的生死之争,这种情形自他以后没有再发生过。就统治者而言,西方君主制先是不得不依赖于政治中的"王朝"原则的各种衍生形式;后来,在宪政时代,不得不依赖于统治家族的"正当性"。

这些衍生形式之所以得到接受,是由于君主获得了作为国家(commonwealth)或邦国(state)之"代表"的特性——萨利斯伯瑞的约翰在其理论中已预见到这一点——以至于世俗政治单元本身成为最主要的权威来源,而围绕个人与家族所拥有之超凡魅力的微妙问题,继神圣帝国的高峰期之后再次退居幕后。再强调一下,弗里德里希二世的观念是过渡时期的标志性特征,相互之间无关联的世俗力量,都在该时期以令人不可置信之势涌到台前,同时尚未能在与其他力量的共同作用中找到平衡。

与这位皇帝的召唤相关的资料广泛散见于官方文件中。我们在这里只能涉及一两处较详细的阐述。第一处重要的展示是

1229 年的帝国通谕,宣告进入耶路撒冷和加冕。① 值得注意的是,它以《旧约》的用语赞美上帝,称他能通过他选择的工具随心所欲地战胜各种力量。通谕仔细地回顾了以往为征服耶路撒冷而遭遇的失败,并强调上帝已经选择这位皇帝来执行他的意志。该通谕后面的部分在赞美上帝的同时,再次阐述了这位作为上帝工具的皇帝"奇迹般地优于"世界上所有其他君主。最直白的文件是这位皇帝 1239 年致耶西的信。② [159]他赞美耶西是新伯利恒,"圣母"在那里生下孩子;接下来,他转述《马太福音》2 章 6 节:

> 你,三月里的伯利恒啊,你并不是我们部落的君王中最小的。因为从你那里已出来一位君王,罗马帝国的君王,他将牧养你的子民。③

终极的夸耀出现在德拉维尼亚(Piero della Vigna)的《皇帝颂》(*Praise of the Emperor*)中。④ 在这篇由皇帝的首相撰写的颂词中,皇帝已成为第三王国的领袖,成为一支超人的、宇宙的力量,"由最高明的巧匠手创之人"。他是上帝赐予世间的"真正皇帝";大地,海洋和空气都热爱他;他是和平的朋友,慈善事业的赞助人,法律的制定者,以及正义的维护者,"他以其永恒影

---

① *Encyclica imperatoris*, ed. Ludwig Weiland, in MGH, *Const.*, vol. 2 (Hanover: Hahn, 1896), 162—167, no.122.
② *Mandatum at civitatem Iesii*, in MGH, *Const.*, 2:304, no.219.
③ [译按]《马太福音》2 章 6 节的原文为:"犹大地的伯利恒啊,你在犹大诸城中,并不是最小的。因为将来有一位君王,要从你那里出来,牧养我以色列民。"
④ Piero della Vigna (Petrus de vineis), *Epistolarum libri VI* (Basel: Paulus Quecus, 1566), bk.3, no.44.

响驯化尘世"。"当铸剑为犁之时",关于黄金时代的符号化表达得到召唤,用于赞美这位能塑造世界秩序的主人,因为他"天生便知上帝的观念"(insita forma boni)。这篇《皇帝颂》必定与圣方济各的《造物颂》具有相同的地位。在对作为所有人之主人的统治者的赞颂这里,对清贫、谦卑、作为所有人之奴仆的人的赞颂遇到了它的对立面。在伟大圣徒和伟大皇帝身上,令时代发生转型的那些力量得到了最充分的体现,二者在当时均会被视为第三王国的领袖。

第十章 法

[160]12 与 13 世纪见证了罗马法研究的复兴和法律科学在博洛尼亚学院的发展。在个人与集体的新力量产生世俗行为的秩序与世俗法律推理方法的过程中,罗马法的复兴是最重要的单个事件。通过关于中世纪罗马法历史的论著,该过程的结构以及这一复兴所处的局势已是众所周知的,而我们也能够建议读者参阅与该主题相关的标准文献,以便了解个中细节。①

---

① 关于中世纪罗马法的标准论著仍然是 Friedrich Carl von Savigny, *Geschichte des Römischen Rechts im Mittelalter*, 2d ed., 7 vols. (Heidelberg: Mohr and Winter, 1834 — 1851; rpt. Darmstadt: Wissenschaftliche Buchgesellschaft, 1961). English edition: *The History of Roman Law during the Middle Ages*, trans. E. Cathcart (Edinburgh: Black, 1829[译按]疑为 1929 之误); rpt. Westport, Conn.: Hyperion Press, 1979), vol.1(只出版了第一卷)。进一步参见 Max Conrat (Cohn), *Geschichte der Quellen und Literatur des Römischen Rechts im frühen Mittelalter* (Leipzig: Hinrichs, 1891; rpt. Anlen: Scientia, 1963); and Carlo Calisse, *Storia del diritto italiano*, 3 vols. (Florence: Barbera, 1891; 2d ed., 1903); English edition: *A History of Italian Law*, trans. Layton B. Register, Continental Legal History Series, vol.8 (Boston:　　(转下页)

一 西方法与罗马法

然而,还是有必要进行简要的分析,因为政治观念史必须关注这个过程中未受法律史充分关注的一些方面。在法律史的研究者看来,[161]罗马法这一法律体系已成为欧洲大陆法成长过程中的一项共同因素,甚至在英格兰法中也留下了它的痕迹。罗马法的演变本身是他的兴趣核心。在政治观念史家看来,当伦巴第城镇的商业行为、帝国势力与教廷势力之间的斗争以及权力和行动开始集中于官僚机构之手,从而导致迫切需要更加详细的民法、刑法和程序法时,罗马法可资利用,并能得到复兴,这是历史的偶然。如果罗马法并未现成可用、满足上述需要,欧洲法律史的实际进程就将大为不同,尽管该需要也能在没有罗马法的情况下得到有效满足——英格兰普通法的成长表明了这一点,罗马法的影响在其中仅仅是个次要因素。

一旦我们理解了这一复兴在历史进程中仅仅是一个偶然因素,那么该现象的独特之处也就更加明晰地显现出来。在现代的罗马法史学家看来,各个蛮族王国在帝国疆域内立国之后的数百年是一段衰落期。与此相比,博洛尼亚学院建立后的数百年将被他视为一段复兴期;而且,他将区分注释法学派的首次繁荣、在随后的注释家时期出现的停滞以及16世纪的人文主义复兴。如果

(上接注①)Little, Brown and Co., 1928; rpt. South Hackensack, N.J.: Rothman, 1969)。用英文写作的简要概述见 Paul Vinogradoff, *Roman Law in Medieval Europe*, 2d ed. (Oxford: Clarendon, 1929; rpt. New York: Barnes and Noble, 1968);关于更加晚近的概述,参见 Harold D. Hazeltine, "Roman and Canon Law in the Middle Ages," in *Cambridge Medieval History*, vol. 5 (1926), chap. 21, 附参考书目。

第十章 法

我们假定罗马法是一个具有自身历史的绝对实体,那么这种分期便完全合理。然而,如果我们假定政治召唤是历史中的首要事实,而法律仅具有在既定召唤的框架内恰当地塑造人们行为秩序的次要功能,那么这种分期便不可接受。

根据第二种假定——这是召唤观念史的假定,法律的真实历史与政治单元的历史有着密切的对应关系。随着罗马帝国的解体,罗马法并未"衰落",而是发生了转型:在各个日耳曼王国中,它由帝国法转型为由征服者引入、适用于被征服之罗马帝国公民的部落法。法律文书,例如[西哥特王]阿拉瑞克二世(Alaric II,约487—507)于506年为其罗马臣民颁布的《阿拉瑞克罗马法辑要》(*Breviarium Alaricianum*),并不反映罗马法的衰落。该辑要也许极其适合罗马民众的法律需求,[162]而它反映的仅仅是6世纪罗马帝国外省所陷于其中的生活状态,这与帝国早期的都市生活,甚至与6世纪时君士坦丁堡的文明和理智标准均大相径庭。同样,在日耳曼人的征服发生之后的数百年间,并未出现无可救药的黑暗局面。相反,当时出现了一种与经济、文明的发展以及新秩序的巩固相适应的法律生活。我们缺少资料,尤其是关于较早时期的资料,但从诸如《佩特吕抗告录》(*Exceptiones Petri*)——11世纪后半叶普罗旺斯的产物——这样的法律文书中,我们能推断出一种具有一定品质的法律研究与法律实务状态。《抗告录》中的罗马法知识并非得自《辑要》,而是直接来自罗马资料。

然而,如果我们完全专注于各个日耳曼王国中适用于罗马臣民的属人法,那便根本无法恰如其分地估量法律的发展本身。适用于罗马臣民的法律是范围更广的法律秩序的一部分,该秩序还包含适用于征服者自身的日耳曼法律。在这一关乎多民族混居人口的整全秩序中,最重要的发展在于,两种来源不同的法律秩序和睦共处,其中以伦巴第意大利的情况最为典型。在11世纪,我们看到伦巴第法律迅速发展,注释方法在帕维亚法学院兴起,而伦巴第律师为了填补伦巴第法律中的"空白",同时在法律实务中实现讼辩决疑的现代化,开始越来越多地使用罗马法。因此,从伦巴第法律史的视角来看,所谓罗马法在博洛尼亚的复兴,实际上表现为由伦巴第律师发展出的注释方法被系统性地应用于查士丁尼所制定法律的主体,而在此之前,罗马法只在有关伦巴第法律本身的讼辩决疑和注释工作中偶尔得到使用。

二 罗马法神话

根据观念史的原则,必须将罗马法的复兴首先解读为意大利法律史上的一个事件。罗马法对伦巴第法律实务的渗透已经使意大利的律师们觉得,系统性地占有罗马法的资料是顺理成章的。

[163]然而,在这一复兴中仍然有一项因素,它无法用"根据主体权利与行为来运作的法律体系对正在扩张的商业社会极为有用"这一观点来解释。将中世纪法律史划分为一段衰落期和之后的一段复兴期,也有其可取之处,因为这反映了关于罗马法作为西方世界之标准法的神话。这种罗马化的分期无法被认可为历史的秩序,但其意义在于充当一个神话符号;尽管无法构成对历史的恰当解读,但其本身却是观念史中需要得到解读的一项事实。将罗马法作为高级法,认为它不只是在历史上存在过的法律而已,这种观念并非现代人的事后反思;早在西塞罗时代,该观念便与罗马法同在,而现代人关于衰落和复兴的分期,其合理

性仅在于,这是罗马帝国及其法律的神话般优越性的较后遗迹。

(一) 该神话的西塞罗层次

要确定罗马法神话的内容并非易事;在历史上,它作为情感和观念的聚合体成长,而我们在这里所能做的仅仅是简要提及到 12 世纪为止已进入其中的较重要因素。

关于该神话的最初神话层次,我们建议读者回头参见关于西塞罗的那一章。在西塞罗的观念中,罗马的法(lex)被等同于廊下派思辨中的法—道(nomos-logos)。因此,关于何为正确秩序这个问题的古希腊与希腊化思辨之流首次被打断;这是由于,西塞罗假定精神秩序包含在有限、世俗的秩序中,并在其中得到完善,而这就取消了在这两种秩序间存在的作为思辨来源之一的张力。通过这种神化行为,世俗帝国秩序变成终极标准,处在历史中的政治秩序必须与之相衡量。我们看到,当西塞罗将世界城邦等同于罗马时,关于一种绝对的世俗法律秩序的神话便向着它的创生迈出了第一步。

(二) 查士丁尼的编纂

1 罗马法的神圣化

第二个决定性步骤是由查士丁尼的立法实现的。当我们谈论罗马法的复兴时,[164]我们指的是对采用了如下形式的罗马法的重新研究,即由查士丁尼的律师委员会制作的法条汇编所采用的形式。该汇编主要并不是创造性的立法行为,而是系统性地收集整理帝国的各种宪章和古典时代的法学意见,辅之以旨在填补空白的新立法。这项工作取得了里程碑式的成就。它使罗马法的发展得以完成,并成为深刻影响西方法律史的宝库。但是,无论是这项工作的伟大之处还是它的历史功效,都不应使我们忽视如下事实:法律的召唤力已经远离帝国,而作为一种塑造秩序的召唤,与查士丁尼立法同时代的圣本笃守则具有更高的地位。

当我们说这场编纂工作标志着罗马法发展的最后阶段时,必须加上一条补充说明,即它具有恢复特征。所谓罗马法的衰落并非出现在查士丁尼的工作之后,而是在它之前或与它同时进行的。这一伟大的立法是一次阻止衰落的尝试,它必须被理解为查士丁尼为了恢复帝国以往的荣耀而采取的一般性政策的一部分。这是为了将帝国的观念和实在从日益严重的分裂中拯救出来的最后一次努力。《学说汇纂》(*Constitutio omnem*)表明,即使是在亚历山大里亚和凯撒里亚(Kaysaria,[中译编者按]今以色列特拉维夫和海法一带)这样的城市,法学的学习与讲授状况都十分令人担忧,以至于对新立法的讲授局限于君士坦丁堡、罗马和贝鲁特的学院中。有条文禁止通过比较这一新汇编和它所依据的来源而对法律做历史研究,由此可以感觉到呆板、热衷于封圣的末代氛围。查士丁尼时代之前的法学文献几乎完全消失,人们认为这是由于故意的销毁,这种解释或许是对的。一个脱离时代的法律集团被创造出来,仅仅通过帝国的解释特权和发布新宪章而与历史进程相联系。在西塞罗的观念中,罗马的秩序无须通过形而上学思辨即被认定为正确的秩序;如今,在一种无须系统性历史解读即得到确立的精致法律秩序中,西塞罗的上述观念获得了广泛支持。

2 基督教绝对秩序

[165]在查士丁尼的政策中,罗马传统这一因素很难与关于属人和属神事物之绝对秩序的东方基督教观念截然区分开。为恢复帝国而发起的战争大都是这位有着正统信仰的皇帝针对意大利和非洲的阿里乌派教徒发动的。针对西方异端的战争是一项政策的一部分,它在东方表现为镇压东方的异端学说和异教残余势力。皇帝必须通过上帝——作为帝国统治者——的权威,在战争与和平中维持共和国的存在。他所信赖的不应是军队的实力,也不应是他的个人天赋,而应是神意,因为三位一体是"宇宙各种元素所来自的"源头,而且这些元素在寰宇中的秩序也是由它决定的。然而,世上所有事物中最有价值的则是法律的权威,正是它使属人与属神的事物形成良好秩序,并驱除不公正。因此,使一个因岁月久远而变得含混不清的法律体系恢复明晰,这是皇帝必须完成的任务。

在查士丁尼为编辑《学说汇纂》而颁布的编纂令 (Constitutio Deo auctore [De conceptione digestorum])的论证中,尘世被视为神的造物,而法律秩序则被视为宇宙秩序的一部分,在世界上正确安置属人和属神的事物。这种内在于世界的秩序不是一成不变的。它会经历混乱和恢复,而通过改善该秩序的整体及其各个部分来驱除不公正,这是皇帝在宇宙秩序中担负的功能。

东方基督教的这种关于神圣秩序与不公正之间斗争的观念,与古代东方关于真理与谎言之间的斗争,以及关于国王作为真理王国传播者的功能的观念,并无多少不同。这种东方传统活跃于并体现在相邻的萨珊王朝(Sassanid),在查士丁尼赋予《法学阶梯》和《学说汇纂》法律效力的法令(Constitutio tanta [De confirmatione digestorum])中可以特别清晰地感觉到它的存在,在其中,"总是急于带来新形式的自然"被视为与来自上帝的秩序格格不入的原则。当自然的肥沃多产引起纷乱时,必须诉诸一个帝国决定的奥古斯都的补救(Augustum remedium),[166]因为上帝已经为人类世界设定了帝国的时运(fortuna imperialis),以便根据自然的各种偶然性来调整秩序。①

3 罗马观念和基督教观念的融合

东方的秩序观念本身并不必然导致秩序以内在于尘世的方式固化在一个成文的、无须历史研究或注释研究的规则体系中;只有与罗马传统相结合,它才能实现这种固化。《学说汇纂》的编纂令特别提到"将近一千四百年"的罗马史,这是《学说汇纂》这份总结性大全的背景。该编纂令强调,所有共同体都应遵循罗马的习俗,因为罗马是世界的领袖。然而,旧罗马的荣耀已经远去,因此必须将"罗马"理解为既指旧罗马,也指君王(basileus)的罗马。② 罗马所包含的旧罗马(Roma vetus)和君

---

① 此处正文的分析基于这些法令的拉丁文版本。希腊文版本所用术语有所不同,而并未在实质上改变其含义,但却提醒我们不必过于追究表述方式上的差异。这些宪章并非讲究用词准确的哲学论著。所用版本是 Paul Krüger and Theodor Mommsen, eds., *Corpus juris civilis*, 13th ed. (Berlin: Weidmann, 1920, rpt.1965), vol.1; English edition: *Civil Law*, trans. S. P. Scott, 7 vols. (Cincinnati: Central Trust, 1932)。

② [译按]basileus 在希腊语里的意思是"君王",通常被作为拜占庭皇帝的称号。

王罗马(Roma regia)这双重含义为这一伟大立法的结构提供了前提条件。旧罗马的法(jus)在《学说汇纂》中获得其最终、再无更易的形式;新的法(lex)则被收集在帝国宪章法典中,可以增补。

通过将基督教秩序融合在罗马传统中,《学说汇纂》获得神圣著作的地位,不可更改,也不可受到史学批评,而帝国的决策和宪章所获得的地位则是,它们可由超凡魅力权威解读并发展。

(三) 万民法:《帕皮恩西斯教会法注疏》

关于罗马法的神话——它是绝对秩序,历史上凡适用于有罗马公民权之人的法律均必须与之保持一致——并未与帝国一起在西方消亡。与罗马臣民法(lex Romanorum,即适用于罗马出身的臣民的法律)的观念一起,一直存在着作为万民法(lex generalis,即适用于所有人的共同法)的罗马法的观念。[167] 当然,关于罗马普遍性的意识一直存在于罗马法使用者的心目中;《佩特吕抗告录》的第一章是关于"至为神圣的法律,它约束所有人的生活,因此应当为所有人知晓"的一段摘录,这并不令人惊奇。① 而且,这种传统被教会保存下来,它作为一种制度,继续依据罗马法运作。然而,对我们这里的讨论更重要的是该传统在伦巴第法律实务中体现出来的生命力。将罗马法视为万民法的观念并非伴随或者跟随它在博洛尼亚的复兴而来,而是先于这场复兴。关于普遍性的观念预先存在于伦巴第环境中,我们由此接触到对12世纪的那场复兴起了决定性作用的因素之一。

---

① 文本见于 Savigny, *Geschichte*, vol.2, app.IA, pp.319—428。

罗马法神话的这个层次,同时也是第三个层次,也许在《帕皮恩西斯教会法注疏》(*Expositio ad librum papiensem*)——这是 11 世纪晚期关于帕维亚的伦巴第法律典籍的一部评论性作品——中得到最清晰的表现。它表现出一种倾向,要通过各种方式限制伦巴第法律的应用范围,以便用罗马法的条款取而代之。在伦巴第法与罗马法之间的关系上,这位作者倾向于将罗马法应用于伦巴第人,而不是将伦巴第法应用于罗马人。他将对伦巴第法加以限制性解读,并填补由罗马法造成的"空白"。

例如,伦巴第法规定,业主有权杀死拒不停止侵害的侵入者,但这被认为不适用于罗马侵入者,因为倘若为了如此轻微的伤害而杀死一个人,那就将违背罗马臣民确保享有的罗马法精神。因此,在众多案例中,该作者根据罗马原则来解读伦巴第法律。然而,最具特色的是,该作者努力找出伦巴第法律中的"空白",并进而用罗马法来填补它们。这种做法揭示出两个方面的意义。首先,一个法律体系是没有"空白"的;只有当某个人断定,某种尚未由法律通过某种方式来加以规范的社会状况应当得到规范的时候,"空白"才会出现。它来自现有法律秩序与对法律秩序改革后的适当内容的看法之间的张力。

[168]法律改革者之所以看出空白,是由于他想让法律覆盖他认为构成了案件的一系列事实,而从现有法律秩序的视角看来则并无案件。因此,空白的发现便表明该作者的意见:某些罗马案件在伦巴第法之下也应当是案件。伦巴第法被以罗马的标准来加以衡量。其次,该作者填补了因采用罗马规则来对比这两种秩序而产生的空白。他用如下假定来论证罗马法的这种附属功能具有合理性:罗马法是万民法,可以为了这个目的而正当地使用(罗马法,属于所有人的普通法;普通罗马法[Romana

lex, que omnium est generalis; lex Romana generalis], 等等)。①

三 博洛尼亚复兴

到 1100 年,以查士丁尼立法的形式出现的罗马法已经吸收了罗马与东方基督教秩序中的绝对王权论,并且获得了人类共同法的尊严,超越了西方世界的地区法和属人法。它已成为欧洲文明的共同因素之一,与帝国的尊严、教会以及官方拉丁语层次相同。② 由于观念的这种积累,当需要有更加详细的行为与程序秩序时,罗马法可资利用,能发展成为尘世秩序的典范。我们必须始终对如下观点保持清晰认识:这场复兴并不意味着,对罗马法的研究是出于理解罗马共和国或罗马帝国法律制度的目的,而是出于对一种神秘地带有绝对性的秩序的接受,这种秩序能作为一种系统性框架,满足当时法律实务中的讼辩决疑需要。非常偶然地,对罗马法的大量关注也会导致从哲学和历史的角度对其加以理解,但首要目的仍然是阐明当时的一种法律秩序。

因此,开始于[意大利北部]博洛尼亚(Bologna)学院的罗马法史展现出一种奇特的结构,人们能根据所使用的解读原则对它加以多种方式的评价。罗马法研究者感兴趣的是理解查士丁尼的纯正立法。从他的视角看来,[169]这场复兴非常幸运地开始于伊尔内留斯(Irnerius,1050—约 1130 年)和早期的注释法学者,他们试图得到明晰的、充分解读过的神圣著作文本。

---

① 该例子来自 Max Conrat 对这个问题的良好概述,见 Max Conrat, *Geschichte*,第 404 页以下。引用的文本是 *Expositio ad librum papiensem*, ed. Alfred Boretius, in MGH, *Legum*, vol.4 (Hanover: Hahn, 1868),第 290 页以下。
② Savigny, *Geschichte*, 3:87.

但是，随着注释工作日益增加，他将发现，文本为注释所覆盖；到了阿克库尔修斯（Accursius,1263年卒）时期，较之律师们在法律实务中使用的注释，他们对文本的尊重要少得多。情况在14世纪进一步恶化。当时，在无所不包的评论性处理中，法律的内容被越来越多地付诸所谓辩证方法的检验，这只会抹去罗马法律制度的历史含义。在这个较晚的时期，罗马法的研究与实施变成相互竞争的评论者之间的一场斗争，从而导致在批驳观点时只是引用权威和计算权威数量，并使罗马法的含义被评论者的共同意见（communis opinio）所取代。

如果我们不以罗马法的命运，而是以西方法的命运作为我们的出发点，那么，同一发展过程将会表现为，将罗马文本吸纳到这一引发复兴的法律成长过程中。伦巴第律师对文本的复兴，其目的并不是为了取得历史研究资料，而是为他们日益复杂的实务操作找到一种绝对的法律典范。一旦掌握了关于这种典范的知识，则必定会由于来自实务的需要而在文本之上积累起一层又一层的评论；注释和评论逐渐取代了文本，因为注释和评论是一个时代的鲜活法律。通过这些令罗马法学者感到不满的评论赘物，在查士丁尼的立法中融入了当时的非罗马法，即宫廷惯例、日耳曼习俗法和城市法规。

这种融合的细节在这里不做讨论，但举一个例子将会说明这个问题。关于查士丁尼风格的皇帝（imperator）称号，注释法学者阐明当时的帝国立场，解释说在获得皇帝的全部尊严之前，皇帝必须是罗马人之王（rex Romanorum）。查士丁尼注释法学者对查士丁尼的帝国尊严丝毫不感兴趣；但是，降临在日耳曼国王身上的帝国尊严所具有的结构则极为重要。①

[170]关于这种融合的另一个例子令我们特别感兴趣,因为它展示了为主张罗马法对西方基督教人类的整个共同体都具备有效性而使用的论证。这里所指的段落是萨索费拉托的巴尔托鲁(Bartolus of Sassoferato,死于 1357 年)对《学说汇纂》49.15.24 中的罗马人(populus Romanus)一词所作的注释。"罗马人"被解释为服从罗马帝国的各个民族(gentes)。这位注释者回应了如下论证:这些民族的数量有限,实际上只包括日耳曼国王的那些封地。首先,有的民族直接服从罗马帝国,他们毫无疑问是罗马人;其次,有的民族并不是在每个方面都服从罗马帝国,而是只在一些方面服从,例如托斯卡纳和伦巴第城市国家,他们使用帝国法律;第三,有的民族既不服从皇帝也不生活在他的法律之下,而是生活在他的特许之下,例如威尼斯人;第四,我们看到有的民族并不服从皇帝,而是通过与皇帝订立契约关系而拥有他们的自由,例如通过君士坦丁的捐赠而给予罗马教会的那些省份。

最后是国王和王公,例如法兰西和英格兰的国王,他们拥有独立地位,但还是必须被视为罗马公民(cives Romani),因为他们承认皇帝是普世之主(universalis dominus),以至于他们的独立实际上来自特许或规定。除了这些至少承认皇帝是普世之主的民族,还有不能被视为罗马人之一部分的外邦人(populi extranei),例如鞑靼人、印度人、阿拉伯人、犹太人,以及最重要的,

---

① 在所用到的阿克库尔修斯编辑版中:Accursius, *Digestum vetus, seu pandectorum juris civilis tomus primus ... commentariis Accursii et scholis contij, et paratitlis cujacij ... illustratus* (Paris: Sebastianum Ninellium, 1576). Original ed.: Venice: Baptista de Tortis, 1488, rpt. in *Corpus glossatorum juris civilis*, vol.7 (Turin: Ex officia Erasmiana, 1969).

查士丁尼为其立法的民族,即君士坦丁堡皇帝的臣民。①

将查士丁尼的民族排除在构成罗马人的民族范围之外,这或许以最好的方式说明,罗马法并未在历史意义上得到复兴,得到采用的只是法律秩序的骨架,在它之上可以覆盖由当时的制度构成的鲜活血肉。巴尔托鲁关于民族范围的思考,其目的在于尽可能地使更多民族至少是潜在地接受这种鲜活法律。[171]罗马神话与伦巴第律师的世俗动力的结合召唤了一种世俗秩序,这与帝国尊严、基督教徒行为以及知识分子的生活这三种世俗召唤是同时进行的。

四 复兴的效果

(一) 对法学理论的影响

复兴后的罗马法对当时政治观念的影响在结构上对应于这场复兴的独特之处。对法律实务(尤其是在伦巴第地区)的影响,以及对民法和刑法制度发展的影响都是巨大的,因为推动这种发展的动力也正是这场复兴的刺激因素。但是,对于那些与神圣帝国和民族王国的发展不可分割的政治观念,罗马法的影响却并不显著。中世纪法律和政治理论的大发展开始于阿奎那,在罗马努斯(Egidius Romanus)、帕多瓦的马西利乌斯(Marsilius of Padua)、奥卡姆的威廉(William of Ockham)那里得到延续,并显示出廊下派和教父传统、亚里士多德和托名狄奥尼修斯(pseudo-Dionysius)、圣方济各唯灵论和阿威罗伊主义的

---

① 来自巴尔托鲁的这一段落被引用在 Savigny, *Geschichte*, 3:87—88n。

影响,但它几乎未受到罗马法的任何影响。这种情况并不使人感到惊奇,因为查士丁尼的立法所使用的理论表述并非原创;它们反映了一种,甚至更多种法哲学,而它们自身则不是系统性的理论说明。

评论《学说汇纂》和法典的博洛尼亚法学家所能做的,通常仅限于就他们所面对的文本提出的某个问题表明这样或那样的立场。例如,在评论《学说汇纂》1.3.32 时,他们或者主张习俗比成文法更重要,从而强调大众习俗比君主的法令地位更高,或者主张自从皇帝成为唯一的立法者之后,习俗不再比帝国宪制更重要。关于君王法,他们或者认为人民拥有终极权力,而且可以收回业已让渡的权力,或者认为这种让渡已将绝对权力赋予君主,不能收回。只有在两方面观点都有人主张,并且未出现偏向其中任何一方的明显趋势时——无论是偏向人民主权原则,还是可能性更大地偏向君主的绝对权力——这些争执方才体现其意义。[172]因此,罗马法能提供论证,但决定最终选择的还是当时的政治立场。①

(二) 博洛尼亚与帝国政治

而且,在帝国政治与博洛尼亚法学院之间无法建立起具体的联系。在主要的博洛尼亚法学家中,更多人属于圭尔福派(Guelfs)而不是吉贝利尼派(Ghibellines),而且博洛尼亚城市本身在更多时候是反帝国而不是亲帝国的。弗里德里希二世试图取缔博洛尼亚法学院,但并未成功,而他自己在那不勒斯建立的学院机构则从未繁荣过。看来,对一个扎根于伦巴第城市生

---

① Carlyle and Carlyle, *History*, 2:75.

活的机构而言,帝国青睐与否几乎没有影响。

关于1158年龙卡利亚大会上发生的事件曾有过一些争论。当时,律师委员会就王袍问题所做的决定有利于皇帝,对那些伦巴第城市不利。对这些律师——其中包括12世纪中叶的大学者布尔加鲁斯(Bulgarus)、马蒂纳斯(Martinus)、雅各布斯(Jacobus)、胡戈(Hugo),他们据说是在罗马法影响下做出反意大利决定——提出的批评实际上站不住脚。萨维尼(Savigny)表明,罗马法与此问题无关;该决定完全正确地基于伦巴第宪法做出。①

(三)《格拉提安法令集》

就政治领域而言,必须从对待立法问题的态度变化中来寻找博洛尼亚复兴的真实效果。在对已得到充分理解的查士丁尼立法有了印象之后,出现了一种趋势,即认为西方的立法行为媲美罗马法。在此方向上的首次举动是由在博洛尼亚讲授教会法的卡马尔多利派僧侣格拉提安(Gratian,盛名于1140年)对教会法的又一次系统性收集。② 在格拉提安的《历代教令提要》(*Concordantia discordantium canonum*,约1140—1150)出现前,就早已出现过大量教会法汇编。9世纪的《伪教令集》(*False Decretals*)是最后一部按照年代顺序编排的文本汇编。[173]在《伪教令集》和格拉提安之间,我们能找到大约四十部系统性编排、价值不一的汇编。然而,所有这些汇编都未被认可为标准文本。

格拉提安的工作与前人不同之处在于它的完整性和它所使

---

① 关于这个问题,参见 Savigny, *Geschichte*, 4:171—178。
② [译按]卡马尔多利派(Camaldolesian)是本笃会的一个分支。

用的方法。早期的汇编只是将文件按某种系统性的顺序加以排列,而格拉提安则整理出一部关于教会法的论著,将历史资料纳入该专题著作。他尽可能地消除不同文件条款之间的矛盾,为此运用所谓辩证方法——这也许反映出阿伯拉尔的影响①——我们今天称之为历史考订法。这种从大量资料中抽离出法的有效内容,并按系统性的顺序加以呈现的尝试,对应于《学说汇纂》在进行注释工作时所持的观念。人们所说的《格拉提安法令集》(*Decretum Gratianum*)②一经面世便获得了半官方地位,作为教会法的来源和讲授时的标准文本。它也得到注释学处理,其方式与查士丁尼立法的方式相同。从对"教会法大全"(Corpus juris canonici)这个术语的使用中——这最早可追溯至12世纪,教会法学者赶超罗马法学者的倾向表露无遗,这类似于博洛尼亚学者将"民法大全"(Corpus juris civilis)这个术语用于罗马法。③

(四)《梅尔菲宪章》和《补编》

《格拉提安法令集》获得了作为教会法标准汇纂的地位,但它与《民法大全》一样,都不是正式的立法。西方立法发展史的第二个伟大步骤,即与查士丁尼立法相似的正式立法,出现在大约一个世纪之后。该步骤的世俗与宗教阶段有着紧密联系。1231年,弗里德里希二世为西西里颁布《梅尔菲宪章》,这在立法意图和立法者的风格上都更加有意识地仿照查士丁尼的行为。

---

① [译按]阿伯拉尔(Abelard, 1079—1142),法国经院学者,著名逻辑学家。
② [译按]即格拉提安的《历代教令提要》。
③ 但是,我们应当注意,被称为"民法大全"的法律体系,除了查士丁尼的文本之外,还包含伦巴第封建法,并且随着时代的发展还包含各位霍亨施陶芬皇帝的法律。

这是西方第一次正式编纂一套法律体系。在它之后，格雷高利九世于 1234 年颁布《和平之王》(*Rex pacificus*)诏书，[174]它与自《格拉提安法令集》出现后所颁布法令的汇编同时出现，并赋予其正式的法律权威。该汇编是在教宗的命令下由雷蒙德(Raymond of Peñafort)编纂的，并被送往博洛尼亚大学和巴黎大学，作为讲授教会法时的可靠基础。这些法令增补(即对《格拉提安法令集》的增补)的正式实施也间接赋予了《法令集》正式地位。然而，在《法令集》与《补编》之间仍存在技术上的差异，即《法令集》中包含的矛盾必须根据"后法胜前法"(lex posterior derogat priori)原则来解决，而《补编》中的法规尽管起源于不同时期，但都必须被视为具有相同的有效性，因为它们全都是 1234 年统一的正式立法的一部分。

五　英诺森三世的《教宗慎思》

对汇纂和法条的系统整理是世俗行动领域发展的最明显特征，该领域在规则和决疑论证的作用下得到理性化。作为总结，我们将讨论一份伟大的文件——英诺森三世的《教宗慎思》(*Deliberatio papae*,1200)，它首次将教宗的政治决定付诸理性的决疑论证而不是超凡魅力启示。[①] 它探讨的是，在弗里德里

---

① Innocent III, *Opera omnia*, vol.3, *Registrum de negotio romani imperii*, XX-IX, in Migne, PL, vol. 216, col. 1025ff. Recent editions: *Regestum super negotio Romani Imperii*, ed. Friedrich Kempf (Rome: Pontifica Università Gregoriana, 1947); *Die Register Innocenz III*, ed. Othmar Hageneder, Anton Haidacher, et al., Österreichisches Kulturinstitut in Rom, Historische Studien und Publikationen, Quellen, series 1, 2 vols. (Graz: Böhlaus Nachfolger, 1964—1979).

第十章 法

希二世、士瓦本的菲利普、奥托这三位当选的罗马国王中,教廷如何承认其中一人为皇帝。它包括引言式的原则陈述与论证本身。论证分成三个部分,每个部分讨论其中一位国王。

赞同与反对承认的理由按如下方式安排:先是赞同承认弗里德里希二世的论证,然后是反对承认他的论证,最后是反驳对第二部分论证的反对,于是最终的决定便是反对承认弗里德里希二世。然后,士瓦本的菲利普的案例遵循了同样的程序。至于最后一位人选奥托,相当强的反对承认他的论证被首先给出,[175]然后只给出赞同承认他的理由,这最终促使教宗承认他为皇帝。

一个重大政治决策必定要面对历史的偶然性。这种偶然特征是无法消除的,但行为者的情感和他对待这些情感的态度却具有一定的变化范围。政治家可以信赖他的运气,信赖他个人或所在职位的超凡魅力,或者,他可以从他对历史规律的信念中得出其行动的必然性,他感到自己受了召唤要去执行这种规律。《慎思》的特点就在于,它试图把握推理网络中的无数决定因素,并严密地组织论证,以便看起来像是势所必然地做出决策。这是徒劳的。从对正反双方理由的审察中本可以推导出任何决策;但也正是这种徒劳使《慎思》变得很重要,因为我们这里面对的是一种旨在"涵盖"行动所遇到的各种偶然性的新模式。

而且,《慎思》不是一份公共文件;它是为了教宗个人的用途而撰写的私人备忘录;而这种私密性更加突出了那种理性动机所具备的功能,也就是对一个其最终的非理性必定已为作者强烈感知的步骤加以理性化。不言自明的前提、正反双方的讼辩决疑论证、反对意见及其反驳以及最终的结论,这些经院学术的工具变成一件世俗外壳,赋予决策行动一种有秩序的安全感,而这些行动在格雷高利七世时代仍然被体验为是由超验的、超凡魅力的方式决定的。使经院学术的方法服务于上述目的,这附带着提供了一种深刻洞见,洞察这种方法在情感于神学和形而上学领域运作时所起的功能。

《慎思》的内容对应于它的形式。在建构这种世俗推理外壳时所运用的论证本身也是世俗类型的。出于分析的需要,我们将选择对简要的导论和文件主体部分中的一到两个论证进行讨论。导论将勤勉、审慎地为帝国提供尊严确定为使徒主教职① 肩负的责任。该责任来自如下原则:帝国就其起源和目的而言均从属于教廷。就起源(principaliter)而言,是教廷将帝国从希腊人手中转到西方,以便使其得到更好的防护。就目的(finaliter)而言,皇帝接受由教宗来最终赋予其尊严,[176]方式是为皇帝加冕,并控制帝国范围内的任免权。

在实质上,这些原则通过将超凡魅力秩序转换为程序性秩序而重新解释了神圣帝国的格拉西乌斯宪制。帝国转移不再是一个由上帝所希望和构建的历史事件,而是库里亚的一项法律行为,目的在于为教会找到一个更有效的保护者。礼节性地承认当选皇帝是帝国的世俗首脑,如今则被转换为一个程序性的步骤;根据早先的观念,只有当候选人犯有明显的辱圣行为时,教宗才能拒绝承认其为皇帝,如今则可以根据他自己的见解、出于政治目的而拒绝给予这种承认。在这些重新解释中,第一条与帝国转移相关,或许在政治上给人的印象更为深刻,因为它预示着教宗有权利转移、颁授帝国。然而,与 finis[终点、目的]相关的第二条重新解释则充分揭示出理论上的问题:在摆弄 finis

---

① [译按]使徒主教职(Apostolic See,兼有"使徒主教区"之意),是指由使徒建立的主教区及其主教职位,其中包括罗马。

的双关含义时,英诺森三世将帝国的超凡魅力目的或潜能,转换为将要由教宗来实施的最终、最高的程序行为(带有金色外衣[palla aurea]的任命)。

"最终(换句话说,附属于使徒职位之权威),因为皇帝从至高的教宗那儿合法获得了最终或终极的擢升之权限,同时由教宗祝福、加冕并穿上皇袍。"参见 Innocent III, *Opera*, col.1025。

由神塑造秩序的历史时代,以及帝国在神秘体中的超凡魅力地位,均被教宗的行为归结为一种秩序。

《慎思》令人感兴趣之处多半出现在当我们关注那三位候选人当选为罗马国王时的局势,以及各种实属权宜的问题时。然而,有三项论证也是值得关注的,因为它们对《慎思》的结果起了决定性作用。

第一项论证涉及对罗马领地被包围的恐惧——如果帝国落入西西里国王之手的话。该论证完全是从权力政治的角度进行的,与它所反对的孩童弗里德里希的个人品质毫无关系。

第二项论证更加接近关于帝国尊严的超凡魅力问题。英诺森三世表达了他的担忧:如果来自同一个家族的皇帝系列得以延续的话,那么帝国的威严便可能变成世袭。[177]旨在为该超凡魅力职位挑选最合适人选的自由推选会受到威胁——血统的超凡魅力可能取代职位的超凡魅力。该论证在原则上听起来合理,但并不十分令人信服。在推选皇帝时,家族关系一直是一项因素,因为高贵的出身——没有哪种出身能比身为皇帝后裔更加高贵——对候选人的品质很重要。王公们已在以往证明,通过偶尔中断从父到子或最近亲的继承,例如推选祖普林伯格(Lothair Supplinburg,1125—1137)作为亨利五世的继任者,而不是推选他的近亲士瓦本公爵,他们有能力实现他们的选择自由。

　　第三项论证或许触及教宗最深切的忧虑，即对于自亨利五世时代以来便搅扰教会的王权家族（stirps Caesarea）、迫害者（genus persecutorum）的恐惧。教宗一一细数了亨利五世、弗里德里希一世和亨利六世的罪恶行径，决定反对霍亨施陶芬家族，因为上帝已将诅咒降到他们身上，因父辈的罪行而对第三代和第四代人施以惩罚。在亨利四世与格雷高利七世、亨利五世与帕斯卡尔二世（Paschal II）的冲突中，在弗里德里希一世的新式罗马化帝国风格中，以及在亨利六世的宏伟帝国建构中，两种格拉西乌斯式权力体之间的紧张关系变得日渐显著。如今，这种紧张关系被教宗投射到迫害者这一观念中。这个由邪恶的反抗势力构成的世俗集团，与视教廷为塑造历史秩序与帝国目的之积极力量的观念正相对立。

　　教宗的决策并非来自慎思。它来自一些情感，它们体现在教宗对受诅咒的家族（oderunt Deum）这一邪恶势力的反对中。无须慎思便可体会教廷作为创造历史、塑造秩序的力量所面临的危险。这种危险来自一个已通过其创建世袭帝国的尝试而展现自身对历史的推动力的家族。关于危险的经验激发了该决策的做出。然而，教宗喜欢按经院学术的形式细致地安排论证。无论是阴谋，还是做决策时存在于情感发出的真实命令与推理得出的虚假命令之间的矛盾，二者都表明对决疑论证——作为秩序的独立、世俗来源——的信仰所具备的动能。

第十一章 德布拉邦

> 没有文字的生活便是死亡,便是粗鄙者的坟墓。
>
> ——德布拉邦

一 亚里士多德主义

[178]直到最近,13 世纪下半叶一直是中世纪政治观念史中最模糊的角落之一。① 造成这种状况的原因是众所周知的。以巴黎大学的人文学术大师为一方,以神学家和托钵修会为另一方,围绕着对待亚里士多德哲学和清贫理想的态度,双方激烈斗争,并以后者的胜利告终。就像在这种情况下经常发生的那样,失败一方的著作从人们的视野中消失,在五个多世纪的时间里没有得到适当的关注。幸运的是,这些著作至少没有像中世纪其他许多非正统运动的著作那样被销毁。

---

① [英文版编者按]本章的一些部分曾发表为"Siger de Brabant",*Philosophy and Phenomenological Reseach* 4 (1944):507—526。

主要的理论问题与对亚里士多德哲学的接受有关。西方先是通过穆斯林注释家的中介,后又通过对希腊文本的直接认识,获得了亚里士多德的著作。这在基督教思想的发展中引起轩然大波,因为亚里士多德的形而上学、物理学和心理学命题有许多与基督教义不相容。对这种冲突的反应会采取如下三种形式之一:[179]压制亚里士多德主义;发展基督教神学和哲学体系,使之尽可能多地容纳与基督教义相容的亚里士多德思想;或者深化发展亚里士多德哲学,不考虑由此形成的异端立场带来的危险。

教会于 1210 年尝试进行压制,禁止在巴黎讲授《物理学》和《形而上学》。该禁令于 1215 年得到重申。然而,由于这种否定态度在实践中不可能实行,一个委员会于 1231 年受命承担了制作亚里士多德洁版著作的任务;在该任务完成之前——它从未完成过——仍然禁止讲授。这种法律形势保持不变,但实际上,尽管教廷禁令一直存在,并于 1263 年得到重申,亚里士多德思想在巴黎仍然一直得到讲授,直到 1255 年,人文学院才在形式上管制了对被禁著作的讲授。在处理这个问题时,更为成功的方法是百科全书式地呈现和校订亚里士多德的知识宝库。

这项工作在 1240 年后开始于大阿尔伯特(Albertus Magnus,约 1193—1280),阿奎那以更具批评性的方式加以延续,其间与莫尔贝克的威廉(William of Moerbeke,盛名期 1260—1286)有哲学上的合作,成果是《神学大全》这一伟大综合。① 第三种态度允许直接延续由阿威罗伊的《评注》(*Com-*

---

① 关于这一接受过程,参见 Martin Grabmann, *Forschungen über die lateinischen Aristotelesübersetzungen des XIII Jahrhunderts*, Beiträge zur Geschichte der Philosophie des Mittelalters, Texte und Untersuchungen, vol. 17, fasc. 5—6 (Münster: Aschendorff, 1916)。

mentaries)所传达的亚里士多德哲学,它在 1255 年人文学院对讲授加以管制之后变得极为显著;这种态度的主要代表者是德布拉邦(Siger de Brabant,约 1235—约 1286)和达契亚的波埃修(Boethius of Dacia,盛名于 1270 年)。

这个学派的成就必须根据更为保守的人士和亚里士多德化神学家的抵制来衡量。1256 年,出现了大阿尔伯特的论文《论理智的统一,反对阿威罗伊主义者》(*De unitate intellectus contra Averroistas*);1270 年,阿奎那以一篇同名论文来反驳德布拉邦,而他的《反异教徒大全》(*Summa contra gentiles*)则是反对伊斯兰亚里士多德哲学的全面系统性著作。1270 年,巴黎主教唐皮耶(Etienne Tempier)谴责了阿威罗伊主义的十三条命题,而到了 1277 年,又出现了对包括阿威罗伊和阿奎那在内的 219 条命题的大规模谴责,[180]二者的观点被认为同样危险。

正如我们所说,这场斗争失败一方的文献淡出人们的视线,而对这些文献的校注编辑和解读过程如今仍在进行。就政治理论中的具体问题而言,该过程的主要资料如下:1899 年,芒多内(Pierre Mandonnet)发表了关于德布拉邦的出色专题研究,为我们呈现了一些此前未曾出版过的文本,并就时代问题进行了历史研究,这仍然是所有进一步研究工作的基础。① 第二版进

---

① Pierre Félix Mandonnet, *Siger de Brabant et l'averroisme latin au XIIIe siècle: Etude critique et documents inédits*, Collecteana Friburgensia, vol. 8 (Fribourg: Librairie de l'Université, 1899; rpt.Geneva: Slatkine, 1976). 在该著作之前有 Clemens Bäumker, *Die Impossibilia des Siger von Brabant*, Beiträge zur Geschichte der Philosophie im Mittelalter, Texte und Untersuchungen, vol.2, fasc.6 (Münster: Aschendorff, 1898)。

一步增加了一些文本,①而卷数更多的德布拉邦著作由范施滕贝根(Fernand van Steenberghen)于1931年出版。②比尔鲍姆(Max Bierbaum)在1920年校注、解读了一些重要资料,使我们能理解在托钵修会成员与人文学术大师之间围绕清贫理想而进行的争论。③

格拉布曼(Martin Grabmann)于1924年出版了关于慕尼黑手稿的报告。④登普夫(Dempf)于1929年从政治观念史的视角首次全面解读这个时期,另外还根据后来出版的资料做了一

---

① Mandonnet, *Siger de Brabant et l'averroisme latin au XIIIe siècle: Etude critique et documents inédits*, 2d ed., vol.1, *Etude critique* (1911), vol.2, *Textes inédits* (1908), Les philosophes belges, texts et études, vols. 6—7 (Louvain: Editions de l'Institut Supérieur de Philosophie de l'Université, 1908—1911).

② Fernand van Steenberghen, *Siger de Brabant d'après ses oeuvres inédites*, Philosophes belges, textes et études, vols. 12—13 (Louvain: Editions de l'Institut Supérieur de Phi-losophie de l'Université, 1931).

③ Max Bierbaum, *Bettelorden und Weltgeistlichkeit an der Universität Paris: Texte und Untersuchungen zum literarischen Armuts- und Exemtionsstreit des 13. Jahrhunderts (1255—1272)*, Franziskanische Studien, vol.2 (Münster: Aschendorff, 1920).

④ Martin Grabmann, *Neuaufgefundene Werke des Siger von Brabant und Boetius von Dacien*, Sitzungsberichte der Bayrischen Akademie der Wissenschaften, Phi-losophisch-philologische und historische Klasse, Jahrgang 1924, fasc.2 (Munich: Bayrische Akademie der Wissenschaften, 1924). Grabmann 的学术文章重印在 *Gesammelte Akademieabhandlungen*, 2 vols. (Paderborn: Schöningh, 1979). 并参见 "Neuaufgefundene 'Quaestionen' Sigers von Brabant zu den Werken des Aristoteles (Clm.9559)," in *Miscellanea Francesco Ehrle*, Scritti di storia e paleografia, Studi e testi, vols.37—42 (Rome: Biblioteca Apostolica Vaticana, 1924; rpt.Graz: Akademische Druck- und Verlagsanstalt, 1962), 1:103—147。

些细微的技术性修正,这是我们的研究基础。① [181]格拉布曼于1931年为我们提供了展现那些杰出人物背后广阔背景的进一步资料。② 戈尔斯(Matthieu-Maxime Gorce)于1933年首次出版了对《玫瑰传奇》(*Roman de la rose*)的充分解读,展现了它对该时期社会观念的全部影响。③

由一份尚未充分掌握其细节的资料所造成的技术性困难很快就被克服了;如今,我们已能很好地勾勒出巴黎人文学术大师们的世俗政治哲学的纲要。然而,因学者们的学术分工而造成的障碍仍然存在。人文学院的亚里士多德主义基于阿威罗伊的《评注》。伊斯兰学术的介入并不单单只是关系到亚里士多德哲学在那些注释者手中经历的学说变化,而是导致政治社会中的

---

① Dempf, *Sacrum*, chap. "Die philosophische Renaissance."
② Martin Grabmann, *Der lateinische Averroismus des 13. Jahrhunderts und seine Stellung zur christlichen Weltanschauung: Mitteilung aus ungedruckten Ethikkommentaren*, Sitzungsberichte der Bayrischen Akademie der Wissenschaften, philosophisch-historische Abteilung, fasc.2 (Munich: Bayrische Akademie der Wissenschaften, 1931).
③ Guillaume de Lorris and Jean de Meun, *Le roman de la rose*, ed. Matthieu-Maxime Gorce (Paris: Editions Montaigne F. Aubier, 1933). Recent edition by André Maury (Paris: Garnier-Flammarion, 1984). English edition: *The Romance of the Rose*, trans. Frances Horgan (Oxford: Oxford University Press, 1994); trans. Charles Dahlberg, 3d ed. (Princeton: Princeton University Press, 1995).我无法获得由施滕贝根撰写的 *Les oeuvres et la doctrine de Siger de Brabant*, Academie royale de Belgique, Classe des letters et des sciences morales et politiques, Memoires, Collection in 8, 2d ser., vol. 39, fasc. 3 (Brussels: Palais des Académies, 1938)。我对它的一些主要观点的了解只是通过 Martin Grabmann, "Siger von Brabant und Dante," *Deutsches Dante-Jahrbuch*, vol.21 (Weimar: Böhlaus Nachfolger, 1939), 109–130。

哲学家们的立场发生重大变化。在伊斯兰环境中,哲学具有了比亚里士多德时期更多的内容,变成知识精英的一种生活方式。尽管哲学的"结果",即被认为真实的命题,仍具有内在的重要性,但它们在整体上变得从属于作为一种生存风格的"哲学化"功能。

我们必须考虑这种功能变化,以便理解伊斯兰思想史和拉丁阿威罗伊主义的独特之处。相对来说,四百年的伊斯兰哲学在哲学问题上几乎没有独立的发展;它的主要形式是对亚里士多德著作的"注释"。[182]一些学者由此认为阿拉伯人毫无疑义地缺乏哲学天赋——面对如下事实,这种解释立刻瓦解:在早期的所谓阿拉伯哲学家中,只有金迪(Abū Yūsuf al-Kindī,约800—870)一个阿拉伯人,其他都是波斯人和突厥人。强调哲学在伊斯兰世界与在古希腊世界和现代西方世界的功能差异,这看起来更为合理。

同样的问题也出现在德布拉邦身上。他既有非同寻常的哲学才智,又令人不解地满足于停留在由亚里士多德和阿威罗伊所划定的思想轨道内。他将这二者集于一身,从而使解读者感到惊奇。而且,他愿意面对基督教义与他的哲学学说的冲突,以及信仰与理性的冲突,却不曾尝试调和二者,也不曾将其中任何一方视为无效。

"我们领会到,德布拉邦将信念的培育置于一切之上,并宣称坚守之。另一方面,他又教诲我们,并以其独特的方式证明了,人类的理性科学地证明了哲学的真理,而后者是对启示性教育的否定。该如何从这些相互矛盾的论断之中得出结论?难道说德布拉邦与他的那些坚执阿威罗伊主义的同道们竟然相信可从这些不一致的论断之中发现某种解决方案,而此种方案可以同时满足宗教和哲学上的信念?抑或,一种相近的手段是否只能作为一种权宜之计,意在掩饰信仰的缺失并进而逃避教会的审查和追究?"(参见 Mandonnet, *Siger* [1911], 190ff.)

这就带来了一个心理学谜团。他将信仰的真理与理性的真理表面上相安无事地并置一处,理解这一行为的关键仍在于伊斯兰的发展。然而,刚刚提到的这个问题还不曾得到令人满意的探讨,因为研究伊斯兰哲学的专家向来不涉足西方思想中更加扑朔迷离的问题,而研究中世纪西方哲学的专家向来不涉足哲学情感中的伊斯兰结构,而这种结构正构成德布拉邦态度的背景。即便是登普夫,尽管他对德布拉邦哲学的政治方面做了在西方资料的基础上可能实现的最透彻分析,但他并未涉及这个问题与其伊斯兰前身的关系。①

二 哲 学

[183]阿拉伯语 faylasūf[哲人]是希腊语 philosophos 的转写,指的是那些以希腊哲学——进入伊斯兰文明的主要是亚里士多德的思想——为基础做研究的伊斯兰学者。哲学并不意味着科学的一个分支,而是表示一种内在的、以一部"经书"为基础的处世态度,这与正统穆斯林之立身处世以《古兰经》(*Koran*)为基础十分相似。[哲学的]宗派内涵毋庸置疑;哲人们(falāsifa)代表着一种宗教运动,其结构和教义内容不同于其他

---

① Ernst Renan, *Averroës et l'averroisme*, 3d ed. (Paris: Lévy, 1866; rpt. Hildesheim and New York: Olms, 1986)这部较老的著作包含一些关于阿拉伯哲学教派特征的精彩分析,但该作者无法就巴黎的阿威罗伊主义者得出任何结论,因为在他写作当时,他们的著作实际上并不为人所知。Recent reprint of 3d ed.: in Veröffentlichungen des Instituts für Geschichte der arabisch-islamischen Wissenschaften, Reihe B: Nachdrucke, Abteilung Philosophie, vol.1 (Frankfurt: Institut für Geschichte der arabisch-islamischen Wissenschaften, 1985)。

伊斯兰宗派,但在实质上则同属一种类型。

(一) 该问题的希腊前身

这种伊斯兰发展并非完全独立;其前身在于古希腊与希腊化哲学的某些方面。柏拉图的召唤是政治性的,同时又是一种倾向于取代古希腊旧神话的宗教;亚里士多德之所以遇到神学上的困难,是由于他关于思辨生活、静观生活(bios theoretikos)的观念倾向于一种神秘的、在周围环境中引发抵制的宗教性。在柏拉图那里,我们能看到他计划用一个政治－宗教性的教会－国家来大力削弱城邦宗教;在亚里士多德那里,我们能看到一种理智宗教性的兴起,它竭力避免与现有各种势力发生冲突。[柏拉图的]学园和[亚里士多德的]吕克昂之所以通常被视为哲学学派,而不是宗派或异端,主要原因似乎在于,在多神论的希腊文明中,既无教会,也无理性的一神论神学,而这些都是使那种新型宗教态度能表现为宗派或异端的背景。希腊宗教的多神论结构留下巨大空间,使理性的哲学态度得以发展,同时不与某种与之相竞争、具有同样理智程度的宗教体系产生公开冲突。

在亚里士多德思想在西方得到接受的过程中,出现了"信仰与理性的冲突"。这种冲突在希腊当然也有,但它之所以没有采取西方的暴烈形式,是由于到了亚里士多德那个时代,城邦的分崩离析已经使类似规模的冲突变得不可能。然而,城邦的信条仍然强大,[184]这促使亚里士多德谨慎行事,将作为"思辨行动"的沉思生活纳入一套适合城邦成员的行为体系。只有在犬儒派、廊下派和伊壁鸠鲁派的行为中,才出现与城邦的公开决裂;"学派"的宗教－宗派特性在希腊化时期变得显而易见。

(二) 阿拉伯亚里士多德主义中的新柏拉图神秘主义

在所有希腊思想运动中,亚里士多德主义似乎最难发展成为具有坚定宗教性的生活行为;的确,在理解伊斯兰哲人的亚里士多德主义时,必须注意一些限定条件。伊斯兰哲学中的重要讨论并不是以亚里士多德的《工具论》(*Organon*)或《物理学》(*Physics*)为核心,而是关注《形而上学》第十二卷,以及由阿弗洛狄西亚的亚历山大(Alexander of Aphrodisias)《集注》(*Commentary*)所转述的《论灵魂》(*De Anima*)第三卷。因静观生活与城邦的妥协而令其品质受损的《政治学》(*Politics*)未被翻译,其地位被柏拉图的《法义》(*Laws*)所取代。这些经典的核心在于所谓《亚里士多德神学》,这是普罗提诺(Plotinus)《九章集》(*Enneads*)最后三卷的简要概括。新柏拉图神秘主义和阿弗洛狄西亚的亚历山大为《论灵魂》所作的《集注》,构成了伊斯兰哲学的活跃核心,为评注亚里士多德著作提供了解读原则。它们使积极理智观念的发展成为可能。这一观念来自上帝,促使人的消极理智投入行动。在这个体系中,人生的目的是实现人的理智与积极理智的完全统一(ittiṣāl)。在"积极理智在所有人身上的统一性"这一枯燥的技术性表述背后,存在着一种神秘经验和一种发达的宗教态度,这种经验与态度为理论问题提供了内容。归根结底,信仰与理性在13世纪发生的冲突是两种宗教之间的冲突,是基督教与哲人们的新柏拉图神秘主义的冲突。

(三) 神秘化的亚里士多德

在此形势下,由亚里士多德这个人物必然发展出神秘因素。

他不仅是物理学、逻辑学、形而上学和伦理学真实著作的作者，[185]而且他的名字还融汇了柏拉图的《王制》(Republic)与普罗提诺神学和神秘主义的荣耀。用阿威罗伊的话说：他发明并完成了"三艺"（物理学、逻辑学、形而上学）；亚里士多德是大师，后世的学者通过他而实现他们自身的完善；他们必须理解他的言说以及从中得出的结论；他的著作既无须补充，也找不到错误。亚里士多德将这些品质集于一身，变得比人更加神圣。

> 让我们赞美上帝，他因这个人的完美而将其与所有其他人分开，并赋予他最为极致、任何时代的任何人都无法企及的人性卓越。

在《论灵魂》中，我们看到阿威罗伊的信条：

> 我相信，这个人是自然的法则，是自然创造出的原型，目的在于显明人在尘世间（in materiis）所能达到的完善程度。①

正是这种神秘化的亚里士多德主导了哲人，并通过他们的中介而为西方世界所知。引发纷扰的主要因素并不是他的著作内容；正如大阿尔伯特和阿奎那所证明的那样，亚里士多德的结论能够被吸收。危险来自神秘化的亚里士多德，作为一种与基督教的启示和传统地位相当的新型精神权威。圣方济各的基督会成为要求基督教徒与之保持一致的标准；正是在这种意义上，作

---

① 这些及其他段落的辑本见于 Renan, *Averroës*, 第 54 页以下，以及 Mandonnet, *Siger* (1908), 第 153 页以下。

为"自然的法则与原型"的亚里士多德会成为要求人们与之保持一致的典范。

(四) 哲人与伊斯兰正统

在伊斯兰文明中,哲学的繁荣所源自的结构因素要么根本不存在,要么其存在方式与13世纪基督教世界的方式不同。在伊斯兰哲学发展成为知识精英的一种宗教的过程中,其一般性的社会前提条件是伊斯兰基要主义在文化上落后于那些被征服的东方国家(叙利亚、波斯和埃及)的高度文明。由于伊斯兰正统教义严格遵循《古兰经》,因而难以匹敌东方沿地中海地区和亚细亚内陆地区的理智与神秘力量。伊斯兰世界本身内部的问题发展极为缓慢。[186]如今,我们很自然地将诸如信仰神定命运等教义同伊斯兰教联系在一起,但它首次成为[伊斯兰教的]关注主题却是在622年的迁徙之后一个世纪,①而且不是由阿拉伯人,而是由波斯神学家发展出来的。迟至9世纪,正统的汉巴尔仍拒绝对有关他的信仰的问题给出任何明确的回答,②只是引用《古兰经》。通过论证对精确引用的观念加以引申,这种做法受到禁止。10世纪,在四处扩散的哲学和各种宗派的压力下,伊斯兰经院神学开始发展,在加扎利的著作中达到高峰。③

如果我们希望理解为何早期的哲人金迪和阿尔法拉比能够同时是亚里士多德主义者和虔诚的穆斯林,④那么我们就必须

---

① [译按]这里的迁徙(Hijra)特指伊斯兰教创始人穆罕默德从麦加(Mecca)移居麦地那(Medina)传教。
② [译按]汉巴尔(Ahmad Ibn Hanbal, 780—855),伊斯兰神学家、法学家。
③ [译按]加扎利(Muhammad al-Ghazālī, 1058—1111),伊斯兰神学家、哲学家。
④ [译按]法拉比(Abū NaSr al-Fārābī, 约878—950),伊斯兰哲学家。

考察这种由一套严格的启示教义主导一个具有高度文明的被征服区域的独特局面。希腊哲学传统与穆斯林正统教义之间的终极不相容性,在[二者相遇]最初的几个世纪里并不明显,因为哲学的内容就整体而言,其范围远比一种无论辩的教义广泛。哲学会成为那些具有更丰富神秘经验和理智能力的人们的隐秘宗教,形成对伊斯兰基要主义的补充。到12世纪,随着经院式论辩神学的发展,这种不相容性开始显现。阿文佩斯(又名 Abū Bakr Ibn Bājja)的正统教义是不完善形式的真理,① 对大众而言是一种有用的宗教,而在理智上更为成熟的人们则愿意追随亚里士多德主义提供的更加完善的启示。

最后,阿威罗伊的论文《论宗教与哲学的一致》(On the Agreement of Religion with Philosophy)清晰地探讨了这个问题。人民的宗教对于大众的福祉,对于他们恰当地表达其虔诚与道德都是必需的,因而将受到哲人的尊重;哲人不应批评既有宗教的教义,但也无须臣服于它。对宗教和形而上学问题的理性讨论必须深入进行,但应限制在那些能理解这种讨论的有教养者的小圈子内。将哲学的结论传达给人民只会迷惑他们,剥夺他们所需要的那种信仰。

三 知识分子

(一) 西方哲学家与基督教

[187]随着伊斯兰—亚里士多德哲学传入西方世界,信仰与

---

① [译按]阿文佩斯(Avempace,死于1138年),伊斯兰天文学家、哲学家、医生、物理学家和诗人,"阿文佩斯"是他为西方世界所知的拉丁化名字。

理性之间关系的动力发生了根本性的改变,而这种动力的改变牵涉到哲学家态度的改变。在伊斯兰世界,哲人代表着文明程度较高的因素,在伊斯兰神学发展出比较详细的体系之前,垄断了对世界的理性化、系统性理解长达数百年。在西方,新的哲学态度面对的是基督教;自圣保罗以来,基督教已在古希腊影响下得到理性的发展,已经历过教父时代,并将牢固的系统性基础建立在圣奥古斯丁的思想之上。在伊斯兰世界,正统教义与哲学之间的对立不会导致直接冲突,因为伊斯兰教并未发展出独立的、能采取直接行动的精神等级体系;是宽容还是压迫非正统宗教群体,这在很大程度上取决于哈里发的想法。而且,哈里发的财政政策进一步有利于大规模非穆斯林群体的持续存在,因为这些异教徒必须交纳人头税。

在这种相对宽松的氛围中,看来更加可能的是,在阿尔莫哈德哈里发(Almohad Caliphate, 1159－1229)统治时期,保守的正统教义与实际上持不可知论立场的哲学之所以能相对和谐地共处,是由于这两个集团间的君子协议,该协议体现在我们早先描述的西班牙—穆斯林哲人的意愿,希望将他们的科学视为一种为特选人士而设的隐秘教义,而不要用它来打扰人民。在基督教西方,新的哲学态度不可避免地带有咄咄逼人之势,因为理性的权威挑战了既有精神体系的权威,而该体系详细、复杂,已经良好地组织为一种等级体系,并在精神事务上拥有惩戒与决策的权力。

[英文版编者按]沃格林对伊斯兰文明的涉猎在某些方面极具眼光,但是,由于并非该领域的专家,他不得不依靠当时不可避免地具有缺陷的信息,其中一些缺陷直至今日也仍然存在。沃格林对于理解伊斯兰文明作出的杰出贡献是,他将古希腊哲学视为中世纪知识精英的一种宗教。他对伊斯兰思想史的探讨则出现了一些问题。以下是对伊斯兰文明发展

的一份概述,反映了最新的学术研究成果。

(1) 尽管君士坦丁大帝及其继承人试图将罗马转变为一个基督教帝国,但它仍然是一个异教组织,因而会被他们(如圣奥古斯丁那样)视为不断背负着由不正当起源带来的耻辱。然而,如果有人急于去除这种不正当性,那他就会试图用一个"真正"受到启示的、期待上帝审判日来临的帝国来取代它。可以将7世纪的阿拉伯哈里发视为如下概念的先锋:一个最终的启示帝国,取代罗马(及波斯)等先驱者的异教帝国。查理大帝在一个半世纪后也采用了这个概念。

由此,在有着异教出身的"普世"帝国时代之后,各个正统帝国的时代开始了——西方基督教帝国、伊斯兰帝国以及新儒家中华帝国([译按]原文为 neo-Confucian Chinese)连同在前二者的夹缝中艰难生存的"不正当的"拜占庭帝国(比较 Garth Fowden, *Empire to Commonwealth: Consequences of Monotheism in Late Antiquity*, Princeton: Princeton University Press, 1993, 20)。他在其中谈到,"君士坦丁尝试性地、穆罕默德成功地将帝国的推动力与肩负使命的一神论结合在一起"。当然,对"普世"(ecumenic)帝国与"正统"(orthodox)帝国的精妙区分来自沃格林。

(2) 并不令人惊奇的是,这两个正统帝国——即在约公元690年之后的历次阿拉伯征服中诞生的伊斯兰帝国,以及作为其对手、约在公元800年之后出现的西方基督教帝国,在结构上具有许多相似性。二者均按照可通过多种方式加以表述的教义来组织,从经文字面主义(scriptural literalism)到寓意神秘主义(allegorical mysticism);当捍卫教义之责从哈里发/皇帝转到宗教机构,并且政治权力从哈里发/皇帝转到众多苏丹和/或国王之后,二者都逐渐发展成为文明(比较 Ira M. Lapidus, "The Separation of State and Religion in the Development of Early Islamic Society," *International Journal of Middle East Studies* 6 [1975]:363—385)。

(3) 几乎没有证据证明,经文字面主义在伊斯兰文明中比在西方基督教文明中对哲学更为严苛或者更具敌意。字面主义自一开始便与神秘主义相伴而行,后者需要通过基本的亚里士多德主义来进行阐述。实际上,在漫长的岁月中,字面主义和神秘主义以与西方相同的精神—制度方式相互适应:任何一个希望摆脱生硬教义的人都会在伊斯兰兄弟会(tariqa)或基督教修会的精神灵活性中找到慰藉。虽然一些张力依然存在着(例如围绕着 Muḥyī al-Dīn Ibn al-'Arabī[死于 1240 年]或圣方济各的思想而发生的争论),但穆斯林和西方基督教徒都用同样的方式,从字面主义到神秘主义,表达了他们的教义正统。关于新近对基督教字面主义教义所做的引人入胜综述,参见 Caroline Walker Bynum, *The Resurrection of the Body in Western Christianity*, 200—1336(New York: Columbia University Press, 1995)。

(4) 毫无疑问,较之伊斯兰教逊尼派甚至什叶派,西方基督教正统纳入了更多的亚里士多德主义。但是,我并未看出这种更强的亚里士多德化如何改变了"信仰与理性之间关系的动力"。德布拉邦的非经文亚里士多德主义逐渐消失了,阿奎那的基督教化亚里士多德主义对其后的中世纪思想几乎没有影响。任何"决定性的"变化都必须追溯到 17 世纪中期,当时,伽利略(Galileo)及其关于运动的新物理学挑战了按照字面主义方式来解释的信仰学说。

正像如今人们所公认的,伽利略新物理学的产生,不是通过在经院学术对亚里士多德主义四个世纪的修修补补之上增添了最后一块,而是通过从根本上否定它。换句话说,他将伊斯兰教和西方基督教关于教义与亚里士多德主义相容性的全部讨论都抛置一旁,在亚里士多德自己的基础上挑战他。因此,关于亚里士多德主义的关键要点并不在于,它在何种程度上渗透了或未曾渗透正统教义,而在于它在自己的自然世界里,在何种程度上被认为是有道理的。

关于亚里士多德主义在阻滞而不是推进现代机械论思想的到来上所发挥的作用,参见 Paul Lawrence Rose, *The Italian Renaissance of Mathematics: Studies on Humanists and Mathematicians from Petrarch to Galileo*(Geneva: Librairie Droz, 1975),以及更为晚近的 H. Floris Cohen, *The Scientific Revolution: A Historiographical Inquiry*(Chicago: University of Chicago Press, 1994)。为什么不是由穆斯林而是由基督教徒来开启科学革命?这个问题超出本卷的讨论范围,但可以通

过探究非几何数学的历史发展,而不是亚里士多德物理学和形而上学思辨在后希腊化世界的历史发展来回答。

(二) 信仰与理性

[188]德布拉邦反复确认对信仰真理的偏好,哪怕它与哲学的结论相冲突。这导致那种咄咄逼人之势非但没有减弱,反而变得更加恼人。没有理由认为,对两种相互冲突真理的承认表明哲学家不真诚。这只不过表明多种情感发生了混淆,其原因在于承认两种权威,而它们在教义上并不必然在每个方面都发生冲突,尽管世俗理性的权威正处在上升期。[189]也许,通过比较德布拉邦的一些论述——其安排顺序旨在表明理性不断增长的分量,这种情感间冲突将会变得格外明晰:

> 我们说,这就是哲学家在理智灵魂与身体相结合这个问题上的意见;但是,如果神圣的普世信仰所持意见与哲学家的相反,我们希望在此处,就像在别处一样,偏向信仰的意见。①

在另一处,确认了这种偏好之后,出现了更加急切的句子:

> 但是,当我们以自然的方式讨论自然事物时(de natu-

---

① Siger de Brabant, *Quaestiones de anima intellectiva*, in Mandonnet, *Siger* (1908), 156ff. New edition: Siger de Brabant, *Quaestiones in tertium De anima*, *De anima intellectiva*, *De aeternitate mundi*, ed. Bernardo Bazán (Louvain and Paris: de Vrin, 1972).

ralibus naturaliter），这与上帝的奇迹无关。①

在讨论灵魂不朽时——德布拉邦基于理性的理由对其予以否认,关键性的局面出现了:假如有任何哲学家竟然做出与此相反的论证,那么,[对他的]答复就将是,正像人能理解动物所不能理解的事物,"先知"拥有人的"普通理性"无法获得,而只能根据先知的证言予以接受的事物知识。②［190］最后的这次爆发及其出现的场合——灵魂不朽问题——揭示出,除了沉稳的理性论证之外,这里还牵涉到其他一些因素。这里流露出一种冲动,它急于达成特定结论,并将那些无法追随这些新启示的人置于次等地位。

否认尘世在时间中的创生,否认个人不灭的灵魂,否认来生,否认因尘世的行为而在来世受到奖赏或惩罚,除了能为尘世生存所实现的幸福之外不承认有其他至善（summum bonum）——为了将尘世确立为一个世俗的、与基督教意义上的超验实在毫无关联的结构,上述这些是最主要的否定性观点。至于这种新态度的肯定性内容,并没有哪个全面的体系将其发展出来,但我们可以根据不同的来源对其加以重构。对这一任务最重要的帮助来自唐皮耶主教于1277年所谴责之219条命题的列表。按照芒多内编辑的命题顺序,该列表的优点显得特别明显。③ 它

---

① Mandonnet, *Siger*, 154.
② 同上,第164页。
③ *Propositions condamnées par Etienne Tempier*, *évêque de Paris*, in Mandonnet, Siger (1908), 176ff;最早的顺序安排见于 Heinrich Denifle, Emile Chatelain, and Charles de Samaran, eds., *Chartularium universitatis Parisensis*, vol.1 (Paris: Delalain, 1889 – 1897; rpt. Brussels: Culture et Civilisation, 1964), 543 ff. 对理解这些系统性问题具有相当助益的还有 *Incerti auctoris Tractatus de erroribus philosophorum*, in Mandonnet, Siger (1908), 第1页以下。

极为谨慎地罗列各项谴责,实际上涵盖了一整套哲学和神学体系中的公理。

(三) 对哲学家的赞美

按照芒多内的顺序,第一项主题关注的是哲学家的生存。受到谴责的那些语句主张,最佳生活方式是投身于哲学,哲学家是尘世间唯一有智慧的人。这些谴责再次表明,这场冲突并非仅仅来自某些神学意见上的分歧,而是有着更为深刻的根源,即那些从根本上决定着生活态度的情感。理智活动是一种世俗势力,必定试图决定人类生存的标准。[191]在德布拉邦的著作中,我们看到这样的表述:

> 你应当清醒、研究并阅读;这样的话,你仍存有的怀疑将推动你投身进一步的研究和阅读,因为没有文字的生活(vivere sine litteris)便是死亡,便是粗鄙者的坟墓。①

达契亚的波埃修更加详尽地赞美了哲学家,称他们通过投身理智生活而达成至善。如果人通过运用其思辨理智,努力争取获得关于世界——以"第一者"(ens primum,亚里士多德用来指神的术语)为其顶峰——之真实秩序的知识,并通过运用其实践理智,根据所认识的真理塑造生活秩序,那么,人的这种生存便是最完美的。哲学家的生活方式(vita philosophi)带来人所能实现的最高幸福。基督教关于人的生存的观念,以及基

---

① Mandonnet, *Siger*, 171.

督教对生命和社会秩序的理解都被遗忘了。① 世俗独立知识分子的情感大爆发,其猛烈程度与萨利斯伯瑞的约翰的此世个人、菲奥雷的约阿希姆的历史性人格、圣方济各的此世基督教徒以及弗里德里希二世的世俗统治者的情感爆发相当。在文学表达领域,除了此前对造物与皇帝的赞美之外,我们还必须加上波埃修对自主理智的赞美。同时,与阿威罗伊主义者遥相呼应,再次出现了"哲学生存与教义内容相互提供支持"这一辩证模式,这是我们在菲奥雷的约阿希姆那里就曾见到的:内在的理智生存是由世俗理智活动所揭示的尘世内在结构的一部分。

(四)世俗种群单元

对人的世俗看法需要有一种与基督教对人的超验看法不同的人类观念与之配套。将人类视为一个通过生育过程而亘古长存的集体单元,这种观念取代了将人视为基督神秘体的观念。② [192]而且,并不是由个体的灵魂对身体赋予形式,而是由独一无二的(uno in numero)理智作用于人类身

---

① Boethius of Dacia, *De summo bono sive de vita philosophi*. English edition: *On the Supreme Good*, *On the Eternity of the World*, *On Dreams*, trans. John F. Wippel, Mediaeval Studies in Translation, vol.30 (Toronto: Pontifical Institute of Mediaeval Studies; Leiden: Brill, 1987).

② Siger de Brabant, *De aeternitate mundi*, in Mandonnet, *Siger* (1908), 132f. New edition: *Quaestiones in tertium De anima*, ed. Bazán. English edition: in Saint Thomas Aquinas, Siger de Brabant, and Saint Bonaventure, *On the Eternity of the World* (*De aeternitate mundi*), trans. Cyrill Vollert, Lottie H. Kendirski, and Paul M. Byrne, Mediaeval Philosophical Texts in Translation, vol.16 (Milwaukee: Marquette University Press, 1964).

上。①关于人类在生理上和理智上的集体生存这一形而上学假定,标志着西方的世俗神灵首次出现,黑格尔为这些世俗神灵找到了"客观精神"这一经典表述。② 在德布拉邦那里,这种客观理智仍然是人的灵魂;在西方世界此后对人的特殊化过程中,我们将看到多种集体灵魂兴起于民族精神(the Volksgeist)和由种族决定的特殊群体以及由功能决定的社会阶级之中。

此外,还可以看出向着集体等级秩序方向发展的趋势,其方式是根据人们对客观理智的参与程度而对他们加以区别对待。在阿威罗伊、德布拉邦和波埃修那里,我们注意到将非哲人视为较低等级,甚至将其比作动物的倾向;一旦基督教关于所有人之平等精神尊严的洞见被抛弃,这一态度便会突然出现。德布拉邦著作中的精英观念仅限于哲学家的生活方式这一理智领域,但是,"受过教育之人作为一种社会类型优于未受过教育的常人(vilis homo)"这一自由派观念,已然在原则上存在。这具有明

---

① Siger de Brabant, *Quaestiones de anima*, 164ff.; *Quaestiones in libros Aristotelis De anima*, III, 7, in Steenberghen, *Siger*, 131ff. [英文版编者按]在较晚的一个版本中,施滕贝根推翻了他在 1931 年得出的将德布拉邦视作 *Quaestiones in libros Aristotelis De anima*, III, 7 的作者的观点,参见 *Un commentaire sémi-averroïste du traité de l'âme*, in *Trois commentaires anonymes sur le traité de l'âme d'Aristote*, Philosophes médiévaux 11 (Louvain: Publications Universitaires, 1971), 121—348。迄今为止尚未有其他人被视为该著作的作者。比较本书第 231—234 页注释文字。

② 德布拉邦关于独一无二的理智的理论在技术层面上被称为"一元心灵论"(monopsychism)。我在行文中避免使用该术语,因为它会导致一种错误印象。德布拉邦的理论关注的是身体与心灵。它既牵涉一元身体论(monosomatism)又牵涉一元心灵论。集中于理智层面的术语常常会妨碍人们充分理解拉丁阿威罗伊主义。[英文版编者按]对一元心灵论这一哲学问题的详细探讨见于 Philip Merlan, *Monopsychism, Mysticism, Metaconsciousness: Problems of the Soul in the Neo-Aristotelian and Neo-Platonic Tradition* (The Hague: Nijhoff, 1963)。

显的资产阶级意涵,因为理智生活的理想总是与"有产者在道德上优于穷人"这种观念联系在一起的。① [193]财产与教育,这两项在自由的资产阶级社会中给予人地位与声望的因素,已经基本塑造成型。在西方社会的进一步发展中,这种精英建构被转移到以民族、种族以及阶级形式出现的特殊集体实体中。

(五) 功利主义伦理学

一般性的世俗社会理论在伦理学领域得到执行。将人视为一个通过生育而世代存在的种群,这种观念在性道德上带来一种新态度。从囚徒命题(Propositions condamnées)中我们可以看出,阿威罗伊主义者认为,享受性行为不妨碍理智的运用(第207条),禁欲在本质上不是美德(第208条),完全节欲会损害美德和种群(第210条),婚前性行为不是罪恶(第205条)。但是,若将这些信条解读为支持放荡行为或者松散的性道德,那则是错误的。正如我们所见,人类在生理上和理智上都是一个集体单元。因此,这两个领域在行为中实现和谐便成为头等重要的问题。不能根据基督教道德标准来评判关于性关系的法则,而应在那种新型社会理论的系统语境中来理解这些规则。在解读《玫瑰传奇》时,戈尔斯发现了这样的表述:对欢乐的赞美并不意味着"还俗",恰恰相反,性关系领域得到了"神学化"。在一种关于人类的世俗化形而上学中,生殖行为承担起它的功能。②

---

① Etienne, *Propositions*, no.212: "Quod pauper bonis fortunae non potest bene agere in moralibus."
② 除了此前引用的戈尔斯关于《玫瑰传奇》的专题著作外,还可参见 Jan Huizinga, *The Waning of the Middle Ages: A Study of the Forms of Life*, *Theory and Art in France and in the Netherlands in the XIVth and XVth Centuries*,　　(转下页)

为了理解管制善恶行为的一般法则,必须正确解读这个特殊问题。如果一项人类行为以人类种群的善为目标,那它便是善的。① 上面引用的特殊法则是对该基本法则的运用。[194] 一项行为之所以是善的,既非由于其本性,亦非着眼于人之外的宇宙其他部分,而是完全着眼于人类共同体,因为该行为使得"人们生活美满"。这甚至会使人想到一种计算善恶的社会方法:德布拉邦认为,一项行为可能对一群人具有恶的后果,但是,如果这种部分的恶是为了整个公民共同体(civitas)的利益而实施的,那这项行为就将被判定为善。② 以群体的福祉作为首要公理的功利主义伦理学,其根源便在于阿威罗伊主义的集体主义之中。

以严格的内在论来建构世界,这既不认可以某一神创行为作为开端的观念,也不认可神意在未来某个时刻介入的观念。世界的存在来自永恒,它在时间中的存在只受到它的固定内在结构所遵循规律的管制。在这一看法中,关于世界岁月之永恒复归的巴比伦—希腊式观念取代基督教的历史观念。种群回到其开端,并开始新一轮的相同循环。"意见,法律和宗教"一如既往地重复出现,尽管由于年代久远,先前的那些循环已被人遗忘。③ 登普夫正确地看出,一种新的社会形势为这种看待历史

(上接注②)trans. Frederik Jan Hopman (London: Arnold, 1927; rpt. Harmondsworth and Baltimore: Penguin, 1976),尤其是第八章"Love Formalized"。《玫瑰传奇》是一部极其复杂的著作,而戈尔斯的解读尽管抓住了主要问题——这对我们当前的讨论十分重要,但并未穷尽它的内容。

① Siger de Brabant, *Impossibilia*, in Mandonnet, *Siger* (1908), 87.
② 同上,86;作为可能遭受罪恶的一个群体的例子,德布拉邦提到 panifices[面包师;比较第 197 页];如果能知道他是否愿意将哲学家作为一个例子,那将会很有趣。
③ Siger de Brabant, *De aet.*, 139ff.

的态度提供了背景。它所反映的并不是修士共同体的精神乐观主义,也不是城镇公社的反封建革命热情或者圣方济各的精神个人主义,而是正在兴起的绝对君主制下臣民的顺服,他们眼见权力与历史的进程隆隆驶过,而自己并未主动参与其中。① 这种态度成长在巴黎,而不会在米兰的巴塔里亚会员那里,也不会在翁布里亚或卡拉布里亚得到成长。

然而,除了这一见解之外,很难确定德布拉邦理论的准确含义;相关资料过于稀少。一种社会形势并不会确定无疑地决定一个理智现象。如果一种理智态度适合于某一社会形势,我们会认为这是功能上的契合,但不会说这是由因果联系而来的后果——除非这种态度是出于机会主义的理由而被有意识地选中的。[195]一种社会理论,倘若其立场不是站在统治者的创造性领域一边,而是站在政府行为的被动对象一边,那它便一定对应于绝对君主制下的臣民的立场。另一方面,理智神秘主义的思辨生活总是倾向于一种非政治、非历史的态度,无论该神秘主义者是否生活在绝对君主制下。进一步而言,理智神秘主义不仅在绝对君主制下是生活的一个合适避风港,在政治动荡时期更是如此。因此,我们倾向于对如下因素加以区分:阿威罗伊理智主义与正在兴起的绝对君主制在功能上的契合,来自哲人立场的各项传统因素,以及作为扰乱神秘体之新兴力量的世俗理智主义这一西方因素。

[英文版编者按]新近发表的由 13 世纪亚里士多德主义思想家撰写的更多文本已经使学者们对拉丁阿威罗伊主义这一整个问题持更加谨慎的观点。如今看来,拉丁阿威罗伊主义远非人们一直认为的那样是一个稻草人,由托钵修会神学家建构,以便反对在神学院之外研究亚里士多

---

① Dempf, *Sacrum*, 345.

德。许多在会教士在人文学院中讲授亚里士多德,将亚里士多德著作中的含混与矛盾之处用作修辞学、逻辑学课程上的习题。他们认为,在这些课程上澄清亚里士多德的论证要比阐明这些论证是否与基督教教义相符更为重要;他们将后者留给神学家去探讨。

托钵修会的神学教授所指责的,正是这些讲授人文学术的在会教士相对而言不那么关注教义问题。并不令人惊讶的是,作为回应,后者开始致力于神学问题,并产出了越来越多的复杂论著,尤其着力探讨了所谓亚里士多德的思想与两项教义——个人在天国获得拯救、上帝创造尘世——不相容的问题。他们由此越出讲授人文学术的使命,闯入神学领域。因此,不可避免的是,这些人文学者的结论显得不如神学家们的结论那样有权威性,即便这些学者的结论更加细致、复杂。

鉴于神学家与人文学者之间的这场制度间竞争,当后者发现自己在 1270 年和 1277 年受到明确斥责时,正如沃格林提到的那样,这便不再令人感到惊奇。在 13 世纪 70 年代的巴黎城中,谴责与反谴责铺天盖地,而王家宗教裁判所则开始调查位于索邦内的人文学院的成员们,其中包括著名的德布拉邦。正是在这个年代,德布拉邦创作了他的《论原因》(*Liber de causis*,约 1274—1276)。在这篇关于不朽灵魂与神创自然概念的论著中,德布拉邦仔细回应了他在理智上的主要对手阿奎那,并且在字里行间试图反驳宗教裁判加之于他的指控。

这篇论著直到 1966 年才被重新发现(Antoine Dondaine and Louis-Jacques Bataillon, "Le manuscrit Vindob. Lat. 2330 et Siger de Brabant," *Archivum Fratrum Praedicatorum 36* [1966]:153—215),1972 年才编辑出版(Siger de Brabant, *Les Quaestiones super librum De Causis*, ed. Antonio Merlasca, Philosophes médiévaux, 12 [Louvain and Paris: De Vrin, 1972])。

毫无疑问,德布拉邦在其教学生涯中已经对亚里士多德和阿威罗伊思想的局限性多有认识。虽然德布拉邦并不支持阿奎那对灵魂与自然问题的神学解决,但他还是承认亚里士多德和阿威罗伊的著作并不完全前后一致,无法从哲学的角度对宗教教义给予明确无误的支持或反对。阿威罗伊甚至被描述为非理性的异端。因此,正如达莱斯(Richard C. Dales)最近提出的那样,没有理由怀疑德布拉邦对其自身立场的坚持是真诚的:"人们应当虔诚地、坚定地、无须过多探究地相信基于基督教信仰的权威而做出的解释"(*The Problem of the Rational Soul in the Thirteenth Century* [Leiden: Brill, 1995], 176—177, 192—202)。

德布拉邦或许要比沃格林讨论到的据称是另一位拉丁阿威罗伊主义者的达契亚的波埃修更加坦率地支持[哲学与信仰]融合。然而,即使支持一种强烈的反托马斯主义立场,波埃修也很明确地拒绝哲学在其自身领域之外的有效性。这种拒绝出现在一篇大约写于 1270 年至 1273 年间的手稿,它也是最近才被发现的(1971 年)。达莱斯提出强有力的理由,主张波埃修可能是该手稿的作者(第 154—159 页)。参见"Un commentaire averroiste sur les livres I et II du traité de l'âme" (Oxford, Merton College 275, f.108—121), ed. Maurice Giele, in *Trois commentaires anonymes*, Philosophes médiévaux, 12 (Louvain: Publications Universitaires, 1971)。根据多明我会的记录,波埃修在 1273 年后的某个时间加入该修会。参见 Boethius of Dacia, *Un traité récemment découvert de Boèce de Dacie De mundi aetertinate*, ed. Géza Sajó (Budapest: Adademiai Kiado, 1954), 18—19。

尽管任何一个对探索自然感兴趣的基督教徒都必定怀有"世俗的"兴趣,但却很难证明如下结论:德布拉邦和达契亚的波埃修在 13 世纪首次让我们见识了现代世俗理智与功利主义观点的纠缠。如此看来,我们应当更为谨慎地将他们视为一个深明世故的学者共同体的首批代表,该共同体处在正寻求赶上伊斯兰文明水准的基督教文明之中。在这样一个文明里,人的类型显然会更加多样化,其中便包括急于用哲学思辨或神秘思辨来增强宗教教义在理智上的严格性的思想家。如果他们的急切之情属实,那我们今天便没有理由做他种揣测。

甚至于阿威罗伊(尽管德布拉邦对他有负面的评价,而这些评价如今看来是信息欠缺的产物)也能被视为具有同样的真诚心理。例如,阿威罗伊从未认为,在担任科尔多瓦(Cordoba)([译按]西班牙南部城市,公元 10

世纪时是欧洲最大城市)首席大法官,与根据阿尔莫哈德王朝诸哈里发的授权进行著名的长、中、短三制亚里士多德注疏之间存在任何矛盾。当然,他也与强烈谴责他的教义字面主义者发生过冲突。但是,就像德布拉邦和波埃修一样,他也相当愿意承认哲学所具有的局限性。因此,认为他始创了以其名字命名、声名不佳的双重真理理论,这项已获接受的观点很难再继续坚持。

关于阿威罗伊对启示之优先性的主张,参见他的 *Al-Kashf 'an manāhij al-adilla fī ('aqā'id al-milla)*(《关于共同体各种信仰的证据展示》部分译本见于 George F. Hourani, *On the Harmony of Religion and Philosophy* [London: Luzac, 1961, rpt.1977])。13世纪的西方基督教徒并不知晓这部著作。因此,阿威罗伊的真诚,正如德布拉邦和波埃修的真诚一样,仍然有待于得到学者们的更广泛承认。

根据我们对发生于13世纪第一个十年的有关灵魂与自然的那场争论的现有知识,无论是在伊斯兰文明还是基督教文明中,都不曾有任何一本著作倡导过那些在1270年和1277年受到谴责的论题。因此,如果的确不存在相信双重真理的真正拉丁阿威罗伊主义者,那么便可以得出两项结论,这将修正沃格林在20世纪40年代早期所描绘的画面。(1)鉴于巴黎大学和其他大学的学院所具有的特定组织形式(神学家与人文学家,托钵修会僧侣与世俗教士),围绕着阿威罗伊和亚里士多德的诸多含糊或矛盾结论,将不可避免地发生冲突。(2)在将近五十年的争论中,不同观点逐渐融合,一致同意亚里士多德和阿威罗伊并不像一些人所希望的那样是明晰表述的典范,而且信仰是必不可少的。

(六) 世俗历史的结构

[196]另外还有一些观点需要加以考虑。登普夫强调了在永恒循环所包含的世俗因果关系与菲奥雷的约阿希姆所描述的严格历史模式这二者之间的相似性。在这两种情况下,历史进

程均受制于某种规律,无论作为个体的人们是否采取行动,这种规律都将得到实现。这一比较的切入点很好,但是,为了使其更加精确,应当将它与我们上面讨论过的一个观点联系起来。根据这一观点,历史哲学在这两种情况下都具有对思想家的世俗生存赋予意义的功能。[197]至于[这一比较的]其他部分,约阿希姆扮演了第三王国先知的角色,从而非常积极地参与到历史进程中,而德布拉邦实际上从历史进程中抽身,退入并非独一无二的一般性结构这一非历史领域。

(七) 伦理行动主义

德布拉邦的立场是非历史的,但它也具有某种行动主义因素。我们已注意到他的功利主义伦理学所包含的社会计算因素。他掌握众多价值,知道在共同体中应当做什么。例如,他知道,如果管制面包生意对共同体的整体福祉有利,那么这种管制便是正当的,即使它损害了面包业主的利益。这种干涉主义倾向时常会与一种理智态度典型地联系在一起,这种态度对其所持价值十分确信,而对人类生活和社会生活的历史结构则茫然无知。我们可以说,在德布拉邦的立场中,西方的、非历史的、在伦理上十分积极的理智公开主张它具有客观有效性,并且有权在不考虑历史成长所具备价值的情况下区分社会善恶。我们能分辨出这种态度的各种根源,它们后来发展出两个分支:一是社会改革,[198]另一则是知识分子在对尘世加以组织时所具有的毁灭性热情——这种热情如今被称作建设性的。①

---

① [英文版编者按]沃格林在这里指的是20世纪中叶自由主义、纳粹—法西斯主义等的行动主义。

四 清 贫

(一) 清贫理想

人文学家与托钵修会之间围绕亚里士多德主义进行的斗争与另一项同样激烈的斗争纠结在一起,后者关注的是基督教徒的完美化理想,尤其是清贫问题。与基督保持一致生活的方济各式观念遇到了内在的困难:各种福音劝诫在终末论期盼的条件下具有充分的意义,而它们的衍生意义则是基督教精英生活的指导原则,这些劝诫[此时]被认定为所有基督教徒在世俗生活中必须遵守的准则。然而,终末论意义上的清贫在日常生活中很容易就表现为无所事事和四处乞讨,圣保罗就曾担忧过这一问题。当谴责托钵修会的时机出现时,这个问题必将被翻出。这些修会触动了太多的既得利益:由于教廷的赦免而不受主教辖区管辖的主教们;教区教士,因为托钵修会使教区居民的兴趣从普通教士身上转到游方修道士那里;以及世俗的知识界教士,因为托钵会士在巴黎的专业教席吸引了原本可能投入人文学者门下的学生。当随之而来的斗争在文献中被曝光之后,它带来了一种微妙的争论模式,即从一个有利的攻击点跳跃到另一个。我们选取一些杰出的论著加以分析,它们标明了这场斗争的发展主线。

(二) 圣多尼诺的热拉尔:《永恒福音》

形式上的时机出现在圣多尼诺的热拉尔(Gerard of Borgo

San Donino)发表《永恒福音》(*Evangelium aeternum*)之时。他是以帕尔玛的约翰(John of Parma)为核心的一个团体的成员,1247至1257年担任方济各会会长。[199]《永恒福音》包括约阿希姆的三部主要著作和由热拉尔撰写的《导论》(*Introductorius*)。《导论》和第一卷出版于1254年。1255年,已经有一个宗教裁判委员会在调查它;该委员会的报告中包含的寥寥几句受谴责语句是我们所拥有的这部书的全部内容。① 《福音》认为,约阿希姆的预言已经通过圣多明我(Saint Dominic)和圣方济各的出现而得到验证。这两位圣人,再加上约阿希姆,是第三王国的三位创始人。由方济各会员组成的修会是这个新王国的实体。建立该修会的圣方济各被树立为基督的十二位伙伴之一,从而防止他被神化,由此避免了将圣方济各与基督并列所遇到的困难。但是,该修会将成为新的神秘体,位居此前的教士秩序与平民秩序之后,作为第三种秩序出现。约阿希姆的著作由于预言兑现而变成新王国的权威著作,亦即最终的永恒福音。

(三) 圣阿穆尔的威廉:工作伦理

这一树立行为导致方济各会受到世俗教士的指责,后者不满于《永恒福音》宣称只有某一群方济各会士所信奉的才是真正的基督教。1256年,出现了圣阿穆尔的威廉(William of Saint Amour)的论著《论末世审判》(*De periculis novissimorum temporum*)。与我们的问题相关的是第十二章,其中包含对清贫理

---

① Heinrich Denifle, "Das Evangelium aeternum und die Commission zu Anagni," *Archiv für Literatur- und Kirchengeschichte* I (1885):99—102. 该期刊的重印本:Graz: Akademische Druck- und Verlagsanstalt, 1955—1956。

想的攻击。在威廉看来,乞讨导致谄媚、诽谤、撒谎和偷窃。这是因为,福音书所劝诫的抛弃一切、追随基督并仿效他的善功意味着好好工作,①而不是去从事圣保罗明言禁止的乞讨。②

关于一个人放弃一切之后该如何生活的问题,答案是,他应当用其双手劳动,或者进入修道院。[200]这一建议背后的隐秘动机在于,促使托钵修会神学家(大阿尔伯特、阿奎那、波拿文都拉[Bonaventure]等等)离开巴黎的教学岗位,在封闭的修道院中耕种田地、清洗碗碟。这一攻击所采取的这种形式表明,世俗生活的新情感正在扩散。威廉的论证从神学角度来看极为虚弱,因为关于清贫的劝诫(counsel)同关于贞洁和服从的劝诫一样,属于通向完美基督教徒生活的劝诫(而非诫命[commandment]),而这种生活作为基督教精英的生活是有效的。阿奎那③和圣波拿文都拉④在他们的反驳论文中都指出了这一点。然而,这一论证在神学上的弱点——威廉不太可能对此一无所知,并未妨碍他将与工作相关的气质视为福音式清贫的相关因素。

---

① [译按]"善功"与"好好工作"的原文同为 good work。
② William of Saint Amour, *De periculis novissimorum temporum*, in Bierbaum, *Bettelorden*, 28—30. 它令人叹为观止地列举了圣保罗各封书信中与工作相关的语句。
③ Saint Thomas Aquinas, *Contra impugnantes Dei cultum et religionem*, in *Opera omnia*, vol.15 (Parma: Fiaccadori, 1852—1873). Recent editions: Vernon Joseph Bourke, 25vols. (New York: Musurgi Publishers, 1948); and Stanislaus E. Frette and Paul Mare, 35 vols. (Rome: Commissio Leonina; Paris: Librairie Philosophique Jean Vrin, 1982).
④ Saint Bonaventure, *Quaestiones disputatae de perfectione evangelica*, in *Opera omnia*, vol. 5 (Ad Claras Aquas [Quaracchi]: Ex Typographia Collegii S. Bonaventura, 1901), 117—198.

（四）巴约讷的贝特朗：精神等级体系

如果我们将这个时期的两位杰出人物——阿奎那和波拿文都拉——排除在外，那么，参与这场讨论的其他作者看起来几乎都在外力的强迫下扭曲了每个问题，使其主题转向世俗方向。圣多尼诺的杰拉尔德将方济各会描绘成一个世俗的、由最优秀的方济各会士构成的神秘体，圣阿穆尔的威廉将福音式清贫转换为一种工作伦理。方济各会士巴约讷的贝特朗（Bertrand of Bayonne）在答复威廉时表明自己在清贫问题上是一个保守的神学家，但是，为了证明他的修会杰出的研究功能和布道功能具有正当性，他在约1256至1257年间发展出一种关于教会等级制度和教廷的世俗理论。①

[201] 教宗无须得到高层教士同意便可颁授布道特权，这项权力来自他的便宜立法权和他的神圣自由（libertas divina），他能据此废除宗教会议的决定和法令，并创造新的先例。关于教宗无限权力的观念来源于对教会等级体系的一种新看法，它不再区分来自基督的各种超凡魅力权力和纯粹行政性的教廷功能。贝特朗使用的理论工具来自托名狄奥尼修斯关于天国等级体系与教会等级体系的论文，这些论文曾被位于巴黎的圣维克托（Saint Victor）学院接受，如今则被首次用于解决制度问题。②

---

① Bertrand of Bayonne, *Manus, que contra omnipotentem tenditur*, in Bierbaum, *Bettelorden*, 37—168.
② Pseudo-Dionysius Areopagita, *De coelesti hierarchia*, in Migne, *PG*, vol.3, col.177ff.; *De ecclesisastica hierarchia*, in Migne, *PG*, vol.3, col.371ff. 关于这两篇论著，也请参见 *Des heiligen Dionysius Areopagita angebliche Schriften über die beiden Hierarchien*, trans. Joseph Stiglmayr, Bibliothek　　（转下页）

教会等级体系类似于天使等级体系。"美德的影响"从等级顶端（prima persona in hierarchia）流向较低的修会和个人,而作为一个整体的等级体系则以最高领袖——上帝为顶点,神圣的光本质（light substance）从他那里降临到等级体系本身之中的第一位个人身上。① 在教会里,教宗是属人的最高领袖（hierarcha homo）,是神人持存于上帝之中（vir divinus in Deo manens）,各种权力由他那里发出,分配给教会的成员们。

  这种看法的重要性无论如何强调也不为过。关于超凡魅力,有一种多元化的基督教观念认为,上帝在赋予人超凡魅力时所采用的方式导致由神的分配而产生精密的基督教人类神秘体。这种观念并未被明确废除,而是被排挤到幕后,取而代之的是关于神圣的光—权力的观念,这种权力自上而下贯穿整个等级体系,使其中每个等级的权力都依附于由高一个等级传来的"影响"。等级体系吞没了共同体;"教会"这个术语原本指的是共同体,如今其含义已在实际上变成指该等级体系。德布拉邦已经给出了自然主义的世俗社会理论建构;[202]贝特朗则就一个同样世俗的社会给出超自然主义的理论建构。贝特朗的召唤形成一个封闭共同体,它被组织成一个等级金字塔,权力的本质遍及从顶端至底部的各个等级。这是一种关于封闭的精神共同体本质的理论,但它在原则上提出了一种可被转用于封闭的政治共同体——国家——的模式;正如我们此后将在博丹的召唤中看到的那样,权力的本质从君主开始,降临于官僚等级体系中

  （上接注②）der Kirchenväter, vol. 2（Kempten and Munich: Joseph Kösel, 1911）. English edition: in *The Complete Works*, trans. Colm Luibheid（New York: Paulist Press, 1987）.

① 此处及后续的引文来自 Bertrand of Bayonne, in Bierbaum, *Bettelorden*, chap. 17, pp.151—155.

的各个等级,直至人民。

在这两种情况下,等级观念的成功建构都源自东地中海地区的各种影响:就贝特朗而言,影响他的是源出基督一性论环境的托名狄奥尼修斯观点;就博丹而言,则是源自新柏拉图主义希腊化学说、经由穆斯林思想家和迈蒙尼德(Maimonides)传承的等级观念。然而,在西方环境下,等级体系不像在东方那样具有绝对性;相反,它成为承载争取自由运动的工具:在精神权力领域,它承载的运动是从 12、13 世纪的精神个人主义,到教宗的"神圣自由",再到宗教改革时期的基督教徒自由;在世俗权力领域,则是从萨利斯伯瑞的约翰和城镇公社的革命个人主义,到独立的绝对君主的自由,再到民主条件下的个人自由。对这两个领域来说,钟摆如今看来正摆向各个极权主义共同体中的一种新式精神—世俗等级体系。

在贝特朗的论著中,等级体系理论似乎附属于对托钵修会及其清贫理想和他们从事研究、教学和布道的特权之正当性的辩护。属人的最高领袖,即所有权力由其发出的教宗,拥有打破常规颁授特权的权利与义务,如果他认为这是为维护共同体的精神健康所必备的话。然而,该理论的附属特性并未削弱它的重要性;相反,它揭示出当时理智状况的一个特点。贝特朗的理论在形式上是一种关于基督教共同体和教廷的理论,在实质上则是一个党派的意识形态。由于缺乏更好的术语,我们不得不使用"意识形态"这个词;在此处的语境中,它意在指代一种公开表现为一般性社会理论的政治理论,例如在这里便表现为关于基督教精神共同体结构的一般性理论,[203]而在特定的局势情境下,它则具有为特定群体在更大范围的共同体中争取政治利益的功能,并在实际上打破共同体中各种势力之间的均衡。

（五）阿布维尔的热拉尔：主教权威

贝特朗理论的特殊主义与意识形态特征导向阿布维尔的热拉尔（Gérard of Abbeville）的《范例》（*Exceptions*）。① 对等级体系的理论建构因其明显缺陷而招致批评。教宗的无限权力将摧毁教会的高层教士组织，并扰乱整个教会的状况（statum totius ecclesiae）。高级教士们不是从一个人，而是从作为主的基督那里获得他们的权力（第 200 页）。圣灵并非唯独降临于彼得，而是降临于所有那些在五旬节里聚集起来的人们（第 202 页）。② 因此，较低等级的权力并非完全来自教宗，"而是来自基督，整个教会的首领"。如若不然，当教宗死去，这个等级制度中的各种权力就将消亡（第 203 页）。教宗能访问世界各地，也能亲自或通过其使节在世界各地布道，但"他不应收割别人的庄稼"。主教的管辖权并非仅来自教会法，而是来自上帝的任命和众使徒（第 204 页）。克雷芒（Clement）的第三封信得到引用，信中主张普通教士和人民都应服从主教，否则就会被从上帝国逐出。反抗主教权威的人就是在反抗救主，主教们都是他的使者（第 205 页）。《约克论集》所倡导的新教式独立此时在精确性上达到了新的水平。热拉尔的批判明确主张主教在管辖权上具有权威，反对教宗权力过于扩张；这拉开了随后几个世纪里限制教宗权力、增强宗教会议作用的运动序幕。一个群体的特殊主义行为引发另一个群体的特殊主义。在这些争端中，神圣帝国完全消

---

① Gérard of Abbeville, *Incipiunt exceptiones contra librum qui incipit: Manus que contra omnipotentem etc.*, in Bierbaum, *Bettelorden*, 169—207.
② ［译按］五旬节是犹太人庆祝收获的节日。《圣经》记载耶稣死后在这一天向人们显灵。

失了。对权力体系的扰动不再围绕精神权力与世俗权力之间的关系,而变成教会等级(status ecclesiae)内部的管辖权之争,"等级"这个词的意义非常接近于现代国家组织。

五 结论:政治复兴的基础

[204]作为结论,有一点必须注意,以免发生误解。围绕亚里士多德主义和清贫理想的斗争会使人得出这样的印象:神圣帝国属于过去,甚至基督教也在走向衰落。这当然不对。正如戈尔斯对德布拉邦的恰当评论所言:他是异端,但不是叛教者。贝特朗对精神等级体系的召唤与关于精神权力自基督降临到共同体成员的基督教观念不相容,但贝特朗和圣方济各一样,都是基督教徒,尽管前者剧烈地改变了基督的形象。但是,中世纪帝国基督教的瓦解进程正在进行;来自个人和特殊群体的世俗力量比以往任何时候都更加深入、强烈地侵入旧的召唤。在主教叙任权之争和阿奎那之间的时期是中世纪,但它为我们习惯称之为现代的那种思想类型奠定了基础。对于14世纪的政治复兴,如果我们不了解在它之前极具革命性的两百年中的根源,我们就将无法理解这场复兴。

三 高 潮

第十二章 阿奎那

> 真理中的万物秩序,
> 即是存在中的万物秩序。
> ——圣托马斯,《反异教徒大全》

一 历 史

(一) 真理与存在

[207]阿奎那(1225—1274)的著作在字面意义上汲取了他的生命——他不到五十岁就衰竭而死。而且,它也在生存意义上汲取了阿奎那的生命——其著作表现了他致力于理解和梳理其时代所面临问题的一生。说阿奎那是个伟大的系统性思想家,这只说对了一半。他有一颗极富塑造秩序能力的心灵,而且能将这一心灵投入对丰富资料的研究,通过一种兼具敏锐感受、宽广灵魂、理智活力和崇高精神的个性将这些资料纳入正轨。假如仅有塑造秩序的意愿,那可能会产出一个体系,更为重视理

论的连贯,胜过对实在的把握;对世界的各种内容具有超乎寻常的敏锐感受,这可能会产出一部百科全书。将这两种能力相结合,从而产出一个富有活力地包容一切的体系,从上帝开始,经过他创世的因果联系,来到尘世,又从尘世开始,经过自然的需求(desiderium naturale),回到上帝——上述成就的取得源自使阿奎那成为圣人的情感:对于上帝的真理与尘世的实在这二者之等同性的经验。

"真理中的万物秩序,即是存在中的万物秩序。"《反异教徒大全》中的这句话在本体论上意味着,神的理智,作为宇宙的第一因,已将自身铭刻在世界的结构之中。[208]它在方法论上意味着,对世界的合秩序描述将会形成一个描述关于上帝的真理体系。它在实践上意味着,每个存在物,尤其是人,在神创的等级体系中都具有其理性(ratio)与意义,并且通过走向其终极目标,亦即上帝,而实现生存的圆满。这句话不仅要从属类的角度来理解,而且也适用于个体的人,尤其是阿奎那自己。从本体论上讲,他的理智带有神的理智的印记;从方法论上讲,他对理智的运用揭示出显明于尘世之中的上帝的真理;从实践上讲,这一理智事业意味着将他的心灵导向上帝。于是,当阿奎那分析理智的功能时,对基本理论问题的讨论就成为圣徒的理智自画像。

(二) 基督教知识分子

这些自画像中最详细的一幅出现在《反异教徒》的开篇几章。阿奎那将哲学视为塑造事物秩序、引导它们实现某个目标的技艺。在所有技艺中,哲学是最高的,因为它考虑的是宇宙的目的,亦即上帝,并将世界的内容呈现为以上帝作为秩序来源。

上帝,作为宇宙的第一因和终极目的,是理智。因此,哲学的目标就是理智的善——亦即真理。真理(truth, veritas)这个术语包含了以下含义:启示信仰的真理,上帝自我显明于他的创世之中这个意义上的真理,以及哲学家通过理智工作、追寻神的理智的显明而获得的真理。上帝的真理以三种形式显明:创世,道成肉身于基督(参考《约翰福音》18:37),以及人类理智的工作,这体现在哲学家对存在的第一原则的揭示中。

真理概念的重要性在于,它是基督教针对知识分子的阿威罗伊主义情感的对应物。理智的权威未受丝毫挑战;相反,它带有额外的尊严,因为人的理智是由上帝创造的人的生存理性。人通过其理智最接近上帝,而且,他在理智生活中最接近亚里士多德意义上的神性。但知识分子如今已在基督教社会中找到他的位置。[209]他的理解力依然优于普通人,但普通人并非无用之人(vilis homo)。阿奎那使用了idiota[常人/俗人]这个术语;在该术语中,作为基督教徒的俗人与缺乏技术性知识的俗人这两种含义并未清晰区分,尽管有时他称之为无教养者(rudis homo)。俗人与知识分子的差距比不上动物与人的差距,但相当于人与天使的差距。阿奎那恰当地强调,知识分子与天使的差距远远大于俗人与知识分子的差距,后者毕竟还是处在人类的范围之内。而且,普通人也不是毫无知识可言。凡哲学家通过其理智行为知道的,俗人通过上帝在基督身上所作的启示也能知道。真理在基督身上的超自然显现,与真理在作为成熟之人的知识分子身上的自然显现,二者并行不悖。

(三)信仰与理性

该并列会导致我们在德布拉邦的著作中看到的信仰与理性

的冲突。阿奎那通过一项精妙的理论建构避免了这一冲突。信仰与理性之所以不会发生冲突,是由于人的理智带有神的理智的印记;上帝不可能犯下欺骗人的罪责,不会引导人通过其理智得出与启示信仰冲突的结果。因此,尽管人的理智会犯错,但无论它往哪个方向走,都还是会达到真理的。然而,启示信仰除了包含各种可为自然理智所知的真理之外,例如上帝的存在,还包含其他无法为理性所知的真理,例如神的三位一体特征。

该理论是关于第一秩序的动态原则。它将超自然神学与自然神学各自的领域分开。超自然部分被从理智辩论中排除,进入启示和由教会决定教义的领域。自然部分则被纳入处在理性权威下的人类知识体系。毫不夸张地说,托马斯的权威和他在实现其时代和谐上所具备的杰出个人技巧,已经决定性地影响了西方世界学术的命运。他已在实践上表明,哲学能在基督教体系中发挥作用,[210]而启示真理是与哲学相容的;而且,他已确切表述了在基督教中赋予哲学正当地位的形而上学原则。

在看待这两项成就时必须考虑到,哲学在当时的发展有赖于教士。这并不意味着,在托马斯的思想中,信仰与理性之间关系平顺;我们必须看到,在 1277 年的《谴责》中,他的一些信条被认为是异端。若要使对世界的经验理解与理智理解取得进展,则要永久性地重新界定将超自然真理同自然真理区分开的界线。在这一任务中,对我们文明的理智发展起作用的双方,即教会与知识分子,都遭遇到显著的失败。各派教会自 16 世纪以来在理智上停滞不前,世俗理智生活则弥漫着反对基督教的形而上学原则,这就导致一种如今看来几乎令人绝望的状况。然而,阿奎那通过其著作确定了问题所在,并为其所处的时代解决了问题;我们则必须寻找一种更好的表述与解决。

从形而上学建构中浮现出身处时代环境下的圣徒画像。他面对着威胁到基督教世界生存的世俗力量,并成功地进行了一次综合。他是一位类似于德布拉邦那样的知识分子,但他无意使理智成为一种独立的权威。理智的权威得到保留,但是,通过它的超验导向,它被从信仰的一个世俗对手转型为自然人的一种正当表达。理智生活是人类生存的最高形式,因为它将有理性的造物导向其创造者。阿奎那的理智骄傲与德布拉邦的同样强烈;他将哲学描述为一种塑造秩序的统领性技艺,并将哲学家(自然真理在他身上显现)与基督(真理以超自然的方式化身于他)并列。我们能从中感受到他的那种骄傲。但是,这种骄傲受到一种宗教灵性的节制,后者承认启示,不认为自然理性与精神(圣灵)存在冲突。

(四) 知识宣传

在由约阿希姆、圣方济各和方济各会修士提出的问题发生转型的过程中,同样弥漫着寻求和谐的意愿。阿奎那是一位托钵会修士,[211]在传教与布道行为中体现出来的宗教进取心是其态度的一项本质特征。但是,圣方济各的反理智主义被克服了。阿奎那的基督并非只为在心灵与世俗财物上清贫的人们准备,而是通过知识宣传来扩大其影响领域。《反异教徒》是为多明我会在西班牙的传教活动而写的,其目的在于在穆斯林理智自身的基础上回击其影响力。

阿奎那在《前言》(*Prooemium*)中说,我们可以在《旧约》的基础上同犹太人辩论,在《新约》的基础上同异端辩论,而在与穆斯林辩论时,我们必须诉诸理智的权威。这种状况与圣保罗遇到的十分相似。保罗三法则在文明上对应于处在犹太和希腊环境中的基督教。对阿奎那来说，穆斯林已经占据了异教徒的位置，但有一点重要区别，即早期基督教徒本身曾经是相当熟悉异教文明的异教徒，这使得他们在维护基督教的过程中能够在异教徒自身的基础上对其作出回应，而13世纪的基督教徒并不熟悉伊斯兰文明，无法采取同样的行动。那种只能导出基督教结论的理智就成为跨文明层次上的基督教宣传工具。

西方文明为在理性基础上主张自身优越性所需的根基已经确立，这种主张并未因其与基督教的宗教灵性有着密切联系而消失，但只在此后的世俗化理性时代才实现了充分的进取。为了理解西方文明的这种国际化动力，我们必须认识到，在阿奎那的立场中存在着这些根基。这种主张的力量并非来自理性的有效性，而是来自理智运作与基督教宗教灵性间的和谐共处。当这些资源枯竭，理性变成一部天书的时候，这种主张的内在活力便减弱了，而它可能给予外人的可信度则丧失了。我们如今面对的状况是，针对理性的反抗能在几乎任何一种宗教灵性的名义下发挥其吸引力并得到响应，因为在我们的文明中，推动理智发展的基督教动力正日渐衰微。

（五）等级制度

在等级体系方面，阿奎那的视野比方济各会士们开阔，但他看待精神权力的态度不同于后者看待世俗权力的态度。[212] 君主作为世俗国家建立者和统治者的功能得到很好阐述。君主在《论君主政治》(*De regimine principum*)中的形象表明阿奎那的著名近亲弗里德里希二世对他的影响。他所理解的亚里士多德对成功统治者的建议,是由他所处时代世俗统治者的形象以及对其行为的观察决定的。萨利斯伯瑞的约翰曾试探性地召唤过国家观念,如今它在亚里士多德《政治学》这一利器的协助下得到充分发展。

另一方面,就教会而言,阿奎那的立场与方济各会相当接近。教会作为施行圣礼的机构而得到接受,在权力的等级体系中,精神权力高于世俗权力;但是,教会并非阿奎那制度的内在组成部分。阿奎那从未写过能与关于世俗政府的《论君主政治》相提并论的关于教会的论文,而且,尽管《神学大全》有篇幅很大的一个部分是关于政府和法律的(I—II.99.90—144),但它并未明确探讨过教会。甚至连法律理论也完全没有涉及教会法。我们可以从他著作的零散段落中收集整理他的教会理论,但并不能就此否认那种忽略,而这肯定不是他一时疏忽造成的。①

利益重心已发生相当可观的转移。带有格拉西乌斯式权力体的神圣帝国不再是人们关注的焦点;我们看到的是空档期。在主教叙任权之争时期,世俗权力仍然被毫无疑问地理解为帝国权力,如今则被带有世俗自然结构的众多政治单元取代;精神权力原先是基督教帝国单元之内的一种秩序,如今则蜕变为一种居于城邦大众之上的精神上层建筑。在神圣帝国的环境中,亚里士多德的《政治学》并无意义,如今则能作为一种有效的政治多元主义理论而得到接受。

---

① 关于对教会理论的呈现,参见 Martin Grabmann, *Thomas Aquinas*, trans. Virgil G. Michel (New York: Longmans, Green, 1928; rpt.New York: Russell and Russell, 1963), chap.13, "Thoughts on Christianity and the Church";并参见 Grabmann, *Die Lehre des heiligen Thomas von Aquin von der Kirche als Gotteswerk: Ihre Stellung im thomistischen System und in der Geschichte der mittelalterlichen Theologie* (Regensburg: Manz, 1903).

（六）永恒福音：西方帝国主义

[213]对重心的重新分配表明，当阿奎那遭遇历史实在中的紧急状况时，他能随机应变。在评价他对菲奥雷的约阿希姆和《永恒福音》的态度时，必须将他强大的随机应变能力视为一项因素。关于圣灵第三王国的观念被严厉谴责为无稽之谈。① 基督时代同时也是圣灵时代：在尘世间，没有比在新法（lex nova）之下生活更为完美的状态了。但是，这一谴责并非意在摧毁一种进步历史的动力因素。在阿奎那看来，基督时代根据空间、时间和人的不同——某些更为完美的人比其他人获得更多的圣灵恩典——而显得多种多样；这种多样化并非毫无目的可言，因为可以辨识出一种朝向更加充分地实现福音的趋势。福音已经被一次性地、完整地向宇宙公告过了，但为了使这一公告产生效力，有必要持续不断地布道，直至教会在所有民族中都建立起来（I－II.106.4，ad 4）。

史学家有时责备阿奎那缺少历史哲学。如果我们认定，历史要么指的是神圣帝国历史，要么指的是正在兴起的各民族历史，那么，这种责备便是有道理的。阿奎那身处两个时代之间：由帝国式基督教构成的中世纪单元已经消亡，由民族国家构成

---

① "最愚蠢的是声称基督的福音不是天国的福音。"（*Summa theologiae*, pt.I－II, qu.106, art.4）关于 *Opera omnia* 收录的新近版本，参见本节第 238 页注释③。并参见 *Summa theologiae: Latin Text and English Translation*, trans. The Blackfriars, 60 vols. (New York: McGraw Hill; London: Eyre and Spottiswoode, 1964); English edition: *Summa theologica*, trans. *Fathers of the English Dominican Province*, 22 vols. (London: Burns, Oates and Washburn, 1912－1936; rpt.New York: Christian Classics, 1981)。这个译本还以十七片电脑磁盘的形式发行：Pittsboro, N. C.: InteLex Corp., 1992。

的世界则尚未兴起。因此,他没有形成以这两个政治世界中的任何一个为对象的历史哲学;在他所处的状况下,约阿希姆的符号化表达和以民族作为历史行动者的文艺复兴原则同样都是不可能的。

然而,阿奎那的历史感非常强烈,而且他完美地表达了在他身上鲜活存在着的历史力量——基督教理智文明所具有的帝国主义权力意志。在对基督教历史的完成加以符号化表达时,阿奎那再也不能运用有关圣灵新一次降临、通过一种精英式兄弟情谊而发挥作用的观念,因为他不只是一位中世纪唯灵论者:他的个性十分宽广,[214]足以涵盖尘世的自然内容、人的理智以及组织在众多国家中的人类。历史哲学对应于阿奎那心灵的能力与范围,这一心灵设想通过他所在修会的行动而将理智基督教扩张到各民族。在西方历史力量和政治力量的体系中,阿奎那代表着由理智与宗教上成熟的人来主宰世界的意志。

阿奎那的召唤,作为民族国家时代的帝国主义的一个成分,一直是我们的观念史的一部分。在16世纪,我们能在维多利亚(Francisco Vitoria)的理论中看到它与西班牙的民族帝国主义结合在一起,也能在伊丽莎白(Elizabeth)的英格兰帝国主义中看到它的身影。在17世纪,它与格劳秀斯(Hugo Grotius)的荷兰商业帝国主义结合在一起,并且在一般意义上,出现在随后为建立各个殖民帝国而进行的斗争中,这种斗争暗含着由西方承担神意去主宰世界其余地区的观念。

(七) 历史性心灵

我们现在可以来澄清阿奎那的思想特征了。阿奎那不是一位理论性的思想家,如果所谓的"理论"指的是对一片非历史性的问题领域加以系统梳理的话。他所提出的理论解决方案,例如对信仰与理性关系的建构,同时也是对各种历史力量的和谐化处理。上帝的真理显现于尘世中,但尘世并非一个静态结构;相反,它是一个由变化中的历史力量构成的有机体。因此,先验的思辨无法穷尽哲学家的理智工作;哲学家必须在某个给定的时刻,在某一体系的框架中,重新创建在历史中具体存在的世界的统一性。

为了执行这项任务,《神学大全》所采用的提问(quaestiones)是理想的工具。它使我们得以将资料组织在一个大型的稳定框架内,并且有大量机会将历史细节填充于在提问本体前后出现的论辩注释中。因此,考虑到细节的丰富程度,该《大全》远非一部系统性很强的杰作。各种论说,以及对于理解该哲学家的意图最为重要的附带格言(obiter dicta),都深深隐藏在各种推论之中,并且有时会在最不可能的地方发现,[215]以至于发现它们完全可算是一种幸运。而且,从一个主题到另一个主题的转换经常是模糊不清的,甚至完全缺失。在这方面,阿奎那与黑格尔非常相似,后者使他的精神哲学保持着大师般鲜明的层次,但从一个层次到另一个层次的转换则相当令人生疑。这个松散结合、时常离题过远的体系,正是某一个心灵的完美符号,这个心灵既不是先验主义的,也不是经验主义的,而是鲜活的历史存在者,体验到它与上帝在这个历史性的世界上的显现这二者之间的和谐。阿奎那确信,上帝所创世界的各个部分将彼此协调。他的这一信条与他通过工作来证明这一信条的意愿相吻合。该信条使他的著作具有壮观的权威性;但是,若非圣徒已在其情感中,将通过理智显现真理的持续努力视为有理性的造物必须执行的转向上帝的行为,那么这一信条就会使人无所作为。

二　政　治

(一) 对亚里士多德的接受:人文主义

在呈现阿奎那的政治学时,我们面对着可能导致西方政治理论失败的根源——我们并不十分清楚我们使用的符号含义是什么,这在西方接受亚里士多德之后尚属首次。毫无疑问,亚里士多德的《政治学》是希腊城邦的理论;它将建立在领土基础上的民族统治组织,例如波斯,排除在研究范围之外。在对特定类型的政治组织进行透彻分析的同时,不可能不涉及政治的一般问题;尽管如此,在亚里士多德的各种范畴形成过程中,他所特别关注的是从公元前 6 世纪到前 4 世纪城邦国家的经验。当阿奎那接过那些基本的亚里士多德概念时,他在某种程度上沉湎于人文主义的演练,而这与他当时的政治问题并无多大关系。

这些困难体现在对 polis[城邦]这个术语的翻译中。托马斯用 civitas[城市]作为对应词,但也用到了 gens[民族]、regnum[王国]或 provincia[省份]。gens 和 regnum 涵盖了各民族的统治组织;provincia 取自罗马帝国的词汇,那时指诸如高卢、西班牙、阿非利加(非洲)和埃及等省份。provincia 此时普遍得到接受,[216]而当萨利斯伯瑞的约翰提到一些国家,可能是法兰西或英格兰等,他用的也是这个词。而且,从《论君主政治》被献给塞浦路斯国王这一点上可以看出,在该理论适用于何种政治组织类型这个问题上,存在着悬而未决的状况。

在第三次十字军东征中,塞浦路斯岛被英格兰的理查德一世征服,并被他卖给了吕西尼昂的居伊(Guy of Lusignan)。向塞浦路斯的一位吕西尼昂国王献书,这充分说明当时政治视野的范围。这篇论著不是献给皇帝或某一位西方国王的,这一点也表明这种新理论距离主教叙任权之争等帝国问题,或者民族国家的政治问题有多么遥远。政治理论的奇特结构开始出现,我们如今仍然可觉察到受其困扰:任何一种统治理论的普遍化程度都不足以涵盖某一种政治形式中的各项要素,同时,它的特殊化程度也不足以明确无误地运用于某个具体的政治单元。通过吸收亚里士多德思想,中级领域的各种范畴得以产生。我们尚未以任何方式克服因赋予这些范畴普遍有效性而引起的人文主义、非现实主义模糊性。

(二) 致塞浦路斯的题献

然而,在致塞浦路斯的题献中,或许有一项现实主义因素。由于对阿奎那来说,尚属不可知的未来对我们而言已是可知的历史,因而,我们把握这项因素并非易事。古希腊政治理论的力量有一部分来自这样一种局势,即现有的城邦长期致力于建立新城邦。从选址开始,经过城市规划,再到草拟政制,创建新政治单元的可能性构成了柏拉图和亚里士多德建构理想国的背景。只有在发现美洲、西方开始殖民定居后,才大规模地再次打开建立各种新政权的视野。

与此类似的情形出现在13世纪,但不是通过开拓新的定居领土,而是通过拥有新型统治机构的诺曼移民与十字军东征。我们已在前面讨论过诺曼人在西西里和英格兰的征服对欧洲政治起到的革命性效果。现在,我们必须加上条顿骑士团在东方的建立,以及在北欧建立的统治和斯拉夫人统治的巩固,[217]尤其是十字军通过夺取伊斯兰和拜占庭领土而建立的一系列外族公国所起到的类似效果。

西方政治机构在东地中海地区的扩张很快就因土耳其人的推进而终止,而此时尚无法预见西方政治的重心将转向西方并越过大西洋。① 在东方,真正出现了[西方]政治机构的边界,似乎预示着西方文明根据阿奎那的帝国主义设想在各民族中间的扩张。然而,《论君主政治》的第二卷建议按照亚里士多德倡导的最佳方式来为城邦选址;与当时的政府机构所面临的现实问题相比,这看起来多少有些怪异。

(三) 君主:神的类似者

但是,立国问题所涉及的,还不只是希望不惜一切代价接受亚里士多德学说的渴望。在阿奎那的体系中,立国理论所占据的地位,相当于从家庭到村落再到城邦的社会形态发展理论在亚里士多德体系中所占据的地位。在关于亚里士多德的那一章中,我们已经看到,由灵魂力量立国的柏拉图式观念已经消失,将城邦视为宇宙结晶的观念已经被自主(autarkic)单元的观念

---

① 《论君主政治》写于 1265—1266 年。君士坦丁堡已在 1261 年由米夏埃尔八世帕莱奥洛戈斯(Michael VIII Paleologus)收复,但拜占庭帝国在欧洲的领土仅限于首都及其近郊。Recent editions: *De regimine principum*, ed. Stephen Baron, American University Studies, series 17: Classical Languages and Literature, vol.5 (New York: Lang, 1990); and *De regimine principum* (Milan: Editoria elettronica Editel, 1992). 1992 年版是存于一片电脑磁盘中的文本文件。English edition: *On Kingship: To the King of Cyprus*, trans. Gerard B. Phelan and I. T. Eschmann, Mediaeval Sources in Translation, vol.2 (Toronto: Pontifical Institute of Mediaeval Studies, 1949, rpt.1982).

所取代；由精神进行的立国已经被"根据自然"的发展所取代。阿奎那反转了亚里士多德的步骤。他回到更具系统性的柏拉图式理论建构，提出一系列的类比——上帝作为宇宙的统治者，灵魂作为身体的统治者，君主作为城邦的统治者。与神创造并管制宇宙的功能类似，君主的功能是建立并统治城邦（《论君主制》[*De regimine*] *pr.*, 13）。

[218]重新将统治者类比于上帝，这必然推翻亚里士多德关于"根据自然"的城邦的理论建构。共同体发展的必然序列（家庭、村落、城邦）失去其意义。原因很简单：阿奎那对城邦不感兴趣，也无法对其感兴趣。他对亚里士多德自然主义的保留仅限于接受如下观念：人必须生活在共同体中，因为当他孤立生活的时候，哪怕是在家庭中，他都无法使其作为一个理性造物所具备的各项能力得到充分发展。① 在阿奎那看来，存在着完美共同体（perfecta communitas）这样的东西，它满足生存、保护和理智生活等自然需求。然而，他并未确定"完美共同体"的社会学类型。除了家庭之外，阿奎那的词汇都是模糊的：亚里士多德的系列被翻译为 familia［家庭］、civitas［城市］、provincia［省份］（I.1），而定义为完美共同体之统治者的 rex［王］则可能是 civitas 或者 provincia 的王。亚里士多德的模式被归结为家庭首领和国王这两个类型。

将国王作为政治单元的核心人物引入，这完全不是要回归柏拉图的哲人王。在基督出现之后，这种可能性就被排除了。阿奎那所说的王权功能是属灵性的，而不是自然性的。就自然禀赋的分配而言，某个人可能会由于拥有王权美德（regia

---

① "人天生是社会和政治的动物更甚于所有其他动物，人天生的需求表明何以如此"（参见 *De regimine*, bk.I, chap.1）。

virtus)而变得格外杰出(I.9)。王权美德不是柏拉图所说的统治者智慧,因为它并不具有属灵权威。它也不是亚里士多德所说的德性(aretē),因为它不是一般意义上的理想公民的美德,而是自然禀赋体系中的一种特定能力。它十分接近马基雅维利所说的美德,但又不完全一样,因为它并不包含马基雅维利式邪恶因素。然而,它相当接近于对文艺复兴时期君主进行的召唤,而且带有弗里德里希二世的鲜明印记。

(四) 自由基督教徒的共同体

国王的功能在于作为自由人众体(liberorum multitudo,I.1)的统治者。这或许是对亚里士多德体系最重要的偏离。阿奎那以自由与奴役作为区分好统治与坏统治的标准。[219]如果共同体成员在求得共同生存的事业中自由地合作,那么这个统治便是好的,无论它是君主制、贵族制还是共和制。如果一个人或许多人是自由的,并且按照他们(自己的)利益剥削他人、操纵统治,那么这个统治便是坏的。亚里士多德关于好、坏政府形式的词汇得到保留,但是,根据阿奎那的观点,甚至连亚里士多德所说的好形式实际上也是坏的,因为那种城邦理论在所有情形下都包括了"自然奴隶"。在阿奎那看来,不存在自然奴隶。他的人类学根基是关于成熟、自由基督教徒的观念,而在他宽宏大度的自由观念中,我们甚至能感受到圣方济各的贵族平等主义的影响。

阿奎那对基督教徒的自由深有感触,但他并不将人置于自然共同体的环境中,受该共同体自身义务要求的束缚。自由人是一个大众体(multitudo),平民等级兴起于自由的创造性合作。阿奎那并未提出关于社会契约——它建立起对其成员具有约束力的合作单元——的理论,也未提出关于政治民族的理论。他的国王是超越了所有特殊政治单元边界的基督教民族君主。由这一弱点而来的那些困难可追溯到《反异教徒大全》和《神学大全》。《反异教徒大全》尚未全面接受亚里士多德社会学。人是自然的社会动物(naturaliter animal sociale)(III.117),他在自然上倾向于相互友爱、相互帮助,但社会目标根本就不存在于自然领域之中。

形成人的共同体的是一种共同的目的,即对上帝的爱,以及以永恒至福为导向的生活。那些有着共同目的的人们必定拥有"情感纽带"(III.117);随着这种必然性而来的,是只要人在上帝赋予的共同体中生活就必须遵守的更多规则(III.111—46)。在《神学大全》(I-II.90.2)中,阿奎那先是就作为共同体生活之决定因素的精神目标这个问题,发展出[与亚里士多德]相同的立场。

接着,阿奎那彻底抛开亚里士多德关于城邦能带来幸福,因而是完美共同体的论述,完全无视如下事实:对亚里士多德来说,在历史上具体存在的城邦是一种绝对物,静观生活中的"思辨行为"已经被纳入其中,其建构过程经历了相当大的痛苦,而在《大全》中,至福(beatitudo)则是绝对物,它将一种政治上难以名状的自然共同体生活与自身紧密联系在一起。[220]尽管纳入了亚里士多德的观点,托马斯政治学的基本人物却不是政治动物(zoon politikon),而是基督教徒(homo Christianus)(De reg. pr. I.14)。对亚里士多德术语"政治动物"(animal politicum)的翻译和改写并不意味着对其含义的改变。亚里士多德的人在城邦中实现其生存的完满,并且仅仅是政治动物,而基督教徒则以某种超验精神目的为导向,并且,除了其他重要属性之外,他还是一个政治动物。

因此,上帝在宇宙中的一系列类比物——城邦的君主、身体中的灵魂——不可能是阿奎那政治学的终极依归。基督教徒大众的秩序必须处于作为人类之精神王的那个统治者统治之下——亦即处于基督统治之下。为了使这种精神统治区别于人世间的自然事务,它被交由教士,尤其是罗马教宗执行,"基督教民族的所有国王都臣服于他,就像臣服于主耶稣本人一样"(I. 14)。

在阿奎那笔下,"政治的"这个术语开始具有现代含义;格拉西乌斯对精神权力与世俗权力的二元划分开始被现代对宗教与政治的二元划分所取代。在阿奎那那里,现代意义上的政治领域仍然完全以属灵领域为导向,但是,我们仍然可以辨识出这场重大发展的开端。通过宗教的洛克式私人化,以及赋予政治以公共垄断地位,这一发展将一种世俗的宗教灵性以极权主义方式纳入政治这一公共领域。

(五) 宪政统治理论

在统治制度的层面上,阿奎那理论的人文主义特征非常强烈,以至于几乎谈不上存在一个体系。宪政统治原则的发展借鉴了亚里士多德的思想和以色列的制度,而且,这些原则在多大程度上准备用于13世纪的政治局势,这一点是有疑问的。明确提到当时社会结构的唯一一处出现在如下论题中:每个完美大众体(multitudo perfecta)都必须在社会层面上划分为三个等级——贵族(optimates)、体面人(populus honorabilis)、普通人

(populus vilis)(《神学大全》I.108.2)。[221]这三个阶层的模型显然来自意大利城镇的典型分层——贵族、膏腴之民(popolo grasso)、细民(popolo minuto)。① 这使我们了解到一种由对基督教徒自由的情感所主导,并且为了作为政治人的基督教徒而努力发展统治制度的政治理论所具有的潜力。

如果要将关于宪政统治和普选权的各种观念运用于一个包含这三个等级的共同体,那么,便不只是第三等级即资产阶级将被纳入政治体系,无产阶级也将如此。对意大利城镇而言,这将意味着使诸如米兰的巴塔里亚运动、下层行会或者佛罗伦萨的梳毛工(ciompi)②这样的社会成分在政治上获得充分的代表。然而,我们并不知道,在面对哪怕是一个意大利城镇的具体局势时,阿奎那将会采取什么政策;他的各项原则,在刚刚进入议会政体之蒙特福特阶段的英格兰这种复杂领土单元将如何运作,或者在有着超乎想象的封建结构和公社运动的法兰西又将如何运作。

《论君主政治》将宪政统治理论与暴政问题联系在一起(I.6)。与萨利斯伯瑞的约翰不同,阿奎那并不赞成诛杀暴君。废黜不义的统治者,这属于集体性公共权威(auctoritas publica)的事务;由教宗来作为废黜行为可能的执行者,这一点通过修辞性的沉默得到了默认。应对暴政危险的恰当方法是通过限制王权而防止暴政出现。《论君主政治》并未最终完成,而关于有限君主制的部分则没有详细展开阐述。

---

① 这三个阶层并非仅仅被视为经验性的群体。它们被认为对应于等级秩序的某种必然模式。这就是为什么这个重要的政治类型—概念也出现在关于天使等级的提问中,那里对一般性的等级体系问题进行了讨论。
② [译按]在中世纪晚期的佛罗伦萨,以梳毛工为首的制衣工人,曾因未建立行会、利益得不到代表而发动起义,在佛罗伦萨建立了一个民主政府。

第十二章 阿奎那

在《神学大全》中,这个问题被两次提出。第一次出现在对亚里士多德所讨论到的政府形式的简要列举中(I－II.95.4),并以如下陈述作结:混合政体(regimen conmixtum)是最好的政府形式。该段落仅仅是在照抄;除了引用圣伊西多尔的观点——在混合形式的政体下,贵族和平民在立法事务上进行合作——从该段落中便无法提炼出什么来了。第二处出现在对以色列制度的讨论中(I－II.105.1)。这篇文章令我们特别感兴趣,因为它表明,[222]当阿奎那涉及严格的系统性建构时,他的漫不经心几乎令人难以置信。就像在《论君主政治》中提到的那样,君主制被认为是最好的统治形式,因为它模仿了神对世界的统治。

另一方面,它又不是最好的统治形式,因为从经验的角度讲,人是虚弱的,而暴政的危险使预防性制度的建立成为必须。围绕统治形式的评价而发生的冲突本身代表了一个棘手的系统性问题,此时进一步加剧了,因为在以色列的初级民主制中根本没有国王。上帝认为王权非常糟糕,因而将对其子民的监管权交给法官,对民众要求获得一位王的呼声大为不悦(I－II.105.2)。这一困难的解决来自如下解释:犹太人特别残酷、贪婪,因此上帝对其不得不防。这一理论建构表明,该体系的纵坐标已牢固确定:由历史事实提出的那些问题为人们所知晓,但各项公理并未得到修正。

然而,以色列的案例使人有机会更加详细地阐述理想的宪政形式。指导原则是亚里士多德关于稳定的共和制的规则:每个人在统治中都应有份。共和制(阿奎那用的是 politia 这个词)的执法官应当由国王、贵族首领以及通过普选产生的人民代表共同组成。19世纪下半叶的英格兰宪制在原则上实现了这项宪政规划。"君主们"的功能和相对权力则未被提及。但是，宪政规则不应无条件地运用。宪政统治的目的是防止暴政的出现。如果民主选举会导致暴政从社会底层产生，那么就需要回到贵族制统治。判别来自底层暴政的标准在于收买选票、选出有问题的人物(I—II.97.1)以及劫掠富人(*De reg. pr.* I.1)。

我们可以将阿奎那思想的主要来源列举如下：亚里士多德的政治学理论、罗马宪制、以色列初级民主制与王政、意大利城镇民主制度的经验以及对基督教徒自由的情感。这些因素并未被整合于某个严格体系之中；为了保持阿奎那思想的"和谐"风格，它们以一种相对来说彼此无联系的方式并列在一起。[223] 由这些因素的这种安排方式而来的，是对基于两项原则的宪政统治观念的召唤，一是合乎自然的心理学公理，即统治的稳定有赖于人民的参与，二是关于成熟者之自由的基督教精神原则。该召唤是人文主义的，因为以亚里士多德术语进行的理智思辨并不能透彻分析具体的政治问题。当时，该召唤是隐秘的，因为它在公众中间的影响并未明显超出多明我修会的范围。但是，它代表着自然与基督教唯灵论在政治中的综合；作为这一综合的符号，无论是否明确提及其作者，它都主导了西方政治直至今日的发展。

三 法

（一）法的四种类型

为了充分理解阿奎那的法学理论，关键是要考察它在《神学大全》中的位置。《大全》的第一部分探讨上帝及其创世，第二部分探讨人,第三部分探讨通过基督获得的救赎。第二部分在开篇(I-II)特别探讨了人的行为。首先讨论的是人类生活的目标,即至福,其次讨论人达到这个目标所能采取的手段。这些手段在于人的行为,而行为又分成自愿行为(6-21)和激情(22-48),前者是人类特有的,后者是人与动物共同的行为类型。最后讨论的是人类行为的原则,包括内在原则和外在原则。内在原则是能力与习惯(48-89)。推动人转向终极善的外在原则是上帝。上帝能通过法的指示来推动人(90-108),或者通过恩典给予协助(109-114)。因此,法学理论是关于上帝为了推动人的行为转向至福这一终极目标而赋予人的指示的理论。

随后是法学理论的一般性纲要,它是将上面讨论过的本体论原则运用于以上述这种方式表述的问题。包括人在内的尘世是神的创造;它带有神的理智的印记;作为造物,其生存意义在于回归上帝。[224]因此,在人回归上帝的过程中,推动人类行为的规则是在上帝自身的理智中发生的创世所包含的规则。这种神圣的规则被称为永恒法。通过创世过程,永恒法被植入人性;活跃于人身上的理性发出的指令被称为自然法。由于人是不完美的,因而他仅拥有永恒法的一般性原则;人自己根据人类生存的各种偶然状况进行调整与阐发,从而产生人定法(lex humana)。如果人仅仅是自然的存在者,通过在人世间的成就而实现生存的完满,那么这种指示便足够了。但是,由于他被导向精神性的超验至福,因而也就有必要获得关于《旧约》和《新约》中的神圣法的特殊启示,这些启示被称为神圣法(lex divina)。这四种法,永恒的、自然的、人定的和神圣的,构成法学理论的主题。

（二）法的定义

为了获得法的定义，需要将这一本体论命题与类比理论（宇宙中的上帝，共同体中的君主）相结合。法被定义为理性的命令，目的是为了共善，由照管共同体的人制定，并在共同体中颁布（90.4）。该定义之所以重要，是由于它听起来像是实定法的定义，但实际上意在成为对上面所提到四种法的本质的定义。这种模糊性表明，利益的重心很显著地位于政治共同体和从事立法的宪政机构，但是，进行立法的政治权威所面临的问题尚未与法律秩序因其内容的正义性而具有的权威清晰区分开来。这就导致该定义中的四项因素并不同样适合永恒法、自然法、人定法和神圣法。理性和共善这两项因素必然适合，因为它们是严格的思辨；一项不理性的或者不利于共善的规则肯定不是法。通过将永恒法在人心中以自然法形式的显现解释为永恒法的颁布，也能使颁布因素变得适合（90.4，ad.1）。

神圣法是《圣经》对永恒法的进一步颁布。人定法是由政治权威颁布的，但这里出现了一个疑问：[225]人定法是对什么法的颁布？是对永恒法、自然法的颁布，抑或只不过是对人定法本身的颁布？于是，围绕着由共同体的代表对法的"制定"这一因素，出现了严重的困难。该因素据说指上帝和君主，而我们也的确在91.1看到通过一幅壮丽画面描绘的类比：上帝作为完美城邦的君主，通过他的永恒法治理宇宙。然而，这个类比在关于"制定"的问题上失效了，因为永恒法并不是在任何一种可以想见的意义上"制定"的，而是永恒地存在于上帝心中。另一方面，我们注意到，在明确探讨"制定"因素的90.3，阿奎那只提到自然的完美共同体。法的"制定"被交给大众或其代表（vicis gerens）；作为例子，阿奎那讨论了贵族和平民在罗马宪制下的立法功能。

相当明显的是，阿奎那正努力发展一种实定法理论。在这里的语境下，这种努力必定导致与关于法律秩序内容的理论发生冲突，该秩序是通过对那四种法的分类而产生的。就内容而言，除了并非来自创造的永恒法，所有法律都是上帝创造的。人只能通过"制定"人定法来参与这个创造过程。但这种人为的"制定"正是要找出与自然法和神圣法相一致的正确法律内容。该"制定"是人在回归上帝过程中的一个部分，人的"制定"具有一种辩证结构，即上帝通过人类行为这一工具来制定法律，或者从另一个角度来看，人通过创造与神的立法意志相一致的行为规则而转向上帝。实定法所包含的这种辩证关系来自阿奎那最基本的本体论立场，但从未得到充分阐述。相反，我们看到实定法令人迷惑地在 90.4 被认为是法的"本质"，而在 95.1－2 又被认为是人定法。在这一点上出现的混淆，对应于我们在上一节讨论[阿奎那]政治学时注意到的理论体系漏洞。当时，亚里士多德的完美共同体被从崇高的位置拉下，变成关于自由大众及其共同目标的讨论。完美共同体、其宪制和立法行为在事实上被纳入这个体系，但是，对阿奎那来说，他已不可能形成一种令人信服的理论整合。

（三）自然法理论

[226]阿奎那法哲学的魅力，在于关于法（尤其是自然法）的内容的理论。永恒法将其自身铭刻于理性造物心中，并赋予他

们一种转向适当行为与目标的倾向。理性造物对永恒法的这种参与被称为自然法。我们通过自然理性之光来辨别好坏,它是神的光芒在我们身上的折射(91.2)。因此,所有的法,就其参与了正确的理性而言,都来自永恒法(93.3)。与人性的局限性相一致,直接的知识仅限于一般性的原则。这些原则列举如下:自我保全,通过生育和教育来保全种类,通过渴求关于上帝的知识和倾向于文明的共同体生活来保全理性本性(94.2)。从形而上学的角度来讲,这种理论建构处于廊下派自然法或普通法(koinos nomos)理论的层次,对它的参与是通过法在作为个体的人心中的灵光闪现(apospasma)而实现的,尽管这其中的人类学已变成基督教的。

这种廊下派—希腊化看法一方面会带来关于个人澄明的新柏拉图主义理论,另一方面会带来关于动物性理智(anima intellectiva)的集体主义假定;我们可以在圣奥古斯丁那里看到前者,在德布拉邦的阿威罗伊主义理论那里看到后者。在阿奎那看来,对永恒法的参与是客观的,因为它不依赖于个人的澄明;这种参与对人的独特性给予了足够的重视,因为它把经由法律塑造秩序的共同体视为自由基督教徒共同努力的结果。

就理论体系而言,阿奎那自然法理论的本体论基础可能是唯一可供法哲学持有的立场。如果不诉诸超验的永恒法,我们就面临如下选择:要么使法律秩序的内容根本不具备本体论基础,从而认可每一种能强制人们服从的实定秩序的有效性;要么将各种世俗因素,例如本能、欲望、需求、世俗理性、权力意志、适者生存,等等,树立为绝对物。第一条路径是虚无主义的;第二条则无法将超验的宗教经验纳入伦理哲学和法哲学。阿奎那的理论是一种经典的解决方案,[227]因为它为一种尊重人类生存之本体论结构的法律秩序提供了宗教基础。

该超验基础并不决定其秩序将要得到塑造的共同体是何类型。阿奎那的法哲学对西方政治思想的意义持久,因为它使基督教精神个性与自然的完美共同体和谐共处。"完美共同体"是一种富有弹性的表述,其中包含各种不可预知的潜能。在阿奎那的体系中,它不再等同于希腊城邦,但总的来讲并未特别指明是哪种社会类型。此后,政治民族被用于填充这种框架性的表述,而可能成长为"完美"的其他类型,例如各民族的联邦,同样也会被纳入其中。在这个方面,阿奎那的理论活力十足;只要西方文明仍然是基督教文明,那么该理论在其中所起的功能便绝对尚未结束。

从历史上讲,[阿奎那的理论]与廊下派关于参与普通法的理论相似,这个现象值得关注。这两种理论都在如下意义上具有普遍主义特性:它们认定人的精神平等性,并使平等的人成为共同体的建构因素。普遍主义理论出现在旧制度开始瓦解的时期,这绝非偶然。城邦的瓦解构成廊下派的背景,而神圣帝国的瓦解则构成阿奎那超验本体论的背景。而且,在这两种情形中,普遍主义理论都被纳入由正在兴起的新召唤构成的政治哲学,即廊下派理论被纳入西塞罗关于罗马世界城邦的理论,阿奎那的历史学被纳入民族国家时代的自然法理论。

(四)人定法——实定法

由于人定法取决于自然法,神圣法取决于人生中的超自然偶发事件,因此,可以将人定法和神圣法归为一类,即法的偶然内容。通过问题 95 对人定法的讨论,实定法问题被再次提出,因为人定法有时被等同于实定法。这一技术性混淆之所以会出现,是由于阿奎那并未将法律秩序的内容足够明确地区分于立法的权威及其执行。人定法这个术语实际上涵盖两个不同的概念。[228]在作为法的内容时,人定法被描述为补充发明的法(lex adinventa),意思是人的理性行为发明了详细规则,它们源自自然法,并将其应用于具体情况之中,从而对自然法的一般性框架加以填充。在作为一套由立法机构制定、由政府政令执行的规则时,人定法被称为人为实定法(lex humanitus posita)或者实定法(lex positiva)。问题 91.3 讨论的主要是由人发明的法(lex ab hominibus inventa);问题 95 讨论的主要是人为实定法。

抛开术语上的模棱两可不论,问题还是相当清晰的。在人为实定法这个标题下,两个问题得到讨论:(1)法的一般性;(2)强制。不能等到案情发生才去制定法律规则,因为只有很少一些人具备"法官的现场正义"。较好的办法是事先提供一般性规则,因为这样就可以从容地制定规则,充分考虑牵涉到的各种问题;而且,这样制定规则更容易做到冷静从事;最后,这样就可以由经过挑选、胜任此职的人士来草拟法案。强制是必须的,因为人性有弱点,而美德的萌芽需要得到来自"强力与恐惧"的支持,以便能茁壮成长(95.1)。在由人发明的法这个标题下讨论的是,法律是否足以应对自然生活中的各种偶然事件?在这个方面,阿奎那遵循圣伊西多尔的建议(*Etymologies* 5.21):法律应当与宗教、与自然法的各项原则保持一致。它既不应当对人力所不能及之事提出要求,也不应当违背本地传统,而且应当考虑时间与空间的各种状况,确保服务于大众福利,并且条文明晰(95.3)。

（五）旧法：财产社会

神圣法是上帝赋予的，因为人的超自然目的需要得到指导，而由于人的判断不具确定性，这种指导是人仅靠其自然能力无法获取的。在阐明人定法时，人需要得到毫无疑义的规则支持，其原因在于，人定法只能惩罚公开的行为，却不触及意图；而且，通过人定法彻底禁止一切邪恶行为也将摧毁共同体生活的善；因此，其原因还在于神圣法必须约束、制裁必定脱离人的约束的罪恶（91.4）。[229]神圣法只有一部；对旧法（Old Law）和新法（New Law）的相继启示对应于人类成长的不同阶段。旧法适合人类的童年这一不完美阶段，新法则适合精神成熟的状态。通过约束外在行为，并借助对惩罚的恐惧而强制人们服从，旧法将人导向他在人世间的善。通过约束内在行为，并借助由恩典灌注于人心之中的对上帝的爱，新法将人导向天国（91.5）。

阿奎那的立场预示着一种关于人的文化的哲学；它在一种法律秩序的内容与一个民族的一般性文明阶段之间创造出一种关系。对旧法的讨论使阿奎那有机会详细讨论以色列的制度，其篇幅实际上相当于一部独立的专题著作（问题98—105）。登普夫正确地指出，这部专题著作是第一篇按照文艺复兴时期的人文主义精神来看待古代文明的论著。它深入分析了以色列的礼仪、政治和市民生活。

至于在这个场合发展出的宪政政府理论，我们已经在前面关于政治学的章节加以呈现。具有类似地位的是关于私有财产的理论，其发展与对市民秩序的分析相关。阿奎那区分了完美共同体中的两种基本关系：君主与其臣民间的政治关系，以及臣民彼此之间的私人、市民关系。凌驾于臣民之上的政治权威在对法律秩序的执行中显现自身;臣民间的私人关系来源于市民对其私有财产(res possessae)的权威。臣民能运用他们各自的所有权——这表现为买、卖、赠予等等,在彼此间进行交易。这种理论如今听起来平淡无奇,但在当时则是革命性的,因为它抛开财产权的封建结构,使由财产所有者组成的社会和他们的交易关系成为法学理论的核心(105.2)。这种财产社会理论与宪政政府理论同样带有不合时宜的人文主义色彩,但也同样对政治思想此后的发展具有先导意义。

(六) 新法:因信称义

[230] 与关于旧法的大篇幅论著相比,对新法的讨论之简短令人惊奇(三次短小的提问,106—108,在篇幅上大约只及旧法的五分之一),尽管就成熟基督教徒的生存而言,新法无论从哪个角度来看都更为重要。然而,这种简练并不妨碍这项讨论与宪政政府理论和财产社会理论一样,带有近乎革命性的效果。新法[首先]是由圣灵的恩典写入信徒心中的,其次才是作为成文法存在。随着激烈的荡涤,基督教的本质被径直视为保罗意义上的 pistis[信仰],而教会虽未被排斥在外,但也未被提及。阿奎那排除了任何其他称义原则,只引用《罗马书》3 章 27 节(I—II.106.1):

> 既是这样,哪里能夸口呢?没有可夸的了。用何法呢?是用你的功业么?不是,乃用信主之法。

第十二章 阿奎那

这段话之后便是那句名言：

> 我们相信，人称义是因着信，不在于遵行律法。

因信称义原则成为新法的本质。在正统天主教神学的框架内，这或许是对自由的基督教宗教灵性原则极尽可能、至为强烈的表达。

这里的文本涉及天主教教义中的一个根本问题，或许应当进行一些解释，以免可能出现的误解。显然，阿奎那的神学并无任何路德主义。严格说来，正在讨论的这个问题不是关于教义的，而是关于重点与张力的。在与新法有关的提问中，阿奎那极为强调信仰的精神因素，不惜降低教会的中介作用。唯灵论的最强烈表述出现在提问 113.4："是否信仰行动乃不虔信者称义之所必需？"以及"由此表明，信仰行动乃虔信者称义之所必需，从而使人相信上帝会通过基督之神秘使其成为义人。"

这些表述是如此强烈，以至于在我使用的版本中（Regensburg, 1876），编者觉得有必要附加一条注释："称义所必需的信仰乃是普世信仰，我们由此信仰抵达的真理是上帝启示和应许的真理，而首要的真理是上帝通过他的恩典，通过在耶稣基督中的救赎使不虔信者称义。然而不需要路德宗所渴望的那种已然缩减为罪的信仰——根据这种信仰，每个人的信仰都是独特的，或每个人的信仰完全是自我确信的"（参见 *Concilium Trid.*, sess. Ⅵ, can. 12）。

这一提醒被认为必要，但毫无疑问，如果我们考虑到 II－II.2 关于 *actus fidei* 的论述，以及 III.8.6 关于基督作为神秘体首脑的文章，那便无法对这些段落加以路德式解读。I－II.106 和 113 的因信称义概念十分符合天主教教义体系，除非将这一概念剥离作为一个整体的《神学大全》的语境——但是，在关于新法的论述中，单独看，阿奎那的唯灵论的确在某种程度上遗忘了那些［教会］制度。

只有考虑到阿奎那所坚持的独立唯灵论,我们才能充分理解一些情感的强度,[231]这些情感表现在关于由成熟、自由的基督教徒构成的共同体的观念,关于他们通过普选权参与政府、参与由有产者构成的自由社会宪制的观念。

四 结 论

在确定阿奎那在政治思想史上的地位时,必须考虑主教叙任权之争以降的世俗力量的爆发。对于在这些力量的骚动中出场的新时代,可以将其刻画为"世界"进入基督教来世唯灵论的轨道。阿奎那处在不同时代的分界线上,因为他构建和谐的各种能力能创建一种基督教精神体系,它吸纳了这个骚动中的世界所有方面的内容:革命热情高涨的人民,自然产生的君主,以及独立的知识分子。作为对基督教唯灵论连同其普遍有效性主张的展现,他的体系是中世纪的。该体系同时又是现代的,因为它表达了将要决定直至今日的西方政治史的那些力量:以宪政方式组织起来的人民,资产阶级商业社会,宗教改革所坚持的唯灵论,以及科学理智主义。

通过他的个性奇迹,阿奎那能将一种高度文明的过往与将来不可思议地融合在一起。这个时代的各种情感十分强烈,足以产生从萨利斯伯瑞的约翰到德布拉邦这样鲜明、有力的人格。阿奎那能将他们的思想全部吸纳,并使之保持在一种有序的均衡中。将他与弗里德里希二世进行比较,我们可以说,他与皇帝一样,对时代的各种力量有着敏锐反应,但在理智和精神素质上则要胜过皇帝。

萨利斯伯瑞的约翰的性格个人主义被增强为基督教政治人

的属灵人格主义（spriritural personalism）；阿奎那的人文主义已具备宽阔胸怀，足以消化亚里士多德的思想，并带来作为副产品的以色列制度研究。圣方济各的精神个人主义以更为激进的形式出现在阿奎那与新教十分相近的唯灵论中；圣方济各的民粹主义延续于对政治自由人的共同体的召唤中，而穷人的基督所具有的局限性则通过适当地承认君主的新功能而得到克服。约阿希姆的世俗意识转化为关于教会在世界上扩张的观念；[232]修道院兄弟情谊的狭隘视角扩大为一种帝国主义远见，意在建立一个由多个基督教完美共同体构成的世界。德布拉邦和波埃修的理智主义得到完整保留，但受到一种同样强劲的属灵导向的制衡。

通过掌控这些力量并出色地使之保持和谐，阿奎那成为独一无二的人物；他能用现代西方的语言表达中世纪帝国式基督教的情感。在他之后，再也没有人能以同样宏伟的风格来代表在精神和理智上成熟的西方人。

索 引

(索引使用原文页码,即本书中用"[ ]"标出的随文编码)

A

Aachen assembly of 802 802 年亚琛会议, 61

'Abbasid empire 阿伯巴希德帝国, 35

Abel and Cain 亚伯与该隐, 93

Abelard 阿伯拉尔, 173

Abraham 亚伯拉罕, 129, 130

Accursius 阿克库尔修斯, 13, 169

Active Intellect 积极理智, 184

Actus《方济各行述》, 135

Ad Gebhardum liber《致格博哈尔顿书》(劳滕巴赫的马内戈尔德), 89n

Africa 非洲, 32, 215

Alans 爱伦人, 47, 48

Alaric II 阿拉瑞克二世, 161—162

Albertus Magnus 大阿尔伯特, 80, 179, 185

Albigensian wars and Albigensian Crusade 阿尔比战争与阿尔比十字军东征, 106, 139, 155

Alcuin of York 约克的阿尔昆, 62

Alexander II 亚历山大二世, 90

Alexander of Aphrodisias 阿弗洛狄西亚的亚历山大, 184

Alexander of Hales 阿莱斯的亚历山大, 80

Alexander the Great 亚历山大大帝, 32

Alfonso VII of Castile 卡斯蒂尔的阿方索七世, 149

Alfonso VIII of Castile 卡斯蒂尔的阿方索八世, 145

Almohad Caliphate 阿尔莫哈德哈里发, 187

Amazons 亚马逊女杰, 44

Amor Dei 爱上帝, 114—115

Amor sui 自爱, 114

Anchoritic reform 隐修改革, 69—

70

Angevin kings 安茹诸王,145,146,149

Angli 盎格鲁人,90

Animal intellectiva 动物性理智,226

Anima politicum 政治动物,220

Annales Laureshamenses《劳雷海姆年鉴》,5

Anonymous 无名氏。参见 Norman Anonymous 诺曼无名氏

Anselm of Canterbury 坎特伯雷的安瑟尔姆,95,97

Anselm of Havelberg 哈弗尔贝格的安瑟尔姆,128

Antichrist 敌基督,131

Apospasma 火花,226

Apuleius 阿普莱乌斯,114

Aquinas 阿奎那。参见 Thomas Aquinas 托马斯·阿奎那

Arab philosophers 阿拉伯哲学家,182—186,182n

Arabs 阿拉伯人,34,35n,170,182—186,182n

Aretē 善,218

Arianism 阿里乌主义,37

Aristotelianism 亚里士多德主义,13,80,81,107,110,112,171,178—187,189n,195—197n,204,208,215—219,222—223,231

Aristotle 亚里士多德：and bios theoretikos 与静观生活,183,184,219—220;*De Anima* by 所著《论灵魂》,184,185;and Dominican schools 与多明我会学校,80,81;and Frederick II 与弗里德里希二世,153;and intellectual religiousness 与理智宗教性,183;*Metaphysics* by 所著《形而上学》,179,184;Muslim view of 穆斯林对亚里士多德的看法,13,181—186;mythical Aristotle 神秘化的亚里士多德,184—185;*Organon* by 所著《工具论》,184;*Physics* by 所著《物理学》,179,184,225;on polis 论城邦,13,65,183—184,215—219;*Politics* by 所著《政治学》,184,212,215;revived knowledge of 被重新获知,13,80,107,110,112,171,178—182;on soul 论灵魂,154;and Thomas Aquinas 与托马斯·阿奎那,80,81,179,185,189n,215—219,222—223,231

Arnold of Brescia 布雷西亚的阿诺尔德,85

Asciburgium 阿西布尔吉姆,42

Asiatic migrations 亚细亚移民,10,31—32,33,34,35n

Aspect,Alain 阿兰·阿斯佩克特,17

Assisi,Francis of 阿西西的圣方济各。参见 Francis of Assisi 阿西西的圣方济各

Assize of Clarendon 克拉伦登巡回审判庭,155,156

Auctoritas(authority) 权威,8,62
Auctoritas publica 公共权威,221
Auctoritas sacrata pontificus 教宗的神圣权威,53
Auge 奥格,44
Augustine 奥古斯丁:on amor Dei and amor sui 论爱上帝与自爱,114—115;barren centuries after 之后的荒芜世纪,66;characterology of 奥古斯丁的性格学,114,114—115n,116;Charlemagne and Mirror of Saint Augustine 查理大帝与圣奥古斯丁的君王宝鉴,63;on the church 论教会,138;on civitas Dei and civitas terrena 论上帝之城与地上之城,114;and end of Roman Christianity 与罗马基督教的终结,65;on free small nations protected by papacy 论由教廷保护的小型自由国家,90;and gulf between Christian communities and imperial organization 基督教共同体与帝国组织之间的鸿沟,140;and incompleteness of political evocation 与政治召唤的不彻底,37;and individual illumination 与个人澄明,226;and Peter Damian 与彼得·达米安,83;on Roman empire 论罗马帝国,188;on saeculum senescens 论衰老时代,106,131;on structure of history 论历史的结构,96,97,127,128,130; systematic foundation of Christianity in 提供基督教的系统性基础,187
Augustus 奥古斯都,30
Aulus Gellius 奥卢斯·格利乌斯,114
Autobiographical Reflections《自传体反思录》,15—16
Autonomous persons, brotherhood of 自主人的兄弟情谊,132—134
Avars 阿瓦尔人,31
Avempace, Abū Bakr Ibn Bājja 阿文佩斯,186
Averroës(Ibn Rushd) 阿威罗伊(伊本·拉什德),13,154,179—182,185,186,192,196—197n
Averroism 阿威罗伊主义,153—154,171,179—180,191,193—195,195—197n,226
Avitus, Emperor of 阿维图斯皇帝,56

B

Bacon, Roger 罗杰·培根,81
Bartolus of Sassoferato 萨索费拉托的巴尔托鲁,170
Beatitudo 至福,219
Beghards 贝格哈兹会,78
Being and truth 存在与真理,207—209
Belisarius 贝利萨留斯,32
Benedictine monasteries 本笃修道院。参见 Monasteries 修道院
Benedictine Rule 本笃守则,35,

63—64,69,70,133,164
Benedict of Nursia 努尔西亚的本笃,35,63—64
Berber revolts 柏柏尔人叛乱,32
Bernard of Clairvaux 克莱沃的伯纳德,71—72,73,81,133
Bernheim,Ernst 恩斯特·伯恩海姆,96n
Bertrand of Bayonne 巴约讷的贝特朗,200—203,204
Bible《圣经》。参见 New Testament《新约》;Old Testamenet《旧约》
Bierbaum,Max 马克斯·比尔鲍姆,180
Bios theoretikos 静观生活,183,184,219
Blackstone,Sir William 威廉·布莱克斯通爵士,117
Boccaccio,Giovanni 乔万尼·薄伽丘,114
Bodin,Jean 让·博丹,80,122,132,202
Boethius of Dacia 达契亚的波埃修,35,179,191,192,196 注,232
Böhmer,Heinrich 海因里希·伯默尔,95n
Bolognese revival of Roman law 罗马法的博洛尼亚复兴,12—13,160,162,167,168—172,173
Bonaventure 波拿文都拉,200
Bonizo of Sutri 粟特利的波尼佐,84—85,96

Borgia,Cesare 切萨雷·博尔贾,151
Bouvines,Battle of 布法涅战斗,147,148—149
Breviarium Alaricianum (Alaric)《阿拉瑞克罗马法辑要》(阿拉瑞克),161—162
Brotherhood of autonomous persons 自主人的兄弟情谊
Bryce,James 詹姆斯·布赖斯,1,36—37,55
Büchner,Maximilian 马克西米利安·布希纳,60n
Buddhism 佛教,75,79
Bulgars 保加利亚人,34
Bulgarus 布尔加鲁斯,172
Bünde 社团,76
Burgundian myth 勃艮第神话,45—46
Burgundians 勃艮第人,11,45—46
Burgundy 勃艮第,68—69
Byzantine empire 拜占庭帝国,32,33,34,35,53—56,61—62

C

Caesar 凯撒,30
Caesarean Christianity 凯撒式基督教,157—159
Caesaropapism 凯撒牧首制,61—62
Cain and Abel 该隐与亚伯,93
Calabria 卡拉布里亚,70
Calvin,John 约翰·加尔文,69,133

Calvinism 加尔文主义, 133
Camaldoli 卡马尔多利, 70
Canon law 教会法, 172—174, 212
Cantor, Georg 格奥尔格·坎托, 17
Capetian kings 卡佩王朝诸国王, 48, 145
Capitulary of 802 802 年的法典, 60—61
Caritas concorda membrorum 成员的和谐友爱, 87n
Carlyle, Alexander 亚历山大·卡莱尔, 88, 89, 95n21
Carolingian empire 卡洛林帝国: and 'Abbasid empire 与阿伯巴希德帝国, 35n; Charlemagne's creation of 查理大帝创建卡洛林帝国, 11, 58—59; construction process of 建立的过程, 11, 52—61, 65—68, 90; and coronation of Charlemagne 与查理大帝的加冕, 11, 52, 58—59; decline of 卡洛林帝国的衰落, 81; divisions of, after Charlemagne's death 在查理大帝死后的分裂, 33; evocation of 卡洛林帝国的召唤, 66; as holy empire 作为神圣帝国, 8, 58—59, 140; and migration waves 与移民浪潮, 67; and oath of allegiance to empire 与效忠皇帝的誓言, 61, 119; refoundation of, under Saxon emperors 在撒克逊皇帝领导下的重建, 67。并参见 Franks 法兰克人

Carta caritatum (Harding)《博爱宪章》(哈丁), 71
Cassandra 卡珊德拉, 44
Cassiodorus 卡西欧多罗斯, 35, 43
Catholic doctrine 天主教教义, 46, 230, 230n
Châlons, Battle of 沙隆之战, 31
Characterology 性格学, 114—117
Charismata and charismatic kingship 超凡魅力与超凡魅力王权, 63, 66, 119, 157—158, 176—177, 201
Charlemagne 查理大帝: and Avars 与阿瓦尔人, 31; coronation of 他的加冕, 11, 52, 58—59; divisions of empire after death of 在他死后帝国的分裂, 33; Lombard kingdom incorporated by 被他吞并的伦巴第王国, 32; and Mirror of Saint Augustine 与圣奥古斯丁的君王宝鉴, 63; and oath of allegiance 与效忠誓言, 119; Saxon war of 查理大帝的撒克逊战争, 46; theocracy of 查理大帝的神权统治, 37; title of, as ruler 作为统治者的称号, 7n
Charles II, King 查理二世国王, 63
Charles Martel 查理·马特, 57
Charter of Charity《博爱宪章》, 70—71
Childeric 奇德里克, 57
China 中国, 3, 31, 35n, 79
Christ 基督: church as mystical body of 作为基督神秘体的教

会,7—8,62—63,87n,121,134,154,157,191,195,199,230n; conformance with, and Francis of Assisi 与基督保持一致,以及阿西西的圣方济各,140—143,150,157,185,198,204; and episcopal authority 与主教权威,203; Frederick II and Christ as cosmocrator 弗里德里希二世与作为宇宙创造者的基督,157; in Gethsemane 在客西马尼,124; intramundane Christ 此世基督,142—143; priestly redeeming function of 作为教士的基督的救赎功能,98; royal function of 基督的王权功能,12,98—99; and Second Realm of history 与历史中的第二王国,126,129—130; and separation of spiritual and temporal powers 与教俗权力的分立,53; as suffering Jesus 作为受难的耶稣,140—143,150,157; Thomas Aquinas on 托马斯·阿奎那论基督,210,211,213,223

Christenmensch 基督教徒,202

Christianity 基督教: absolute order 基督教的绝对秩序,165—166; and Aristotelianism 与亚里士多德主义,80,81,178—179,185,189n,195—197n; and Caesarean Christianity 与凯撒式基督教,157—159; and Charlemagne 与查理大帝,37; and church as mystical body of Christ 与作为基督神秘体的教会,7—8,62—63,87n,121,134,154,157,191,195,199,230n; differentiation between government and 政府与基督教的分化,3; Eastern Christianity 东方基督教,165—166; faith and reason 信仰与理性,182,183—184,187,188—190; Franciscan Christianity 方济各式基督教,141—142; and Germanic tribes 与日耳曼部族,32; ideal of human existence 人类生存的理想,191; and intellectualism 与理智主义,208—211; and kingdom of Heaven 与天国,37; and mendicant orders 与托钵修会,78—81; and monasteries 与修道院,11,63—64; Monophysite Christology 基督一性论,53,54; and poverty 与清贫,137—138,139,178,180,198—203; schisms in 基督教的分裂,98—99,100; Thomas Aquinas on community of free Christians 托马斯·阿奎那论自由基督教徒的共同体,218—220; and Western philosopher 与西方哲学家,187。并参见 Christ 基督; Church 教会; Papacy 教廷

Chronicon Moissiacense (Chronicle of Moissac) 穆瓦萨克的编年史,58,59

Church 教会: and Arstotelianism 与亚里士多德主义, 179; Augustine on 奥古斯丁论教会, 138; and Capitulary of 802 与802年的法典, 60—61; as corpus diaboli 作为邪恶之体, 100; emergency function of Roman Church 罗马教会的紧急功能, 98—99, 100; English national church 英格兰国教会, 100; and episcopal authority 与主教权威, 203; Francis of Assisi on 阿西西的圣方济各论教会, 138—149; as mystical body of Christ 作为基督的神秘体, 7—8, 62—63, 87n, 121, 134, 154, 157, 191, 195, 199, 230n; Roman Church in *York Tracts*《约克论集》中的罗马教会, 98—101, 105—106; and Roman law 与罗马法, 167; and spiritual hierarchy 与精神等级体系, 200—203, 204; territorial church 领地教会, 60—61; Thomas Aquinas on 托马斯·阿奎那论教会, 212; and *varietas religionum* 与多样化修会, 128。并参见 Christianity 基督教; Papacy 教廷

Church reform 教会改革: and Cardinal Humbert 与洪贝特枢机主教, 91—94; Crusades 十字军东征, 72—73; and growth of evocation 与召唤的成长, 65—68; Investiture Controversy 主教叙任权之争, 81—91; mendicant orders 托钵修会, 77—81; military orders 武装修会, 73—77; monastic reform 隐修改革, 68—72; spirit militant 宗教战士, 72—81; *Tractatus Eboracenses*《约克论集》, 95—101

Cicero 西塞罗, 119, 163, 164
Cimbri 钦布里人, 30
Ciompi 梳毛工, 221
Cistercian reform and Cistercian monasteries 西笃会改革与西笃会修道院, 70—71, 73, 133—134
Cîteaux 西笃会, 70—71
Cives Romani 罗马公民, 170
Civitas (civil community) 公民共同体, 13, 194, 215, 218, 220
Civitas Dei 上帝之城, 114, 115n
Civitas diaboli 邪恶之城, 93
Civitas perfecta 完全城邦, 225
Civitas terrana 地上之城, 114
Civitates 罗马公民权, 166
Clairvaux 克莱沃修道院, 71
Clement 克雷芒, 203
Cleph 克莱弗, 47
Clovis 克洛维, 33, 56
Cluny and Cluniac reform 克吕尼与克吕尼改革, 68—71, 73, 81, 105
Collective existence of mankind 人类的集体生存, 191—193, 194
Commentaries (Averroës)《评注》(阿威罗伊), 179, 181
Commentary (Alexander of Aph-

rodisias)《集注》(阿弗洛狄西亚的亚历山大),184

Common man 普通人,192—193, 208—209

Commonwealth 国家,121—122, 158,212

Commune consilium regni 王国共同会议,120

Communis opinio 共同意见,169

Comunitas perfecta 完美共同体, 218

Community 共同体。参见 Ecclesia(community)共同体

"Compromise with the world""与世界的妥协",9,14

Comte, Auguste 孔德,130

Conciliar movement 公会议运动, 203

Concordantia discordantium canonum《历代教令提要》(格拉提安),172

Concordat of Worms 沃尔姆斯协定,68,91,105,108

Concordia novi ac veteris testamenti《新约》与《旧约》之一致性,131

Conregnans 共主,99

Constance of Sicily 西西里的康斯坦丝,145,147

Constans II 康斯坦二世,54

Constantine, Emperor 君士坦丁大帝,6,11,56,60,188n

Constantius II 君士坦提乌斯二世,56

Constitutio Lotharii 洛塔尔宪制, 82n

Constitutional government 宪政政府,220—223,229

Constitutio Deo auctore (*De conceptione digestorum*)查士丁尼为编辑《学说汇纂》而颁布的编纂令,165—166

Constitutions of Melfi (Frederick II)《梅尔菲宪章》(弗里德里希二世),12,13,148,151—157, 173

Constitutio omnem《学说汇纂》, 164

Constitutio tanta (*De confirmatione digestorum*)查士丁尼赋予《法学阶梯》和《学说汇纂》法律效力的法令,165—166

Contractual origin of the state 国家的契约论起源,89n

Conversi (lay brothers) 俗家兄弟, 70

Corinthians, Epistle to《哥林多前书》,7—8

Corpus diaboli 邪恶之体,93,100

Corpus juris canonici《教会法大全》,173

Corpus juris civilis《民法大全》, 152,173

Corpus mysticum (mystical body) 神秘体,7—8,62—63,86,87n, 110,121,134,154,157,191, 195,199,230n

Corpus mysticum Francisci 圣方

济各神秘体, 110
Cosmas Indicopleustes 印迪科普雷斯特斯, 7
Cosmion 小宇宙, 4, 4n, 6, 108
Cosmopolis 世界城邦, 119
Council of Chalcedon 迦克墩会议, 53
Council of Clermont 克莱蒙特宗教会议, 72
Crescentian popes 克雷申系教宗, 82
"Crown investigation" "王国侦办制", 155
Crusades 十字军东征, 29, 71, 72—73, 106, 155, 216
Cynics 犬儒派, 184
Cyprus 塞浦路斯, 216—217
Cyrus, King 居鲁士国王, 44

D

Dales, Richard C. 理查德·达莱斯, 196n
Damian, Peter 彼得·达米安。参见 Peter Damian 彼得·达米安
Daniel, Book of 《但以理书》, 58
Dante Alighieri 但丁, 107, 126
Darius 大流士, 44
"Dark Ages" "黑暗时代", 65—66
Darré, Richard Walter 理查德·瓦尔特·达雷, 46
De Anima (Aristotle) 《论灵魂》(亚里士多德), 184, 185
De conceptione 《学说汇纂》的编纂令, 165—166

De consideratione libri quinque ad Eugenium (Bernard) 《犹金五论》(伯纳德), 71—72
De naturalibus naturaliter 以自然的方式讨论自然事物, 189
De periculis novissimorum temporum 《论末世审判》(圣阿穆尔的威廉), 199—200
De regimine principum (Thomas Aquinas) 《论君主政治》(托马斯·阿奎那), 212, 216—217, 221—222
De sancta trinitate et operibus eius (Rupert of Deutz) 《论圣三一及其作为》(德意兹的鲁珀特), 127
De unitate intellectus contra Averroistas (Albertus Magnus) 《论理智的统一,反对阿威罗伊主义者》(大阿尔伯特), 179
De unitate intellectus contra Averroistas (Thomas Aquinas) 《论理智的统一,反对阿威罗伊主义者》(托马斯·阿奎那), 179
Decadence 衰落, 131
Decretum Gratianum 《格拉提安法令集》, 13, 173—174
Defeat, myth of 失败神话, 45—46
Defensio Henrici IV regis (Peter Crassus) 《为亨利四世辩护》(彼得·克拉苏), 87n
Dei gratia 受神眷顾的, 157
Deliberatio Papae (Innocent III) 《教宗慎思》(英诺森三世), 174—177

Dempt, Alois 阿洛伊斯·登普夫, 60n, 89n, 180, 194, 229

Deusdedit, Cardinal 狄乌迪弟枢机主教, 84n

Dictatus papae (Gregory VII)《教宗敕令》(格雷高利七世), 87—88

Diet of Roncaglia 龙卡利亚大会, 172

Digest《学说汇纂》, 166, 170, 171

Dignitas concessa 公认的权威, 120n, 157

Diocletian 戴克里先, 56

Divine law 神圣法, 123, 223—224, 228—229

Doctrinalizations 教条化表达, 16

Dominicans 多明我会修道士, 73, 78—81, 211

Dominus mundi 世界之主, 149

Donation of Constantine 君士坦丁的捐赠, 60, 60n, 90, 170

Donation of Pepin 丕平献土, 57, 60

Dostoevsky, Fyodor 费奥多尔·陀思妥耶夫斯基, 132

Dove, Alfred 阿尔弗雷德·多弗, 48

Duns Scotus 邓斯·司各脱, 81

Dux (leader) 领袖, 130, 131, 132, 135, 159

Dux e Babylone 巴比伦之王, 130

E

Eastern Christianity 东方基督教, 165—166

Ecclesia (community) 教会(共同体), 8, 139—140, 156—157, 201—202

Ecclesiastical hierarchy 教会等级体系, 200—203, 204

Eclogue (Virgil)《牧歌》(维吉尔), 150

Ecumenic empires 普世帝国, 15

Egidius Romanus 埃伊迪乌斯·罗马努斯, 71

Egypt 埃及, 54, 215

Ekthesis (exposition of the faith) 信仰展示, 54

Eleanor of Aquitaine 阿基坦的埃莉诺, 145

Empire (imperium) 帝国, 86, 93, 95, 140, 165, 175—176, 177

Encyclica imperatoris《帝国通谕》, 158

England 英格兰: constitution of 宪法, 222; English Revolution 英格兰革命, 85; feudalism in 封建主义, 117; John of Salisbury on 萨利斯伯瑞的约翰论英格兰, 216; kings during twelfth century 12世纪诸王, 145—146; and Magna Carta 与《大宪章》, 120, 147—148; national church in 英格兰国教会, 100; and Norman conquest 与诺曼征服, 30, 111, 119, 132, 144, 148, 216; parliamentarianism in 英格兰的议会政体, 221; royal authority in 英

格兰的王室权威,119
Enneads(Plotinus)《九章》(普罗提诺),184
Enosis(unity)统一,7
Ens primum 第一者,191
Ephesians, Epistle to《以弗所书》,8
Epicureans 伊壁鸠鲁派,184
Episcopal authority 主教权威,203
Epistles 使徒书信,7—8
Epistola ad populorum rectores (Francis of Assisi)《给人民领袖们的信》(圣方济各),37n
Epistula ad Herimannum Metensem(Francis of Assisi)《致赫里曼努斯·梅腾西斯》(格布哈特),87n
Epistula ad Hildebrandum(Wenrich of Trier)《致希尔德布兰德的书信》(特里尔的温里克),87n
Epistula XII(Gelasius I)《信札十二》(格拉西乌斯一世),53
Ermanric 埃尔曼日克,33
Eros, Platonic 柏拉图式爱欲,71
Eschatology 终末论,8—9,9n,12,45,94,96,124,137,198
Eschaton(end) 终末论,8
Eternal law 永恒法,13—14,223—226
Ethics 伦理学,193—195,196n,197—200
Eugenius III, Pope 犹金三世教宗,71—72
Eurasian unity 欧亚统一体,35n

Eurocentrism 欧洲中心论,2—4
Euryphieus 尤里比乌斯,44
Eusebius, Bishop 优西比乌斯主教,6—7
Evangelium aeternum (Gerard of Borgo San Donino)《永恒福音》(博尔戈·圣多尼诺的杰拉尔德),134,198—199,213—214
Evangelium regni 天国的福音,134
Evil 恶,93,136,153,177,193—194,194n
Evocation 召唤: of Carolingian empire 卡洛林帝国的,66; definition of 召唤的定义,4,5—6; and domination of the spirit 与精神的主导,67—68; as formulations of wholeness 作为关于整体的表述,5—6; of Francis of Assisi 圣方济各的,143; growth of 召唤的成长,65—68; holy empire as 神圣帝国作为召唤,29—30,37—38,65—68; of medieval empire 中世纪帝国的,66; of national kingdoms 民族王国的,11; Platonic evocation 柏拉图的,183; political evocation 政治召唤,4—5,5n,107—108; and tension between idea and reality 与观念与实在之间的张力,66—67; transformation of, by Investiture Struggle 由主教叙任权之争引起的召唤转变,10,12,14,66
Exceptiones Petri《佩特吕抗告

录》,162,167

Exceptions(Gérard of Abbeville)《范例》(阿布维尔的热拉尔),203

Exodus, Book of《出埃及记》,98n

Exousia 统治权,63

Expositio ad Librum Papiensem《帕皮恩西斯教会法注疏》,167—168

F

Faith 信仰:justification by 因信称义,229—231,230n; and reason 与理性,182,183—184,187,188—190,209—210

Fall of Adam and Eve 亚当与夏娃的堕落,152—153

False Decretals,《伪教令集》172—173

Familia 家庭,218

Fārābī, Abū NaSr al- 阿布·纳斯尔法拉比,186

Fasci 法西斯党,76

Fascism 法西斯主义,76,77,198注

faylasūf 哲人,183—187

Felix III, Pope 费利克斯三世教宗,53

Feudalism 封建主义,89—91,93,110,117—121,120n,229

Fichte, Johann Gottlieb 约翰·戈特利布·费希特,46,130,132

Fidelitas(oath of allegiance)信靠誓言,87—90,91,93,110

Fides(loyalty)信仰,49,90

Fifth Ecumenic Council 第五届大公会议,54

First Rule(Francis of Assisi)《第一守则》(圣方济各),137—138

Flora, Joachim of 菲奥雷的约阿希姆。参见 Joachim of Fiore 菲奥雷的约阿希姆

Florensian order 佛罗伦萨修会,133

Foederatus 同盟者,57

Fontebuono 丰特布奥诺修道院,70

Fortuna 运气,175

Fortuna imperialis 帝国的时运,165—166

France 法兰西:feudal structure and communal movement in 法兰西的封建结构与公社运动,221; heretical popular movement in 法兰西的大众异端运动,80; integration of German past into national consciousness 将日耳曼的过往历史融入民族意识,46; John of Salisbury on 萨利斯伯瑞的约翰论法兰西,216; monarchy in 法兰西的君主制,48—51; Templars in 法兰西的圣殿骑士团,74; in thirteenth century 13世纪的法兰西,148

Francis of Assisi 阿西西的圣方济各:anti-intellectualism of 反理智主义,210—211; compared with John Salisbury 与萨利斯伯

瑞的约翰的对比,136;compared with Thomas Aquinas 与托马斯·阿奎那的对比,219,231; and conformance with Christ 与基督保持一致,140－143,150,157,185,198,204;doctrine versus actions of 圣方济各的学说与行动,135－136;and *ecclesia of the laymen* 与俗人教会,139－140;in *Evangelium aeternum*《永恒福音》中的圣方济各,199;*First Rule* by《第一守则》,137－138;importance of 圣方济各的重要性,77;and intramundane Christ 与此世基督,142－143;and intramundane Christian 与此世基督教徒,191;and Joachim of Fiore 与菲奥雷的约阿希姆,135,137;as leading figure 作为领袖人物,110;and life of poverty 与清贫生活,137－138,139;and nature 与自然,141－142;open letters to the faithful by 致信众的公开信,137,137n;organization of Franciscan Order by 组织方济各会,78;overview of thought of 圣方济各思想概述,12,231;personality of 圣方济各的人格,138－139;in *Praise of Virtues*《美德颂》中的圣方济各,135－137; *Praises of the Creatures* by 圣方济各所著《造物颂》,141－142,159;*Rule* of 圣方济各的《守则》,137－138,139;as spiritual culmination of Middle Ages 作为中世纪精神成就的顶峰,29;stigmatization of 圣方济各的圣痕,143;and submission to the church 与顺服于教会,138－139;*Testament* by 圣方济各的《遗嘱》,139

Franciscans 方济各会士,73,77－81,110,138,139,150,171,198－203,210,211,212

Frankish kingdom 法兰克王国,32,33,37,48－49,52－53,55－62,90

Frankish myth 法兰克神话,42－43

Franks 法兰克人,10,32,33,42－43,45,48－49,52,55－58。并参见 Carolingian empire 卡洛林帝国;Charlemagne 查理大帝;Frankish kingdom 法兰克王国

Frederick I Barbarossa 弗里德里希一世巴巴罗萨,7n,145,147,148,177

Frederick II 弗里德里希二世:as Antichrist 作为敌基督,111,143,149,151;attempt to abolish law school of Bologna 试图取缔博洛尼亚法学院,172;and Battle of Bouvines 与布法涅之战,147,148－149;and Caesarean Christianity 与凯撒式基督教,157－159;and *Constitutions of Melfi* 与《梅尔菲宪章》,12,13,

148, 151—157, 173; and *Deliberatio Papae* of Innocent III 与英诺森三世的《教宗慎思》, 174, 176; and law *de resignandis privilegiis*, 148; as leading figure 作为领袖人物, 106, 144, 145, 149—151, 231; *Letter to Jesi* by 致耶西的信, 151, 158—159; personal quality of 弗里德里希二世的人格素质, 150—151; *Privilegium in favorem principum ecclesiasticorum*, 148; roles of 弗里德里希二世的角色, 150, 191; struggles with popes 与教宗的斗争, 111, 146, 151, 158; Teutonic Order constitution by 弗里德里希二世制定的条顿骑士团宪法, 74; and Thomas Aquinas 与托马斯·阿奎那, 212, 218, 231

Frederick III 弗里德里希三世, 7n

Frontinus 弗隆蒂努斯, 114

G

Gaguin, Robert 罗伯特·加甘, 43n

Galileo Galilei 伽利略·加利莱伊, 189n

Gallican movement 限制教宗权力运动, 203

Gaul and Gauls 高卢与高卢人, 30, 33, 42, 43, 64, 215

Gebhardt of Salzburg 萨尔茨堡的格布哈特, 87n

Gelasian theory 格拉西乌斯理论, 52—53, 59—62, 65, 81, 86, 105, 106, 148, 177, 212, 220

Gelasius I, Pope 格拉西乌斯一世教宗, 53—54

Genesis, Book of 《创世记》, 153

Geneva 日内瓦, 69

Genghis Khan 成吉思汗, 31

Genoese 热那亚人, 72

Gens 民族。参见 Nation (gens) 民族

Geoffrey of Anjou 安茹的杰弗里, 145

George, Stefan 斯特凡·格奥尔格, 45n

Gepids 杰皮德人, 47

Gérard of Abbeville 阿布维尔的热拉尔, 203

Gerard of Borgo San Donino 圣多尼诺的热拉尔, 198—199, 200

Gerard of York, Archbishop 约克的杰拉尔德大主教, 95, 95n

Germania (Tacitus)《日耳曼尼亚志》(塔西陀), 42

Germanic myth 日耳曼神话, 41—46

Germanic tribes and migrations 日耳曼部族与移民: and Asiatic migrations 与亚细亚移民, 31; Burgundians 勃艮第人, 11, 45—46; Franks 法兰克人, 10, 32, 33, 42—43, 45, 48—49, 52, 55—58; kingdoms 王国, 32—33, 46—49; kingship and national existence 王权与民族生存, 46—49;

and legal construction of Roman empire 与罗马帝国的法制建设,55—56;and myth of the defeat 与失败神话,45—46;Ostrogoths 东哥特人,31,32,33,43—44,45,48,52,54;structure of Germanic myth 日耳曼神话的结构,41—42;time period of 日耳曼部落与移民的时间段,10,30—31;Visigoths 西哥特人,30,31,32,33,44n,45,56;warfare of 日耳曼部落与移民参与的战争,30,41;and wholeness of national kingdom 与民族王国的整体性,7n,10

Germany 日耳曼,46,76—77,144,146,148,150,155

Gestis Caroli (Monk of Saint Gall)《查理行述》(圣加尔的僧侣),58

Ghazālī, Muhammad al- 穆罕默德·加扎利,186

Ghibellines 吉贝利尼派。参见 Guelfs 圭尔福派

Giovane Italia 青年意大利运动,76

Gobineau, Joseph-Arthur 戈比诺,46

God 上帝: Aristotelian sense of 亚里士多德意义上的上帝,191,208;and spiritual hierarchy 与精神等级体系,201;Thomas Aquinas on 托马斯·阿奎那论上帝,207—209,214—215,217,219,220,223,225;Trinitarian character of 上帝的三位一体特征,165,209

Golden Bull of Rimini《里米尼金玺诏书》,74

Good and evil 善与恶,136—137,193—194,194n

Gorce, Matthieu-Maxime 马蒂厄—马克西姆·戈尔斯,181,193,193n,204

Gospels 福音书,124,125,134,137,137—138,159,208,213

Goths 哥特人,43—44,43n,47

Government 政府: constitutional government 宪政政府,220—223,229;differentiation between religion and 宗教与政府的分化,3。并参见 Polis 城邦;Politics 政治

Grabmann, Martin 马丁·格拉布曼,180,181

Grande Chartreuse 大沙特勒兹修道院,70

Grandmont 格兰德蒙特修道院,70

Grassaille, Charles 夏尔·格拉赛勒,43n

Gratian 格拉提安,172—173

Grauert, Heinrich 海因里希·格劳尔特,60n

Greco-Roman myth 希腊—罗马神话,41—43

Gregory I the Great, Pope 大格雷高利一世教宗,55,60,87n

Gregory III, Pope 格雷高利三世教宗,57

Gregory VII, Pope 格雷高利七世

教宗,67,82,87—91,89n,144,175,177

Gregory IX,Pope 格雷高利九世教宗,111,139,146,173—174

Gregory of Catina 克蒂纳的格雷高利,87n

Grosseteste,Robert 罗伯特·格罗斯泰特,80

Grotius,Hugo 胡戈·格劳秀斯,214

Guelfs 圭尔福派,145,146,147,172

Guiscard,Robert 罗伯特·吉斯卡尔,89

Guntram,King 贡特拉姆国王,48—49

Guy of Lusignan 吕西尼昂的居伊,216

H

Habsburgs 哈布斯堡王朝,7n

Harding,Stephen 司提反·哈丁,71

Harrington,James 詹姆斯·哈林顿,85

Hauriou,Maurice 莫里斯·霍里乌,50—51

Hebrew kingship 希伯来王权,47,49,119

Hegel,G. W. F. 黑格尔,65,130,132,192,215

Hellenic and Hellenistic philosophy 古希腊哲学与希腊化时期哲学,183—84,187,211,226

Hellenic identity 希腊人的认同,41—42

Henoticon 统一法案,53

Henry I,Emperor 亨利一世国王,145

Henry II,Emperor 亨利二世国王,113,145

Henry III,Emperor 亨利三世皇帝,82

Henry IV,Emperor 亨利四世皇帝,67,82,87,89n

Henry V,Emperor 亨利五世皇帝,177

Henry VI,Emperor 亨利六世皇帝,10,29,145,146,147,149,177

Henry the Lion 狮子亨利,145

Heptaplomeres(Bodin)《七贤对话录》(博丹),80

Heraclitus 赫拉克利特,108

Heraclius 赫拉克利乌斯,54

Hercules 赫拉克勒斯,44

Heretics and heresies 异端者与异端邪说,155—156,165,211。并参见具体的异端邪说。

Hermann of Metz 梅斯的赫尔曼,88

Hermits 隐修者,70—71

Heruli and Herulian kingdom 赫卢利人与赫卢利王国,32,45,47

Hesiod 赫西奥德,66

Hierarcha homo 属人的最高领袖,201

Hierarchical idea 等级体系观念,

200—203, 204, 211—212, 220—221, 220—221n

Hincmar of Reims 兰斯的安克马尔, 63, 63n

Hindu, Hinduism 印度人, 印度教, 3

History 历史: Augustine on 奥古斯丁论历史, 96, 97, 127, 128, 130; Babylonian-Hellenic idea of eternal recurrence of world years 关于世界岁月之永恒复归的巴比伦—希腊式观念, 194; Cardinal Humbert on 洪贝特枢机主教论历史, 92—93; as "course" 作为"进程", 14—16; Joachim of Fiore on 菲奥雷的约阿希姆论历史, 126—131; Kant's theory of 康德的历史理论, 130; Pauline conception of 保罗的历史观念, 98; philosophy of 历史哲学, 213—214; thomas Aquinas on 托马斯·阿奎那论历史, 207—215; three ages of history in *York Tracts* 《约克论集》划分的三个历史阶段, 97—98, 109

History of Political Ideas (Voegelin) 《政治观念史》(沃格林), 3, 14

History of the Goths (Cassiodorus) 《哥特人史》(卡西奥多罗斯), 43

History of the Goths (Jordanes) 《哥特人史》(约尔达内斯), 43—44

History of the Lombards (Paul the Deacon) 《伦巴第人史》(助祭保罗), 47

History of the Visigoths (Isidore) 《西哥特人史》(伊西多尔), 44n

Hobbes, Thomas 托马斯·霍布斯, 49, 100, 116, 116n, 155

Hodges, Richard 理查德·霍奇斯, 3, 35n

Hohenstaufen 霍恩施陶芬王室, 7n, 145, 146, 147, 158, 177

Holy Empire (sacrum imperium) 神圣帝国: church as unifying spiritual organization of 教会作为神圣帝国的凝聚性精神组织, 84; disruption of and disintegration of 神圣帝国的分裂与解体, 68, 101, 105, 143, 148, 152, 156, 203, 212, 227; and Dominicans and Franciscans 与多明我会修道士和方济各会士, 80; as focal evocation of politcal ideas of Middle Ages 作为中世纪政治观念的集中召唤, 9, 29—30, 37—38, 65—68; general formula for character of period 对时代特征的一般性表述, 108—109; and independent national principalities 与独立的民族君主国, 91; and integration of persona regalis into mystical body 与将王权人士纳入神秘体, 63; and order of powers within 神圣帝国内部

各强权间的秩序,91;preparatory phase for 神圣帝国的预备阶段,10—12,30;reinterpretation of, by *Deliberatio Papae* of Innocent III 英诺森三世的《教宗慎思》对神圣帝国的重新解读,176;rising strength of spiritual pole in 精神一端的力量在神圣帝国内的兴起,90;terminology pertaining to 与神圣帝国相关的术语,7n;Thomas Aquinas on 托马斯·阿奎那论神圣帝国,108

Holy Roman Empire 神圣罗马帝国,7n,108

Holy Spirit 圣灵,92,93,110

Homeric myth 荷马神话,41,42

Homo Christianus 基督教徒,220,221,226

Honorius, Emperor 霍诺留皇帝,56

Honorius III, Pope 洪诺留三世教宗,146

Honorius of Autun 欧坦的洪诺留,127—128

Horace 贺拉斯,114

Hospitalers 十字军修会,73

Hugh, Abbot 休长老,69

Hugh Capet 休·卡佩,48

Hugo 胡戈,172

Human law 人定法,224,225,227—228

Humans 人: Aristotle on 亚里士多德论人,219—220;Augustinian types of 奥古斯丁对人的分类,114—115;characterology of John of Salisbury 萨利斯伯瑞的约翰的性格学,114—117,116;as collective unit 作为集体单元,191—193,194;Thomas Aquinas on 托马斯·阿奎那论人,219—220

Humbert of Silva Candida 席尔瓦坎迪达的洪贝特,11—12,91—94,95,96,97,141

humiliati "卑微者"组织,78

Hunnish empire 匈奴帝国,31

Huns 匈奴人,31,32,33,41,43,44n,45,48

I

Ibn Bajja, Abu Bakr 阿布·巴克尔·伊本·巴贾,186

Ibn Ḥanbal, Aḥmad 艾哈迈德·伊本·汉巴尔,186

Ideas 观念: definition of 定义,5;distinguished from evocations 与召唤相区别,5;"gap" or "interval" in 观念中的"缺口"或"间隙",65—66;tension between idea and reality 观念与实在之间的张力,66—67

idée directrice 指导观念,50—51

Idiota (layman) 常人(俗人),139—140,209

Illyrium 伊利里亚,54

Immanence 内在,9,16,17,136

Immanentization 内在化,16—17

Immanent thought 内在思想,10, 12,13,14,194

Imperator in regno suo 自己王国的皇帝,152

Imperium 帝国。参见 Empire(imperium)帝国

India 印度,3,35n,170

Infidelitas 不信,93

Inner-worldly thought 世俗思想。参见 Intramundane thought 透入此世的思想

Innocent II, Pope 英诺森二世教宗,146

Innocent III, Pope 英诺森三世教宗,106,111,138,139,146,147, 149,155,174—177

Innocent IV, Pope 英诺森四世教宗,146

Inquisition 宗教裁判所,155,195n

In Search of Order《寻求秩序》, 16—17,16n

Institutio Traiani(Plutarch)《图拉真的制度》(普鲁塔克),121

Intellectualism 理智主义: and Averroism 与阿威罗伊主义, 187—198,208; Christian intellectual 基督教知识分子,208—209; and Siger de Brabant 与西热·德布拉邦,187—198,232

Interregnum 空档期,146

Intramundane Christ 此世基督, 142—143

Intramundane thought 透入此世的思想: definition of 定义,9—10; and Frederick II 与弗里德里希二世,144,148—159,191; independent intellectual 独立知识分子,187—198; intramundane Christ 此世基督,142—143; and Joachim of Fiore 与菲奥雷的约阿希姆,130—134,191; and John of Salisbury 与萨利斯伯瑞的约翰,120—126,191; national consciousness as determining factor in politics 民族意识作为政治的决定性因素,148,149; poverty 清贫,137—138,139, 178,180,198—1203,204; problem of intramundane order 此世秩序问题,109—111; rulership 统治权,157—158; and Siger de Brabant 与西热·德布拉邦, 191—193,201; statecraft 治国术,148—149; statesmen 政治家,148,149; Thomas Aquinas 托马斯·阿奎那,207—232; utilitarian ethics 功利主义伦理学,193—195,196n。并参见 History 历史; Law 法; Politics 政治; Roman law 罗马法

Investiture Controversy 主教叙任权之争: and Benedictine order 与本笃会,69; and Cardinal Humbert 与洪贝特枢机主教, 91—94; and Concordat of Worms 与沃尔姆斯协定,68, 91,105; and decline and reform of papacy 与教廷的衰落和改

革,81—82;essential question of 主教叙任权之争的本质问题,67—68; and Gregory VII 与格雷高利七世,67,82,87—91;literature concerning 关于主教叙任权之争的文献,37;and papacy 与教廷,11—12,81—82,85—91;papal and imperial arguments on 教廷与帝国关于主教叙任权之争的论证,85—86,85—86n;and Pataria movement 与巴塔里亚运动,84—85;root of 主教叙任权之争的根源,61;and simony 与神职买卖,11—12,83—84;as spiritual culmination of Middle Ages 作为中世纪精神成就的顶峰,29;transformation of evocations by 由主教叙任权之争引起的召唤转变,10,12,14,66;and *York Tracts* 与《约克论集》,94—101

Irene,Empress 伊雷妮皇后,58

Irish monks 爱尔兰僧侣,64

Irnerius 伊尔内留斯,13,168

Isaac 以撒,130

Isaiah,Book of《以赛亚书》,98n

Isidore 伊西多尔,47,221,228

Islam 伊斯兰教,3,8,54,67,72,73,78—79,81,149,154,178,181—187,187—189n,202,211

Islamic orthodoxy 伊斯兰教正统,185—187

Islamic philosophy 伊斯兰哲学,178,181—187

Israelites 以色列人,45,47,49,220,221—222,229,231。并参见 Jews 犹太人

Istria 伊斯特里亚,54

Italy 意大利;anchoritic orders 隐修会,70;Byzantine power broken in 拜占庭在意大利的权力瓦解,54—55;Germanic invasion of 日耳曼人对意大利的入侵,52—53;heretical popular movement in 意大利的大众异端运动,80;Lombard kingdom in 意大利的伦巴第王国,32—33,47,48,55;Lombards in 在意大利的伦巴第人,30—33;Norman rule in 诺曼人在意大利的统治,144;Ostrogoth kingdom in 在意大利的东哥特王国,32,52,54;Pataria movement in 意大利的巴塔里亚运动,84—85,96,106,155,194,221;Renaissance in 意大利的文艺复兴,35;town democracy in 意大利的城镇民主,221,222;Visigoths in 西哥特人在意大利,44n。并参见 Papacy 教廷

Itinerarium (William of Rubruck)《东行见闻》(鲁布鲁克的威廉),79

It-reality 它—实在,16,17n

J

Jacob 雅各,130

Jacobus,Jurist 法学家雅各布斯,

172

James I, King 詹姆斯一世国王, 85
Japan 日本, 75
Japhet 雅弗, 44n
Jews 犹太人, 35n, 45n, 54, 170, 211, 221－222。并参见 Israelites 以色列人
Joachim of Fiore 菲奥雷的约阿希姆: on brotherhood of autonomous persons 论自主人的兄弟情谊, 132－134; compared with Thomas Aquinas 与托马斯·阿奎那的比较, 231－232; on decadence 论衰落, 131; in *Evangelium aeternum*《永恒福音》中的约阿希姆, 199, 213; and Francis of Assisi 与阿西西的圣方济各, 135, 137; on function of political thinker 论政治思想家的功能, 131－132; on leader of Third Realm 论第三王国的领袖, 132; as leading figure 作为杰出人物, 106, 150; mature spiritual man of 约阿希姆笔下的成熟精神人物, 134; and meaning of history 与历史的意义, 130－131, 191; overview of thought of 思想概述, 12; and structure of Christian history 与基督教历史的结构, 126－130; and Third Realm of the Spirit 与圣灵第三王国, 111, 126, 128－131, 132, 199, 213; and three realms of history 与历史的三个王国, 111, 126－130, 213

John, Gospel of《约翰福音》, 124, 208
John, King 约翰国王, 146
John de Piano Carpini 约翰·德皮亚诺·卡皮尼, 79
John of Monte Corvino 孟高维诺的约翰, 79
John of Parma 帕尔玛的约翰, 198
John of Salisbury 萨利斯伯瑞的约翰: characterology 性格学, 114－117, 116n; and commonwealth as organism 与作为有机体的国家, 121－122, 158, 212; compared with Francis of Assisi 与阿西西的圣方济各比较, 136; few traces of feudalism found in 几乎没有封建主义的痕迹, 117－121; influences on 所受到的影响, 121n; and intramundane individual 与此世个人, 191, 202, 231; as leading figure 作为杰出人物, 106; overview of thought of 思想概述, 12, 134; *Policraticus* by 所著《治国者》, 113－117, 121－125, 126; provincia as term used by 对"省份"一词的使用, 215; and Roman law 与罗马法, 114, 121n; on tyrannicide 论诛杀暴君, 122－125, 221
John the Baptist 施洗者约翰, 129, 130
Jonas of Orléans 奥尔良的约纳

斯,63

Jordanes 约尔达内斯,43—44

Judaism 犹太教,8

Julian the Apostate 背教者尤利安,56

Justinian 查士丁尼,13,53n,54,163—166,168,169

Justinian corpus of Roman law 查士丁尼罗马法法典,13,163—166,168,169

Juvenal 尤维纳尔,114

K

Kamakura shogunate 镰仓幕府,75

Kant, Emmanuel 伊曼纽尔·康德,10,16,17,130

Karakorum court 哈拉和林王庭,79

Kindī, Abū Yūsuf al- 阿布·优素福·金迪,182,186

Kingdom, kingship 王国,王权: "authority" of ruler 统治者的"权威",50; Christianity and kingdom of heaven 基督教与天国,37; evocations of national kingdoms 各民族王国的召唤,10; and feudalism 与封建主义,119—120,120n; Frankish kingdom 法兰克王国,32,33,37,48—49,52—53,55—62,90; French monarchy 法兰西君主制,48—51; Germanic charismatic kingship 日耳曼超凡魅力王权,119,157—158; Germanic migration kingdoms 日耳曼移民王国,32—33,46—49; Gregory VII on kingship 格雷高利七世论王权,88; of Israelites 以色列王国与王权,47,49,119; John of Salisbury on 萨利斯伯瑞的约翰论王权,116—117,120—121,123—124; and "legality" of ruler 与统治者的"合法性",51; Lombard kingdom 伦巴第王国,32—33,47,48,55; national existence and kingship in Germanic tribes 日耳曼部族的民族生存与民族王权,46—49; national kingdoms 民族王国,7n,10; Plato's philosopher-king 柏拉图的哲人王,218; "representative" function of the king 国王的"代表"功能,49—51; and royal function of Christ 与基督的王权功能,12,98; sacred kingship 神圣王权,53,63,119; symbolism of national kingdoms 民族王国的符号化表达,7n; Thomas Aquinas on 托马斯·阿奎那论王国与王权,218—219,221—222; tyrannical character of feudal relationship between national kings 各民族国王之间封建关系的暴虐特征,91; tyrants 僭主（暴君）,116—117,123—124; in York Tracts《约克论集》中的王国与王权,98—100。并参见 Carolingian empire 卡洛林帝

国；Roman empire 罗马帝国

Koinos nomos 共同法，226，227

Koran《古兰经》，13，183，185，186

Krimm-Beumann, Jutta 尤塔·克里姆—博伊曼，96n

L

La Bruyère, Jean 让·德拉布吕耶尔，114

La Cava 拉卡瓦，70

Landeskirche（territorial church）领地教会，61

Lateran Synod of 1059 1059 年拉特兰宗教会议，82

Latin Averroism 拉丁阿威罗伊主义，195—197n

Lauresheim 劳雷海姆，58

Law 法: Bolognese revival of Roman law 罗马法的博洛尼亚复兴，12—13，160，162，167，168—172，173；canon law 教会法，172—174，212；Christian theory of 基督教法学理论，153；Cicero on 西塞罗论法，163，164；*Constitutions of Melfi* of Frederick II 弗里德里希二世的《梅尔菲宪章》，12，13，148，151—157，173；*Decretum Gratianum*《格拉提安法令集》，13，173—174；*Deliberatio papae* of Innocent III 英诺森三世的《教宗慎思》，174—177；divine law 神圣法，123，223—224，228—229；eternal law 永恒法，13—14，223—226；

Frederick II and law *de resignandis privilegiis* 弗里德里希二世与《特权整顿法》，148；and Gratian 与格拉提安，172—173；human law 人定法，224，225，227—228；influence of revived Roman law on political ideas 复兴的罗马法对政治观念的影响，171—172；Justinian's codification of 查士丁尼法典编纂，13，163—166，168，169；Lombard law 伦巴第法，162，167—168，172；Mosaic law 摩西律法，98n，129；myth of Roman law 罗马法神话，162—168；natural law 自然法，13—14，88，129，153，225—227；Old Law and New Law 旧法与新法，229—231，230n；pagan law 异教法，98n；pneumatic law 圣灵法，98n；positive law 实定法，225，227—228；relationship between imperial politics and Bologna law school 帝国政治与博洛尼亚法学院的关系，172；*Rex pacificus* of Gregory IX 格雷高利九世的《和平之王》，173—174；Roman law 罗马法，12—13，46，107，111—112，114，121n，123，160—172；Thomas Aquinas's theory of 托马斯·阿奎那的法学理论，13—14；Thomistic theory of 托马斯的法学理论，223—231；Western law and Roman law 西

方法与罗马法,160-162

Laws(Plato)《法义》(柏拉图),184

Layman 俗人,139-140,209

Lechfeld,Battle of 莱希菲尔德之战,31

"Legality"of ruler 统治者的"合法性",51

Leo I,Pope 列奥一世教宗,53

Leo III,Pope 列奥三世教宗,54

Leo IX,Pope 列奥九世教宗,82,83,92

Leo the Isaurian,Emperor 伊索里亚人列奥皇帝,54

Letter to Jesi(Frederick II)《致耶西的信》(弗里德里希二世),151,158-159

Leviathan(Hobbes)《利维坦》(霍布斯),100

Lex 法,163,166。并参见 Law 法; Roman law 罗马法

Lex ab hominibus inventa 由人发明的法,228

Lex adinventa 发明的法,228

Lex aeterna 永恒法,97,224-226

Lex divina 神圣法,224

Lex generalis 万民法,166-168

Lex humana 人定法,224,225,227-228

Lex humanitus posita 人为实定法,228

Lex naturalis 自然法,224

Lex nova 新法,213,230,230n

Lex positiva 实定法,227-228

Lex regia 君王法,120-121,121n,171-172

Lex Romanorum 罗马臣民法,166

Libellus contra invasores et symoniacos et reliquos schismaticos《反入侵者、买卖神职者及其他分裂论者之檄文》(狄乌迪弟枢机主教),84n

Liber augustalis(Frederick II)奥古斯都之子(弗里德里希二世),152

Liber de causis(Siger de Brabant)《论原因》(西热·德布拉邦),195-196n

Liber de controversis inter Hildebrandum et Henricum imperatorem《希尔德布兰德与亨利皇帝的论辩文集》(奥斯纳堡的维多),87n

Liber de una forma credendi et multiformitate Vivendi《论一种信仰形式与多种生存方式》(坎特伯雷的安瑟尔姆),128

Liber de unitate ecclesiae conservanda《论维持教会的统一》(瑙姆堡的瓦尔朗),87n

Liber gratissimus《至福之书》(Peter Damian)(彼得·达米安),83

Liberorum multitudo 自由人众体,218

Liber qui inscribitur ad amicum《致友人的书信》(粟特利的波尼佐),84-85

Libertas divina(divine liberty)神

圣自由,201
Liberty 自由,117
Libri tres adversus simoniacos (Humbert)《反买卖神职者三书》(洪贝特枢机主教),92—94
Literalism 字面主义,188n
Locke,John 约翰·洛克,220
Lombard law 伦巴第法律,162,167—168,172
Lombard League 伦巴第联盟,148
Lombards 伦巴第人,30—33,47,48,55
Lothair Supplinburg, Emperor 洛泰尔·祖普林伯格皇帝,177
Louis I the Pious, Emperor 虔诚者路易一世皇帝,62,64
Louis X, King 路易十世国王,48
Lucan 卢坎,114
Ludendorff, Mathilde 玛蒂尔德·鲁登道夫,46

M

Machiavelli, Niccolò 尼科洛·马基雅维利,63,108,117,218
Magna Carta《大宪章》,89n,120,147—148
Magog 玛各,44n
Magyars 马扎尔人,33,35n,45,67,72,81
Maimonides 迈蒙尼德,202
Magister militum 元帅,56
Maitland, Frederic William 弗雷德里克·威廉·梅特兰,117
Mandonnet, Pierre 皮埃尔·芒多

内,180,190
Manegold of Lautenbach 劳滕巴赫的马内戈尔德,89n,120n
Manichean immanentism 摩尼教内在论,136
Marcomannic wars 马可曼尼战争,30
Marcus Aurelius 马可·奥勒留,30
Marriage of priests 教士婚姻,97
Mars cult 战神崇拜,44
Marsilius of Padua 帕多瓦的马西利乌斯,171
Martial 马提雅尔,114
Martin I, Pope 马丁一世教宗,54
Martinus, Jurist 法学家马蒂纳斯,172
Matilda, Countess of Anjou 安茹女公爵玛蒂尔达,145
Matthew, Gospel of《马太福音》,124,125,134,137,159
Mazzini, Giuseppe 朱塞佩·马志尼,76
Mendicant orders 托钵修会,72—73,77—81,178,180,198,200,202
Merovingian kings 墨洛温诸王,48—49,57,86,90,119
Mesopotamia 美索不达米亚,34
Metanoia 悔改,92
Metaphysics (Aristotle)《形而上学》(亚里士多德),179,184
Middle Ages 中世纪:Bryce on "unpolitical" character of 布赖斯论

中世纪的"非政治"特征,1,36－37;Carolingian empire 卡洛林帝国,8,11,35n,52－64;and "compromise with the world" "与世界的妥协",9,14;definition of 中世纪的定义,1;differential between religion and government in 中世纪宗教与政府的分化,3;and feudalism 与封建主义,89－91,93,110,117－121,229;general structure of 中世纪的一般结构,29－30;and isolation of the West 与西方的孤立,33－35,35－36n;medieval scholarship and "early Middle Ages" 中世纪学术与"中世纪早期",1－4;and migrations 与移民,7n,10,30－33;modernity in 中世纪的现代性,10,137;Pirenne thesis in 皮雷纳中世纪论题,3,35n;preparatory phase for holy empire 神圣帝国的准备阶段,10－12,30;and Roman law 与罗马法,13;spiritual politics in generally 一般意义上的中世纪精神政治,36－38;and Voegelin's later work 与沃格林的晚期著作,14－17;Voegelin's outline of content on 沃格林关于中世纪的论述提纲,10－14,38;Voegelin's theoretical framework on 沃格林关于中世纪的理论框架,4－10。并参见各位思想家条目

Middle East 中东,35－36n

Migrations 移民:Asiatic 亚细亚的,10,31－32,33,34,35n;and Carolingian empire 与卡洛林帝国,67;Germanic 日耳曼移民,7n,10,30－33,41－51;Great Migration 大移民,30,31,42;and isolation of the West 与西方的孤立,33－35,35－36n

Military order 武装修会:compared with mystic-warrior of Kamakura 与镰仓神秘武士的比较,75;political soldier 政治士兵,76－77;Templars 圣殿骑士团,73－74;Teutonic order 条顿骑士团,73,74－75

Minamoto clan 源氏家族,75

Ministerium non dominium 非统治性的训导权,71－72

Mirror of the Pope 教宗宝鉴,71－72

Mirrors of the Christian Prince 基督教君王宝鉴,63

Missi 使节,119

Modernity 现代性,10,96－97,107,108－109

Monarchy 君主制,221－222

Monasteries 修道院:anchoritic reform and spiritual intenseness 隐修改革与精神苛求,69－70;and Benedictine Rule 与本笃守则,35,63－64,69,70,133,164;and Christianization of population 与居民基督教化,11,63－

64; Cistercian reform and Cistercian monasteries 西笃会改革与西笃会修道院,70－71,73,133－134; Cluniac reform and sovereign order 克吕尼改革与主权修会,68－69,70,71,73,81,105;and monastic reform 与修道院改革,68－72;and Third Realm of the Spirit 与圣灵第三王国,111

Mongols 蒙古人,31,35－36n,79,81

Monk of Saint Gall 圣加尔的僧侣,58

Monophysite Christology 基督一性论,53,54

Monopsychism 一元心灵论,192n

Monreale 蒙雷阿莱修道院,70

Montanus 孟他努,127

Montesquieu,Baron de 孟德斯鸠,46

Mosaic law 摩西律法,98n,129

Mount Athos 圣山修道院,70

Multitudo(multitude)大众,219

Multitudo perfecta 完美共同体,220

Mundus(world)世界,99,136

Muret 慕雷特修道院,70

Muslims 穆斯林,3,8,54,67,72,73,78－79,81,149,154,178,181－187,187－189n,202,211

Mussolini,Benito 贝尼托·墨索里尼,76,77

Mystic-warrior attitude 神秘武士做派,75－77

Mystical body of Christ 基督的神秘体。参见 Corpus mysticum 神秘体

Mysticism 神秘主义,184,188n,195

Mythical Aristotle 神秘化的亚里士多德,184－185

Myths 神话：Burgundian myth 勃艮第神话,45－46;of the defeat 失败神话,45－46; Frankish myth 法兰克神话,42－43;Germanic myth generally 日耳曼神话总论,41－42; Greco-Roman myth 希腊—罗马神话,41－42; Homeric myth 荷马神话,41,42; Ostrogoth myth 东哥特神话,43－44;of Virgil 维吉尔神话,41－42

N

Napoleon III,Emperor 拿破仑三世皇帝,49

Narses 纳尔赛斯,32

Nation(gens)民族,37,48,170,215

National consciousness 民族意识,148,149

National existence,and kingship in Germanic tribes 民族生存,以及日耳曼部族的王权,46－49

National kingdoms 民族王国。参见 Kingdoms 王国

National Socialism 纳粹主义,46,76－77,155,198n

Naturaliter animal sociale 自然的社会动物, 219

Natural law 自然法, 13—14, 88, 129, 153, 225—227

Nature 自然, 141—142, 165—166, 185

Neo-Confucianism 新儒家, 3

Neoplatonism 新柏拉图主义, 184, 202, 226

Nestorians 聂斯脱利教徒, 54, 79

New Law 新法, 229—231, 230n

New Testament《新约》, 7—8, 98, 124, 125, 133—134, 137—138, 159, 208, 211, 213, 224

Nibelungen, *Nibelungenlied*《尼伯龙根之歌》, 10, 45—46

Nicholas II, Pope 尼古拉二世教宗, 82, 90

Nietzsche, Friedrich 弗里德里希·尼采, 151

Nomos empsychos 活的法律, 143

Nomos-logos 法—道, 163

Non-experientiable aspect of reality 实在的非经验性层面, 17n

Norman Anonymous 诺曼无名氏, 11, 12, 95—101, 95n, 105—106。并参见 York Tracts《约克论集》

Norman conquest 诺曼征服, 111, 119, 132, 144, 148, 216

Normans 诺曼人, 72, 144—147, 216

Norsemen 古代斯堪的纳维亚人, 30, 33, 67

O

Oath of allegiance 效忠誓言, 62, 87—90, 92, 93, 110, 119

Objective Mind 客观精神, 192

Oderunt Deum 受诅咒的家族, 177

Odilo 奥迪洛, 69

Odoacer 奥多卡, 52, 55, 56

Oikumene (inhabited world) 天下, 7

Old Law 旧法, 229

Old Testament《旧约》, 47, 58, 98, 98n, 133, 134, 152—153, 158, 211, 224

On the Agreement of Religion with Philosophy (Averroës)《论宗教与哲学的一致》(阿威罗伊), 186

Optimates 贵族, 220

Orbis terrarium 寰宇, 149, 165—166

Order and History (Voegelin)《秩序与历史》(沃格林), 4, 14—15, 16n

Organic theory of commonwealth 国家有机体理论, 121—122

Organon (Aritotle)《工具论》(亚里士多德), 184

Orthodota defensio imperialis (Gregory of Cantina)《对帝国的正统辩护》(克蒂纳的格雷高利), 87n

Orthodox empires 正统帝国, 15

Orthodoxy 正统, 15, 16; Islamic 伊

斯兰的,185—187
Ostrogoth myth 东哥特神话,43—44
Ostrogoths 东哥特人,31,32,33,43—45,48,52,54
Otto I the Great, Emperor 奥托一世大帝,33,59,67,81
Otto IV, Emperor 奥托四世皇帝,146,147,174—175
Ottoman Turks 奥斯曼土耳其人,31,34
Ovid 奥维德,114
Ozias,219

P

Pagans 异教徒,53,63,95n,211
Palestine 巴勒斯坦,34
Palla aurea,176
Panifices 面包师,194n
Papacy 教廷: and Carolingian empire 与卡洛林帝国,52—53,55—62; and Christian world of smaller states 与由较小国家组成的基督教世界,90,106,144,146—147; Cistercian popes 西笃会系列教宗,71—72; Cluniac reforming popes 克吕尼改革派教宗,82,106; Crescentian popes 克雷申系教宗,82; decline and reform of 教廷的衰落与改革,81—82; and *Decretum Gratianum* 与《格拉提安法令集》,13,174; and Donation of Constantine 与君士坦丁的捐赠,60,60n,90; and Donation of Pepin 与丕平献土,57,60; electoral body for 教廷选举团,82,82n; and episcopal authority 与主教权威,203; and Frankish kingdom 与法兰克王国,52—53,55—62,90; and Frederick II 与弗里德里希二世,111,146,151,158; Gelasius and separation of spiritual and temporal powers 格拉西乌斯和精神与世俗权力的分立,53—54; gulf between Byzantine empire and 拜占庭帝国与教廷间的裂痕,53—55; "indirect power" of pope in temporal affairs 教宗对世俗事务的"间接权力",86; and Investiture Struggle 与主教叙任权之争,11—12,81—82,85—91; and Pataria movement 与巴塔里亚运动,84—85; and spiritual hierarchy 与精神等级体系,200—203; as temporal principality 作为世俗君主国,60; Tuscan popes 托斯卡纳系列教宗,82; unlimited power of 教廷的无限权力,201。并参见 Church 教会
papal-caesarism 教宗凯撒论,61—62
Parteigericht 纳粹党最高法院,77
Parthians 帕提亚人,44
Paschal II, Pope 帕斯卡尔二世教宗,87n,177
Pataria movement 巴塔里亚运动,

84—85,96,106,155,194,221
Patricius Romanorum 罗马贵族,56,57—58
Paul 保罗: on begging 论乞讨,199; on charismata 论超凡魅力,63,66; on church as mystical body of Christ 论教会作为基督的神秘体,7—8,62,87n,91; compared with Thomas Aquinas 与托马斯·阿奎那的比较,211; evolution of Christianity after 基督教在保罗之后的发展,187; on exousia 论统治权,63; on history 论历史,97; on pistis 论信仰,90,230; on poverty 论清贫,198,199
Paul the Deacon 助祭保罗,47
Pax et justitia 和平与正义,152
Pelagius 贝拉基,115n
Pentecost 五旬节,203
Penthesilea 彭特西利,44
Pepin the Short 矮子丕平,57,60,60n
Persia and Persians 波斯与波斯人,34,35n,182,186,188n,215
Persius 佩尔西乌斯,114
Persona regalis (royal person) 王权人士,62—63,66,86,93,94,105
Persona sacerdotalis (priestly person) 神职人士,62—63,66,86,93,94,105
Peter, Apostle 使徒彼得,86,124,203
Peter Crassus 克拉苏,87n

Peter Damian 达米安,11,82—84,92
Petronius 佩特罗尼乌斯,114
Philip II Augustus 菲利普二世奥古斯都,146,147,148
Philip IV the Fair 公平者菲利普四世,74
Philip of Macedon 马其顿的腓力,44
Philip of Swabia 士瓦本的菲利普,146,147,174,177
philosophos 哲人,183
Philosophy 哲学: Christian intellectualism 基督教理智主义,208—211; faith and reason 信仰与理性,188—190; Hellenic and Hellenistic philosophy 古希腊与希腊化哲学,183—184,187; Islamic philosophy 伊斯兰哲学,178,181—187; praise of the philosopher 对哲学家的赞美,190—191; Spanish-Muslim philosophers 西班牙—穆斯林哲学家,187; Western philosopher and Christianity 西方哲学家与基督教,187。并参见各位哲学家条目
Physics (Aristotle)《物理学》(亚里士多德),179,184
Piccolomini, Enea Silvio de' 埃内亚·西尔维奥·德皮科洛米尼,114
Piero della Vigna 皮耶罗·德拉维尼亚,159

Pirenne, Henri 亨利·皮雷纳, 35n
Pirenne thesis 皮雷纳论题, 3, 35n
Pisans 比萨人, 72
Pistis 信仰 90, 230
Plantagenets 普朗塔热内王室, 145
Plato 柏拉图: elements of, in Christianity 基督教中的柏拉图思想因素, 110; on eros 论爱欲, 71; evocation of 柏拉图的召唤, 183; on history 论历史, 97; *Laws* of 柏拉图的《法义》, 184; organic theory of 柏拉图的有机体理论, 121; philosopher-king of 柏拉图的哲人王, 218; on polis 论城邦, 37, 65, 108, 216; and religion 与宗教, 183; *Republic* by 柏拉图的《王制》, 185; on soul 论灵魂, 37, 121, 217
Pliny 普林尼, 114
Plotinus 普罗提诺, 184, 185
Plutarch 普鲁塔克, 114, 121
Poland 波兰, 75, 146
Policraticus (John of Salisbury)《治国者》(萨利斯伯瑞的约翰), 113—117, 121—125, 126
Polis 城邦: Aristotelian polis 亚里士多德式城邦, 13, 65, 183—184, 215—219; Benedictine polis 圣本笃式城邦, 64; disintegration of 城邦的解体, 63, 65, 66, 108; Platonic polis 柏拉图式城邦, 37, 64, 108, 216
Politia 共和制, 222
Politics 政治: and national consciousness 与民族意识, 148, 149; sphere of 政治领域, 4—5, 5 注 11, 107—108; spiritual politics 精神政治, 36—38; Thomas Aquinas on 托马斯·阿奎那论政治, 215—223
Politics (Aristotle)《政治学》(亚里士多德), 184, 212, 215, 225
Poor of Lyons 里昂穷人会, 78, 138
Popolo grasso 膏腴之民, 221
Popolo minuto 细民, 221
Populi extranei 外邦人, 170
Populus Christianus 基督教民族, 119, 140, 156, 219
Populus honorabilis 体面人, 220
Populus Romanus 罗马人, 170
Populus vilis 普通人, 220
Positive law 实定法, 225, 227—228
Potestas 权威, 8, 62
Potestas translata 转移而来的权威, 120n
Poverelli 贫穷伙伴, 77
Poverty 清贫, 137—138, 139, 178, 180, 198—203, 204, 231
Praises of the Emperor (Piero della Vigna)《皇帝颂》(皮耶罗·德拉维尼亚), 159
Praises of Virtues《美德颂》, 135—137
Praises of the Creatures (Francis of Assisi)《造物颂》(阿西西的圣方济各), 141—142, 159

Presbyters 长老,99

Priamus 普里阿慕斯,44

Prince as divine analogue 君主作为神的类似者,217—218

Private property 私有财产,229,231

Privilegium in favorem principum ecclesiasticorum《关于教士诸侯的权利》,148

Progress 进步,16

Prooemium to *Constitutions of Melfi*《梅尔菲宪章》前言,151—157

Property ownership 财产所有权,229,231

Propositions condamnée 囚徒命题,179—180,193,210

Protestant scripturalism 新教经文主义,100—101,134

Provincia 省份,13,215,218

Prussia 普鲁士,75

Pseudo-Dionysius 托名狄奥尼修斯,171,201,202

R

Race and State(Voegelin)《种族与国家》(沃格林),6n

raison d'état 国家理由,153

Ratio(meaning) 意义,208

Ratio(reason) 理性,224

Ratio(rule) 规则,13—14,223—224

Raymond of Peñafort 佩尼亚福特的雷蒙德,174

Reality and idea 实在与观念,66—67

Reason and faith 理性与信仰,182,183—184,187,188—190,209—210

Reformation 宗教改革,68,69,78,84,97,107,139,202,231

Regalia 王袍,172

Regalis potestas 王权,53

Regia virtus 王权美德,218

Regimen conmixtum 混合政体,221

Regis voluntas suprema lex 国王意志即最高法律,123

Regnum 王国,13,86,96,99,121,215

Regulus 傀儡,91

Renaissance 文艺复兴,34,35,97,107,108,150,204,213,218,229

Renan,Ernest 恩斯特·勒南,50,182n

Republic(Plato)《王制》(柏拉图),185

Res possessae 私有财产,229

Res publica(commonwealth) 共和国,12

Res publica Romana 罗马共和国,62

Revelations, Book of《启示录》,98n,134

Rex 王,48,91,116,218

Rex Romanorum 罗马人之王,169

Richard I,King 理查德一世国王,145,146,216

Richard Lionheart, King 狮心王理查, 29

Ricimer 里奇莫, 56

Robert Bellarmine 圣罗伯特·贝拉明, 86

Robert Grosseteste 罗伯特·格罗斯泰特, 80

Robert Guiscard 罗伯特·吉斯卡尔, 89

Roger II 罗杰二世, 145, 156

Roman de la rose《玫瑰传奇》, 181, 193, 193n

Roman empire 罗马帝国: and clientele oath 与诉讼委托誓言, 61; climax of, after Third Crusade 在第三次十字军东征后达到顶峰, 29; compared with Islamic empire 与伊斯兰帝国的比较, 188n; "end" of 罗马帝国的"终结", 55—56; as holy empire (sacrum imperium) 作为神圣帝国, 7n, 9, 10—12, 29—30, 37—38; legal construction of, during migration period 罗马帝国在移民时代的法制建设, 55—56; and migrations 与移民, 30—33, 35n, 41—51; pagan foundation of 罗马帝国的异教基础, 188n; preparatory phase for holy empire 神圣帝国的预备阶段, 10—12, 30; slow movement away from old Roman empire 缓慢脱离古老的罗马帝国, 66—67; transfer of empire and coronation of Charlemagne 帝国转移与查理大帝的加冕, 52; and unitary whole of Christ's kingdom 与基督王国这个单一整体, 7, 9; and wholeness 与整体性, 6—7。并参见 Carolingian empire 卡洛林帝国"

Roman law 罗马法: amalgamation of Roman and christian ideas 罗马观念与基督教观念的融合, 166; canonization of 罗马法的神圣化, 163—164; and Christian absolute order 与基督教绝对秩序, 165—166; and church 与教会, 167; Cicero on 西塞罗论罗马法, 163, 164; *Exceptiones Petri*《佩特吕抗告录》, 162, 167; Expositio ad Librum Papiensem, 167—168; and John of Salisbury 与萨利斯伯瑞的约翰, 114, 121n, 123; Justinian's codification of 查士丁尼对罗马法的编纂, 13, 163—166, 168, 169; lex generalis 万民法, 166—168; lex Romanorum 罗马臣民法, 166; and Lombard law 与伦巴第法律, 162, 167—168, 172; movement against "foreign" Roman law 反对"外来"罗马法的运动, 46; myth of 罗马法神话, 162—168; revival of 罗马法的复兴, 12—13, 107, 111—112, 160—163, 167—173; and Western law 与西方法, 160—162

Romans, Epistle to《罗马书》,7,8
Romanticism 浪漫主义,46
Roma regia 君王罗马,166
Roma vetus 旧罗马,166
Rome, as head of orbis terrarum 作为寰宇之领袖的罗马,166
Romulus Augustulus 罗慕路斯·奥古斯图卢斯,55
Rule of Francis of Assisi 阿西西的圣方济各守则,137—138,139
Rule of Benedict of Nursia 努尔西亚的本笃守则,35,63—64,69,70,164
Rupert of Deutz 德意兹的鲁珀特,127

S

Sacerdotium 教权,86,96,99
Sacraments 圣礼,83—84,84n
Sacred kingship 神圣王权,53,63,119
Sacrilege 渎圣,156
Sacrum imperium 神圣帝国。参见 Holy Empire 神圣帝国
Saeculum 时代:and Francis of Assisi 与阿西西的圣方济各,135—143;and Joachim of Fiore 与菲奥雷的约阿希姆,126—134;and John of Salisbury 与萨利斯伯瑞的约翰,113—125;principle questions on 关于时代的原则问题,111—112;and problem of intramundane order 与世俗秩序问题,109—111;and Siger de Brabant 与西热·德布拉邦,187—198;and York Tracts 与《约克论集》,97—99,100n,106
Saeculum renascens 新兴时代,106—109
Saeculum senescens 衰老时代,106,131
Saint Denis 圣丹尼斯,57
Salisbury, John of 萨利斯伯瑞的约翰。参见 John of Salisbury 萨利斯伯瑞的约翰
Samuel, Book of《撒母耳记》,47
Sassanid empire 萨珊王朝,165
Satan 撒旦,136
Savigny, Friedrich Carl von 弗里德里希·卡尔·冯·萨维尼,172
Saxons 撒克逊人,33,46,67
Scheffer-Boichorst, Paul 保罗·舍费尔—博伊肖思特,60n
Schelling, Friedrich 弗里德里希·谢林,130n
Scythians 西徐亚人,44
Seljuks 塞尔柱突厥人,31,34
Sentiments 情感:of Cistercian environment 西笃会环境下的情感,133—134;definition of 情感的定义,4,5;spirituality versus intramundane thought 宗教灵性与世俗思想,10;transformation of, by Investiture Struggle 由主教叙任权之争带来的情感转变,10,12,14
Separation of spiritual and tempo-

ral powers 精神权力与世俗权力的分立。参见 Gelasian dichotomy 格拉西乌斯二分法

Sexual relations 性关系,193

Shamans 萨满教徒,79

Shogunate 幕府,75

Sicily 西西里,12,13,144,145—157,173,216

Sigbert of Grembloux 格雷姆布劳克斯的西格贝特,96n

Siger de Brabant 西热·德布拉邦:and Aristotelianism 与亚里士多德主义,179—182,189n,195—197n;and ethical activism 与伦理行动主义,197—198;on faith and reason 论信仰与理性,188—190;on good and evil 论善恶,194;Gorce on 戈尔斯论西热·德布拉邦,204;on immortality of the soul 论灵魂不朽,189—190;and intellectualism 论理智,192,192n;and intellectualism 与理智主义,187—198,210,226,232;and intramundane units of the species 与世俗种群单元,191—193,201;investigation of, by Inquistion 宗教裁判所对西热·德布拉邦的调查,195n;as leading figure 作为杰出人物,106;Liber de causis《论原因》,195—196n;overview of thought of 思想概述,13;publication of works of 著作出版,180;on soul 论灵魂,192;and

utilitarian ethics 与功利主义伦理学,194—195,196n

Simony 神职买卖,11—12,82—84,92,93

Slavery 奴役,116—117,219

Slavs 斯拉夫人,34,72,73,74,216

Social classes 社会阶级,192

Social contract 社会契约,120n

Socrates 苏格拉底,108

Spphists 智术师,108

Soul 灵魂:Aristotle on 亚里士多德论灵魂,154;and Cardinal Humbert 与洪贝特枢机主教,92;immortality of 灵魂不朽,189—190;Pauline pneumatic 保罗唯灵论者,92;Plato on 柏拉图论灵魂,37,121,217;Siger de Brabant on 西热·德布拉邦论灵魂,189—190,192

Spain 西班牙,149,211,214,215

Spelman,Sir Henry 亨利·斯佩尔曼爵士,117

Spengler,Oswald 奥斯瓦尔德·斯宾格勒,131

Spiritalis intelligentia 属灵理智,126,133—134

Spiritual hierarchy 精神等级体系,200—203,204

Spirituality,definition of 宗教灵性的定义,9—10

Spiritual politics 精神政治,36—38

Spiritual-temporal community, creation of 精神—世俗共同体的创建,61—64

索　引

Statecraft 治国术,148—149
Statesmen 政治家,148,149,175
Statius 斯塔提乌斯,114
statum totius ecclesiae,203
Status ecclesiae 教会等级,203
Stavrianos,Leften S. 莱夫滕·斯塔夫里亚诺斯,35—36n
Steenberghen,Fernand van 费尔南德·范施滕贝根,180
Stephen 司提反,70
Stephen II,Pope 司提反二世教宗,57,60n
Stilicho 斯蒂利科,56
Stirps Caesarea 皇室血统,158,177
Stöhr,Adolf 阿道夫·施特尔,4n
Stoics 廊下派,110,119,163,171,184,226,227
Suebi 速尔比人,45,47,48,56
Suetonius 苏埃托尼乌斯,114
Suffering Servant 受苦的仆人,45
Summa contra gentiles（Thomas Aquinas）《反异教徒大全》（托马斯·阿奎那）,179,207—208,211,219
Summa gloriae（Honorius of Autun）《荣耀大全》（欧坦的洪诺留）,127—128
Summa theologiae（Thomas Aquinas）《神学大全》（托马斯·阿奎那）,108,179,212,214—215,219,220,221,223,230n
Summum bonum 至善,190,191
Sung dynasty 宋朝,3

Sylvester I,Pope 西尔维斯特一世教宗,60n
Symbols 符号:deformation of,into doctrine 符号变形为教条,16;of holy empire 神圣帝国的符号,11;immanentization of transcendent symbols 超验符号的内在化,16;of national kingdom 民族王国符号,7n,10;Voegelin's single reality symbol 沃格林的单一实在符号,16
Symmachus 塞马库斯,35
Synod of Frankfurt(794)法兰克福宗教会议(794年),61
Synod of Paris(829)巴黎宗教会议(829年),62
Synod of Rome(1046)罗马宗教会议(1046年),82
Synod of Rome(1047)罗马宗教会议(1047年),82
Synod of Rome(1075)罗马宗教会议(1075年),82
Synod of Sutri(1046)粟特利宗教会议(1046年),82
Synod of Worms(829)沃尔姆斯宗教会议(829年),62
Synod of Worms(1076)沃尔姆斯宗教会议(1076年),87n
Syria 叙利亚,34

T

Tacitus 塔西陀,42
Tartars 鞑靼人,170
Telephus 特利弗斯,44

Tempier, Etienne 艾蒂安·唐皮耶, 179—180, 190

Templars 圣殿骑士, 73—74

Terence 特伦克, 114

Territorial church 领地教会, 60—61

Tertiary Order 第三修会, 139

Testament（Emperor Henry VI）《遗嘱》（亨利六世皇帝）, 149

Testament（Francis of Assisi）《遗嘱》（阿西西的圣方济各）, 139

Teutonic Order 条顿骑士团, 73, 74—75, 216

Teutons 条顿人, 30

Theodoric, King 提奥多罗国王, 35, 56

Theodosius the Great 狄奥多西乌斯大帝, 56

Theology of Aristotle《亚里士多德神学》, 184

Thing-reality 物—实在, 16

Third Realm of Spirit 圣灵第三王国, 111, 126, 128—130, 132, 134, 159, 199, 213

Thomas à Becket 托马斯·阿·贝克特, 113

Thomas Aquinas 托马斯·阿奎那: on age of Christ 论基督时代, 213; and Aristotelianism 与亚里士多德主义, 80, 81, 179, 185, 215—219, 222—223, 231; character of Thomistic thought 托马斯思想特征, 214—215; as "Christian intellectual" 作为"基督教知识分子", 13, 78; on community of free Christians 论自由基督教徒的共同体, 218—220; "compromise with the world" "与世界的妥协", 9, 14, 111, 231—232; condemnation of, by Bishop Etienne Tempier 艾蒂安·唐皮耶主教对托马斯·阿奎那的谴责, 179—180, 210; on constitutional government 论宪政政府, 220—223, 229; *De regimine principum* by 所著《论君主政治》, 212, 215—217, 221—222; *De unitate intellectus contra Averroistas* by 所著《论理智的统一，反对阿威罗伊主义者》, 179; death of 托马斯·阿奎那之死, 9, 207; and definition of law 与法的定义, 224—225; on faith and reason 论信仰与理性, 209—210; on hierarchies 论等级体系, 211—212; and historical mind 与历史性的心灵, 214—215; on history 论历史, 207—215; on human law 论人定法, 224, 225, 227—228; ideas preceding 之前的观念, 65; on law 论法, 223—231; on natural law 论自然法, 225—227; on Old Law and New Law 论旧法与新法, 229—231, 230注; on perfect community 论完美共同体, 218, 226—227, 229; and philosophy of history 与历

史哲学, 213—214; on politics 论政治, 215—223; on poverty 论清贫, 200; on prince as divine analogue 论君主作为神的类似者, 217—218; and Siger de Brabant 与西热·德布拉邦, 195—196n; significance of 托马斯·阿奎那的重要性, 29, 65, 106, 171, 231—232; *Summa contra gentiles*《反异教徒大全》, 179, 207—208, 211, 219; *Summa theologiae* by 所著《神学大全》, 108, 179, 212, 214—215, 219, 220, 221, 223, 230n; and theory of law 与法学理论, 13—14; on Truth and being 论真理与存在, 207—209; on tyranny 论暴政, 221

To All Christians (Francis of Assisi)《致所有基督教徒》(阿西西的圣方济各), 137

Tomyris 托米利斯, 44

Toulouse 图卢兹, 32, 56, 78

Toynbee, Arnold 阿诺德·汤因比, 131

Tractatus de investitura episcoporum《论主教叙任权》, 87n, 96, 96n

Tractatus Eboracenses (York Tracts)《约克论集》, 92, 95—101, 95n, 105—106, 109, 132, 134, 141, 203

Tractatus IV (Gelasius I)《论集四》(格拉西乌斯一世), 53

Transcendence 超验, 10, 16—17, 16n, 17

Translatio imperii 帝国转移, 52, 58, 87n, 96, 112, 176

Tría Kephálaia (Justinian)《三章案》(查士丁尼), 54

Trinity 三位一体, 126—127, 165, 209。并参见 Christ 基督; God 上帝; Holy Spirit 圣灵

Trojans 特洛伊人, 10, 42, 43, 44

Truth and being 真理与存在, 207—209

Turks 土耳其人, 31, 35—36n, 182, 216

Tuscan popes 托斯卡纳系教宗, 82

Tutela 监护权, 90

Tyconianism 泰歌尼主义, 93

Typos (model of the faith) 信仰模范, 54

Tyrannus 僭主, 116

Tyranny and tyrannicide 暴政与诛杀暴君, 116—117, 122—125, 221

U

Ugolino of Ostia, Cardinal 奥斯蒂亚的乌戈利诺枢机主教, 139

Ulixes Laertiades 尤利塞斯·拉尔提亚德斯, 42

Ullmann, Walter 瓦尔特·乌尔曼, 2n

Universalis dominus 普世之主, 170

Universitas 世界, 120

University of Bologna 博洛尼亚大学,13,160,162,167,168—172,173,174
University of Paris 巴黎大学,174,178,179,195n
Urban II, Pope 乌尔班二世教宗,72
Urvolk 土著,46
Utilitarian ethics 功利主义伦理学,193—195,196n

V

Valerius Maximus 瓦勒留斯·大瓦勒留,114
Valombrosa 瓦隆布罗萨修道院,70
Vandals 汪达尔人,32,33,45,56
Varietas religionum 多样化修会,128
Veritas(truth)真理,208
Verwelschung 罗曼化,150
Vices 罪恶,136。并参见 Evil 恶
Vico, Giambattista 詹巴蒂斯塔·维科,132
Vigilius, Pope 维吉利乌斯教宗,54
Vilis homo(common man)普通人,192—193,209
vir divinus in Deo manens 神人持存于上帝之中,201
Virgil 维吉尔,41—42,114,150
Virtù 美德,218
Virtues 美德,136—137。并参见 Good and evil 善恶
Visigoths 西哥特人,30,31,32,33,44n,45,56
Vita commoda 平庸生涯,77
Vita eroica 英雄生涯,77
Vita evangelii 福音生活,137—138
Vita philosophi 哲人生活,191,192
Vita politicorum 政治家的生活方式,115
Vitoria, Francisco 弗朗西斯科·维多利亚,214
Vivere sine litteris 没有文字的生活,191
Vogelin, Eric 埃里克·沃格林。参见各著作的具体名称
Volksgeist 民族精神,192
Voluntates 意志,115n

W

Wagner, Richard 理查德·瓦格纳,46
Wallia 瓦里亚,56
Walram of Naumburg 瑙姆堡的瓦尔朗,87n
Warrior-monk 武士—僧侣,75—77
Wenrich of Trier 特里尔的文里希,86n
Wesen(national identity)民族认同,48
Western world, isolation of 西方世界的孤立,33—35,35—36n
Whitehouse, David 戴维·怀特豪斯,3,35n
Wholeness 整体性: of church as mystical body of Christ 作为基

督神秘体的教会的整体性, 7—8, 62—63; eschatological wholeness inserted into political process 楔入政治进程的终末论整体性, 8—9, 7n; of national kingdom 民族王国的整体性, 7n, 10; and Roman empire 与罗马帝国, 6—7; scientific research on 关于整体性的科学研究, 17; Voegelin's theory of 沃格林的整体理论, 4—6, 6n, 16—17, 108

Wido of Osnaburg 奥斯纳堡的维多, 87n

William II of Sicily, King 西西里的威廉二世国王, 145

William of Moerbeke 莫尔贝克的威廉, 179

William of Ockham 奥卡姆的威廉, 71, 81

William of Rubruck 鲁布鲁克的威廉, 79

William of Saint Amour 圣阿穆尔的威廉, 199—200

William the Conqueror, King 征服者威廉国王, 89, 90, 145

Wodan cult 沃单神崇拜, 42—43

Wolfram von den Steinen 沃尔弗拉姆·冯·登施泰嫩, 157

Work, ethics of 工作伦理, 199—200

World 世界。参见 Mundus 世界; *Saeculum* 时代

X

Xerxes 薛西斯, 44

Y

York Tracts《约克论集》, 92, 94—101, 95n, 105—106, 109, 132, 134, 141, 203

Z

Zachariah 撒迦利雅, 129, 130
Zachary, Pope 扎迦利教宗, 57, 86
Zen Buddhism 佛教禅宗, 75
Zeno, Emperor 芝诺皇帝, 53
Zoon politikon 政治动物, 220
Zoroastrianism 琐罗亚斯德教, 8

图书在版编目(CIP)数据

中世纪:至阿奎那/(美)沃格林(E. Voegelin)著;叶颖译. --修订本.
--上海:华东师范大学出版社,2018
(政治观念史稿;卷二)
ISBN 978-7-5675-8101-2

I. ①中… II. ①沃… ②叶… III. ①政治思想史-世界-中世纪 IV. ①D091.3

中国版本图书馆 CIP 数据核字(2018)第 172748 号

华东师范大学出版社六点分社
企划人　倪为国

本书著作权、版式和装帧设计受世界版权公约和中华人民共和国著作权法保护

沃格林集
政治观念史稿(卷二):中世纪(至阿奎那)(修订版)

著　　者　[美]沃格林
译　　者　叶颖
责任编辑　王旭
封面设计　刘怡霖
出版发行　华东师范大学出版社
社　　址　上海市中山北路 3663 号　邮编 200062
网　　址　www.ecnupress.com.cn
电　　话　021-60821666　行政传真 021-62572105
客服电话　021-62865537　门市(邮购)电话 021-62869887
地　　址　上海市中山北路 3663 号华东师范大学校内先锋路口
网　　店　http://hdsdcbs.tmall.com
印　刷　者　上海盛隆印务有限公司
开　　本　890×1240　1/32
插　　页　1
印　　张　10.75
字　　数　190 千字
版　　次　2019 年 8 月第 1 版
印　　次　2019 年 8 月第 1 次
书　　号　ISBN 978-7-5675-8101-2/B.1145
定　　价　78.00 元

出版人　王焰

(如发现本版图书有印订质量问题,请寄回本社客服中心调换或者电话 021-62865537 联系)

History of Political Ideas (Volume 2): The Middle Ages to Aquinas

by Eric Voegelin

Edited with an introduction by Peter Von Sivers

Copyright © 2004 by The Curators of the University of Missouri

University of Missouri Press, Columbia, MO 65201

Published by arrangement with The Curators of the University of Missouri

Simplified Chinese Translation Copyright © 2019 by East China Normal University Press ltd.

ALL RIGHTS RESERVED.

上海市版权局著作权合同登记　图字:09-2005-051号